KB163599

# 도파민네이션

# 도파민네이션

## Dopamine Nation

쾌락 과잉 시대에서
균형 찾기

ANNA LEMBKE

애나 렘키 지음 | 김두완 옮김

흐름출판

머리말

# 탐닉의 시대에서 살아가기

기분이 좋아, 기분이 좋아, 기분 좋은 데 쓰이는 이 세상의 모든 돈.

— 레번 헬름Levon Helm*

이 책은 쾌락을 다룬다. 동시에 고통도 다룬다. 무엇보다 쾌락과 고통의 관계, 그리고 그 관계가 현대를 살아가는 우리 삶에 미치는 영향을 탐구한다.

쾌락과 고통의 관계가 왜 중요할까?

우리가 세상을 결핍의 공간에서 풍요가 넘치는 공간으로 바꿨기 때문이다. 중독성 물질, 음식, 뉴스, 도박, 쇼핑, 게임, 채팅, 음란 문자, 페이스북, 인스타그램, 유튜브, 트위터… 오늘날 큰 보상을 약속하는 자극들은 양, 종류, 효능 등 모든 측면에서 과거와 비교할 수 없을 만큼 증가했다. 디지털 세상의 등장은 이런 자극들에 날개를 달아주었다. 스마트폰은 컴퓨터 세대에게 쉴 새 없이 디지털 도파민을 전달하는 현대판 피하주사침이 됐다. '나는 아직 무언가에 중독된 적이 없다'고 자신하는 사람이 있다면, 장담컨대 머지않아 자주 찾는 웹사이트에서 그것을 만나게 될 것이다.

과학자들은 중독 가능성을 측정하는 보편적인 척도로서 도파민을 활용한다. 뇌의 보상 경로에 도파민이 많을수록 경험의 중독성은 더 커진다. 도파민의 발견과 더불어 지난 한 세기 동안 신경과학 분야에서 손꼽히는 획기적인 발견 중 하나는, 뇌가 쾌락과 고통을 같은 곳에서 처리한다는 사실이다.

쾌락과 고통은 저울 양 끝에 놓인 추와 같다. 초콜릿을 한 조각 먹으면 다음 조각이 또 먹고 싶어지고, 괜찮은 책, 영화, 또는 비디오 게임이 **영원히 계속되길 바라는 순간**을 경험한 적이 있을 것이다. 그런 순간에 지속적으로 노출되면 우리 뇌의 균형은 일반적인 상식과 달리 쾌락이 아니라 고통 쪽으로 기울어진다. 이 책은 뇌가 쾌락과 고통을 어떻게 이해하고 처리하는지를 신경과학과 뇌과학을 기반으로 설명한다. 나와 함께 이 여정을 따라가다보면 쾌락과 고통 사이에서 더 좋은, 더 건강한 균형점을 발견

* 루츠록 그룹 더 밴드(The Band)의 드러머 겸 보컬리스트로 널리 알려진 뮤지션(1940~2012). 소개한 문구는 그의 2009년 앨범 《Dirt Farmer》에 수록된 〈Feelin' Good(기분이 좋아)〉의 노랫말 중 일부다.

할 수 있을 것이다.

하지만 과학만으로는 부족하다. 우리에게는 사람들의 생생한 경험도 필요하다. 강박적 과용compulsive overconsumption을 이겨내는 방법을 가르쳐줄 가장 적합한 사람은 누구일까? 중독에 약한 사람, 즉 중독자 말고 또 누가 있을까.

그래서 중독의 희생양이 되었다가 빠져나온 내 환자들의 실제 이야기를 소개한다. 그들은 자신의 지혜가 내게 도움이 되었던 것처럼 다른 사람에게도 도움이 될 수 있도록, 그들의 사연을 공개하는 것을 허락했다. 이 중 어떤 이야기들은 꽤 충격적일 수 있는데, 내가 보기엔 우리 모두에게 일어날 수 있는 이야기 중 극단적인 한 형태일 뿐이다. 철학자이자 신학자인 켄트 더닝턴Kent Dunnington이 적었듯이, "심각한 중독에 시달리는 사람들은 우리가 죽을 때까지 외면하는 동시대 예언자[1]라 할 수 있다, 그들이야말로 우리가 정말 어떤 사람들인지를 보여주기 때문이다."

약물이든 쇼핑이든, 관음증이든 흡연이든, 소셜 미디어든, 우리 모두는 하지 않았으면 하거나 후회하는 행동을 하나쯤은 가지고 있다. 그래서 이 책에는 소비가 우리 삶의 동기가 된 세상에서 강박적 과용에 대처하는 과학적 처방을 제시하고 일상에서 쾌락과 고통을 관리하는 실천적 방법을 담으려 노력했다.

본론으로 들어가기 전에 이 한마디는 강조하고 싶다. 균형 찾기는, 욕망의 과학을 발견의 지혜와 결합하는 것에서 시작한다.

차례

## 3장 • 뇌는 쾌락과 고통을 어떻게 이해하는가 65



# 2부

# 중독과 구속의 딜레마

Self-Binding

## 4장 • DOPAMINE: 나와 중독을 이해하는 7단계 91

## 8장 • 있는 그대로 말하라 208



## 9장 • 수치심의 역설 247

**일러두기**

1 이 책의 개인적인 대화들과 이야기들은 인터뷰 대상자들의 사전 동의를 얻어 실렸다. 사생활 보호를 위해 이름을 비롯한 인구통계학적 세부 정보는 참가자들이 있는 그대로 싣길 흔쾌히 허락한 경우라도 삭제하고 바꿨다.
2 단행본, 정기 간행물『 』, 음악 앨범, 그림, 영화《 》, 노래〈 〉으로 표기했다.
3 모든 각주는 옮긴이 주이다.

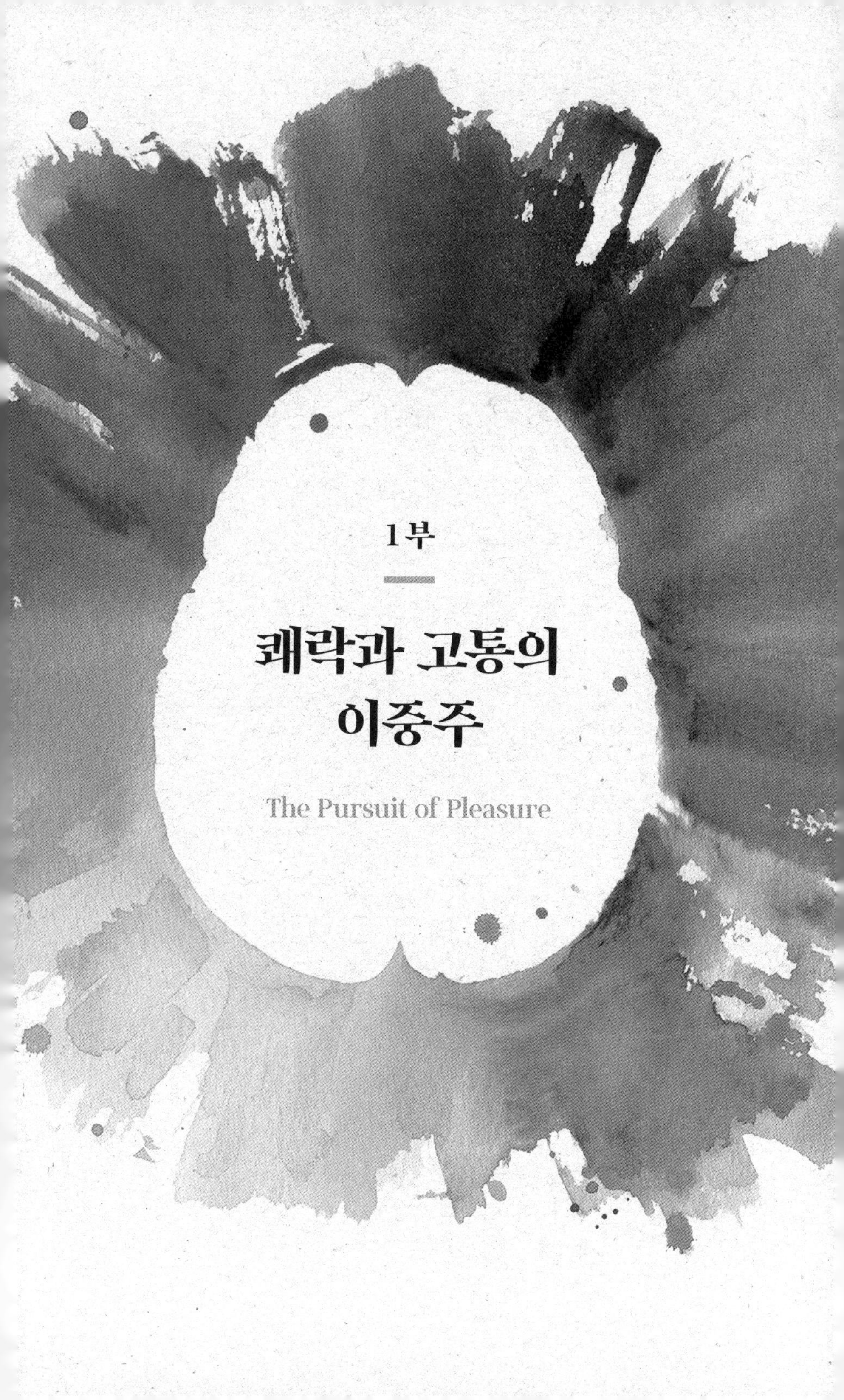

# 1부

# 쾌락과 고통의 이중주

The Pursuit of Pleasure

1장

# 자위 기계를 만드는 남자

대기실에서 제이콥을 맞이했다. 첫인상? 친절해 보였다. 60대 초반 나이에 평균 체중, 부드러우면서도 잘생긴 얼굴… 곱게 나이를 먹고 있다는 느낌이었다. 카키색에 캐주얼한 버튼다운 셔츠로 대표되는 실리콘밸리의 표준 복장 차림이었다. 겉보기엔 평범해서 비밀을 가진 사람 같진 않았다.

제이콥이 짧은 미로 같은 복도를 통해 나를 따라오는 동안 내 등 뒤에서 요동치는 그의 불안을 느낄 수 있었다. 나도 덩달아 불안한 마음이 솟아났다. '내가 너무 빨리 걷나? 내가 엉덩이를 흔들면서 움직이나? 내 궁둥이가 웃겨 보이나?'

제이콥을 처음 만난 건 수년 전 일이다. 당시에 비해 나는 다양한 전투를 겪었고 그 결과 지금은 더 냉정하고 아마 더 공평한 의사가 됐을 것이다. 가끔은 덜 알고 덜 느꼈던 그때의 내가 의사로서는 더 나았던 건 아닐까 반문해 보곤 한다.

## 누구나 이중생활을 한다

제이콥과 나는 이내 내 사무실에 도착했고, 나는 그의 뒤에 있는 문을 닫았다. 똑같은 의자 두 개 중 하나를 그에게 다정하게 권했다. 60센티미터로 높이가 같고 녹색 쿠션이 있는, 치료용으로 승인받은 의자였다. 그가 앉고, 나도 앉았다. 그의 두 눈은 방 안을 살피는 듯했다.

내 사무실은 4평 크기였다. 두 개의 창문, 컴퓨터가 놓인 책상, 책들로 뒤덮인 사이드보드, 의자 사이에 놓인 낮은 테이블이 갖춰져 있었다. 책상, 사이드보드, 낮은 테이블은 모두 서로 잘 어울리는 적갈색 목재로 만들어졌다. 이 중에 책상은 내 전임 학과장에게서 물려받은 것이다. 다른 사람은 볼 수 없는 안쪽 가운데 부분에 금이 가 있는데, 이것이 마치 내가 하는 일을 적절히 비유하는 듯했다.

이 책상 위에는 별개의 종이 뭉치 10개가 아코디언처럼 아주 가지런히 놓여 있었다. 나는 이것이 환자들에게 체계성과 효율성의 상징으로 보이길 바랐다. 하지만 벽면 장식은 정신이 없었다. 필수 학위들을 붙여두었는데, 대부분 액자 없이 매달아 두었다. 참 게으르기도 하지. 그리고 이웃 집의 쓰레기통에서 발견한 고양이 그림이 있었다. 이건 처음엔 액자가 필요해서 가져왔다가 고양이 그림이 마음에 들어서 그대로 두었다. 다색 벽걸이 양탄자에는 탑 안팎에서 놀고 있는 아이들의 모습이 그려져 있었다. 내가 20대 때 중국에서 영어를 가르치던 시절에 구해온 기념품이다. 참고로 이 양탄자에는 커피 얼룩이 있는데, 로르샤흐 테스트처럼 자신이 보고자 하는 무언가로 보인다.

장식품은 모아서 진열해 두었는데, 환자와 학생에게서 받은 선물이 대부분이다. 책, 시집, 에세이, 도판, 엽서, 기념일 카드, 편지, 만화 등이 있다.

재능있는 화가이자 뮤지션인 어느 환자는 자신이 찍은 금문교 사진을 음표들까지 손수 그려 넣어 내게 선물했다. 그는 그 사진을 만들었을 때 더 이상 자살 충동을 느끼지는 않았지만, 사진은 온통 회색과 검은색으로 가득해 슬퍼 보였다. 또 다른 환자는 어여쁜 젊은 여성이었는데 자신만 볼 수 있을 정도로 작지만 보톡스를 아무리 써도 지울 수 없는 주름들 때문에 괴로워했다. 그녀는 10인분도 거뜬히 담을 수 있는 점토 항아리를 내게 선물했다.

컴퓨터 왼편에는 알브레히트 뒤러Albrecht Dürer*의 《멜랑콜리아

---

* 독일 르네상스를 대표하는 화가, 판화가 겸 이론가(1471~1528). 본문에 언급된 《멜랑콜리아 1》은 1514년 작품이다.

1Melancolia 1》의 작은 판화가 놓여 있었다. 그림에서 여성으로 의인화한 멜랑콜리아는 벤치 위에 구부정하게 앉아 있는데, 그 주변에는 캘리퍼, 저울, 모래시계, 망치 등 공작과 시간에 관련된 도구들이 널브러져 있다. 뒤러의 프레임 안쪽에서 늑골을 내보인 채 굶주리고 있는 그녀의 개는 그녀가 정신을 차리기를 덧없이 기다리고 있다.

컴퓨터 오른편에는 점토로 된 13센티미터 크기의 천사가 철사 날개를 달고 하늘을 향해 두 팔을 뻗고 있었다. 양발에는 '용기courage'라는 단어가 새겨져 있다. 이 점토는 연구실을 떠난 동료로부터 받은 선물이다. 남겨진 천사. 내가 갖도록 하지.

나는 이러한 나의 방을 감사하게 생각했다. 여기서 나는 현실의 시간을 벗어나 비밀과 꿈으로 이루어진 세상에 존재하게 된다. 하지만 이 공간에는 슬픔과 간절함의 기운이 감돈다. 환자들이 나의 감독에서 벗어나면, 나는 직업적인 한계 탓에 그들과 닿을 수 없기 때문이다.

내 사무실 안에서만 나와 환자의 관계가 실재하는 만큼, 그들은 이 공간 밖에서는 존재할 수 없다. 나는 식료품점에서 우연히 내 환자들과 마주치면 나 자신을 욕구를 가진 인간으로 드러낼까 봐 인사조차 망설인다. 뭐, 내가 뭔가를 먹는다고?

내가 정신과 레지던트 과정 중에 있을 때, 내 심리치료 지도교수를 그의 사무실 밖에서 처음 본 날이 기억난다. 교수는 트렌치코트와 인디애나 존스 스타일의 페도라 차림으로 가게에서 나오고 있었다. J. 피터먼* 카탈로그의 표지에서 방금 튀어나온 듯했다. 내 눈에는 부조화 그 자체로 보였다.

나는 내 인생의 사적이고 세세한 이야기들을 지도교수에게 여러 번 털어놓았고, 그는 환자를 대하듯이 내게 조언했었다. 나는 그를 이상한 모자를 쓰는 사람으로 생각한 적이 없었다. 외모에 대한 선입관이 내가 이상화했던 그의 모습과 맞지 않았던 셈이다. 하지만 당시의 경험으로 나는 내 환자들이 사무실 밖에서 나를 보면 얼마나 당황스러울지를 알게 됐다.

나는 제이콥에게 말을 건넸다. "어떻게 도와드릴까요?"

의사로서 경력이 쌓이면서 대화의 시작 멘트도 여러모로 변했다. "이곳을 찾아오신 이유를 말씀해 주세요." "오늘 어떤 일 때문에 이곳에 오셨죠?" 심지어 "편하신 대로 말씀 시작해 주세요."도 있다.

제이콥은 나를 쭉 훑어보았다. 그리고 강한 동유럽 억양으로 입을 열었다. "당신이 남자이길 바랐습니다."

나는 우리가 곧 성性에 대해 이야기할 것임을 깨달았다.

"왜요?" 모른 체하며 물었다.

"왜냐하면 여성이 내 문제에 관한 이야기를 듣기가 버거울 수도 있거든요."

* 1987년 미국에서 야구 선수 출신인 존 피터먼(John Peterman)이 설립한 소매업체. 주로 카탈로그와 인터넷을 통해 의류, 액세서리, 가구 등을 판매한다.

"장담하는데 들을 수 있는 이야기는 거의 다 들어봤어요."

"그러니까," 그는 나를 부끄럽게 쳐다보며 말을 더듬거렸다. "제가 성 중독에 걸렸거든요."

나는 고개를 끄덕이고 의자에 자리를 잡았다. "계속 말씀하시죠…."

모든 환자는 열지 않은 상자, 읽지 않은 소설, 탐험하지 않은 땅이다. 언젠가 한 환자는 암벽 등반이 어떤 느낌인지를 이렇게 묘사했다. 암벽에 매달려 있으면 손가락과 발가락 하나하나를 다음에 어디에 둘지 결정하는 일에 한계가 있는 반면 눈앞에 펼쳐진 암벽 표면은 무한하다고. 심리치료는 암벽 등반과 다르지 않다. 나는 말하기와 다시 말하기로 빚어지는 이야기에 몰입하고, 그 밖의 것들은 잊어버리려 노력한다.

인간의 괴로움에 관한 이야기를 여러모로 다양하게 들어 왔다고 자신했지만, 제이콥의 이야기는 충격적이었다.

제이콥은 어린 시절 기억을 꺼내며 바로 본론으로 들어갔다. 프로이트라면 자랑스러워했을 것이다.

"두세 살 때부터 자위를 했어요." 그의 기억은 생생했다. 얼굴을 보면 알 수 있다.

"저는 달에 있습니다." 그가 말을 이었다. "그렇다고 진짜 그 달은 아니고요. 신 같은 어떤 사람이 있고… 저는 제가 인식하지 못하는 성적인 경험을 하는 겁니다…."

나는 달을 아무 데도 없는 동시에 어디에나 있는 심연 같은 무언가를 의미한다고 생각했다. 그런데 신은 뭘까? 우리는 모두 자신을 초월한 무언가를 열망하지 않는가?

제이콥은 어린 학생 시절에 몽상에 빠져 지냈다. 단추는 대충 끼웠고, 손과 소매에는 분필이 묻기 일쑤였으며, 수업이 시작하기가 무섭게 창밖을 바라봤고, 맨 마지막에 교실을 떠났다. 여덟 살 때부터는 주기적으로 자위를 했다. 때로는 혼자하고, 때로는 가장 친한 친구와 함께했다. 부끄러움을 모르는 시기였다.

하지만 그는 첫 성찬식 이후 자위의 개념을 '대죄大罪'로 받아들였다. 그때부터는 홀로 자위를 했고, 가족이 다니는 지역 성당의 신부를 금요일마다 찾아가 고해를 했다.

"저는 자위를 했습니다." 그는 고해성사실의 격자무늬 틈으로 속삭였다.

"얼마나 많이 했나요?" 신부가 물었다.

"매일이요."

정적이 흘렀다. "다시는 그러지 말아요."

제이콥은 이야기를 멈추고 나를 바라봤다. 우리는 이해한다는 의미로 살짝 미소를 주고받았다. 그렇게 간단한 권고로 문제가 해결되었다면, 내 일자리는 아마 없었을 것이다.

소년 제이콥은 그 말에 따르기로, '좋은' 사람이 되기로 마음을 먹었다. 그래서 주먹을 꽉 쥐고 거기를 건드리지 않았다. 하지만 결심은 이삼일밖에 가지 않았다.

"그렇게 이중생활이 시작됐어요." 그가 말했다.

ST 분절상승ST segment elevation이 심장학자에게, 4기stage IV가 종양학자에게, 당화혈색소hemoglobin A1C가 내분비학자에게 익숙한 것처럼, **이중생활**double life은 정신과 의사인 내게 익숙한 용어다. 이는 중독자가 타인의 시선을 피해서, 어떤 경우에는 자신까지 속이고 약물, 알코올, 혹은 다른 강박 행동을 몰래 하는 것을 가리킨다.

제이콥은 10대 시절을 지나는 동안 학교에서 돌아오면 다락방으로 올라갔다. 그리고 교과서에서 베껴서 목재 마룻장 사이에 숨겨둔 그리스 여신 아프로디테 그림을 보면서 자위를 했다. 나중에 그는 자신의 인생에서 이 시기를 가장 순수했던 시절이라고 회상한다.

18살 때 그는 누나와 함께 도시로 이사해 그곳에 있는 대학에서 물리학과 공학을 공부했다. 누나는 거의 온종일 일을 하느라 집에 없었고, 제이콥은 생전 처음으로 오랜 시간 혼자 있게 되었다. 그는 외로웠다.

"그래서 기계를 만들기로 했는데…."

"기계요?" 나는 앉은 자세를 조금 바로 잡으며 물었다.

"자위 기계요."

나는 조금 망설였다. "그렇군요. 어떻게 작동하나요?"

"금속 막대 한쪽을 레코드 플레이어에 연결합니다. 그리고 다른 한쪽 끝을 부드러운 천으로 감싼 노출 금속 코일에 연결하죠."

그는 그림을 그려 내게 보여주었다.

"그리고 그 천과 코일을 내 성기(페니스)에 두르는 겁니다." 그는 페니스penis를 필기도구인 펜pen과 네스호 괴물Loch Ness Monster의 네스ness로 이루어진 두 단어인 양 발음했다.

나는 웃고 싶은 충동을 느꼈지만, 잠시 생각해 보니 그 충동이 무언가를 감추기 위한 것임을 깨달았다. 두려웠던 것이다. 그 사람을 오게 해서 나한테 전부 말하게 해놓고는 그를 돕지 못할까 봐 두려웠다.

"레코드 플레이어가 돌고 돌면," 그가 말을 이었다. "코일이 위아래로 움직입니다. 레코드 플레이어의 속도를 조절해서 코일의 속도를 조절하죠. 속도엔 세 종류가 있습니다. 이런 식으로 극한까지 가는데… 그 상태가 오래 지속하도록 설계했습니다. 기계를 쓰면서 담배를 함께 피우면 흥분이 가라앉는다는 것을 알게된 후에는 이 조합을 쓰게 됐죠."

이렇게 세밀한 조정 방법을 통해 제이콥은 긴 시간 동안 오르가슴 전前 상태를 유지할 수 있었다. "이게 정말 중독적이에요." 그가 고개를 끄덕이며 말했다.

제이콥은 자신의 기계를 활용해 하루에 몇 시간씩 자위를 했다. 그 쾌락이란 달리 비할 데가 없었다. 그는 죄책감에 그만둘 것을 맹세하기도 했다. 기계를 옷장 높은 곳에 숨기거나 완전히 분해해서 버리기도 했다. 하지만 하루 이틀이 지나면 기계를 옷장에서 내리거나 쓰레기통에서 꺼냈다.

—

내가 제이콥의 자위 기계 이야기를 처음 듣고 구역질이 났던 것처럼, 당신도 그의 행동에 구역질이 날 수 있다. 그리고 제이콥의 고백을 당신과 당신의 삶과는 관련이 거의 없거나 아예 없는, 상식을 벗어난 일종의 극단적 도착이라고 여길 수 있다.

하지만 우리가 그렇게 받아들인다면 당신과 나, 즉 우리는 살아가는 방식에 관해서 아주 중요한 무언가를 인식할 기회를 놓치게 된다. 저마다 자신만의 자위 기계에 사로잡혀 있다는 사실 말이다.

나는 마흔 살쯤 되었을 때 로맨스 소설에 병적인 애착을 갖게 되었다. 10대 뱀파이어들을 소재로 한 로맨스 소설 『트와일라잇 Twilight』은 내 중독 생활의 입문서였다. 사실 내가 로맨스 소설에 빠진 것은 그 자체로는 이상할 게 없었다. 살면서 늘 독서를 즐겼기 때문이다. 차이는 그다음에 이어진 상황, 즉 과거의 성향이나 생활 환경에 기반해서 설명할 수 없었던 그 무언가에 있었다.

『트와일라잇』 시리즈를 모두 읽은 후, 나는 뱀파이어 로맨스 소설을 손에 잡히는 대로 읽어댔다. 그다음에는 시선을 옮겨서 늑대 인간, 요정, 마녀, 주술사, 시간 여행자, 예언자, 독심술사, 불을 휘두르는 자, 점쟁이, 보석 세공자… 다들 알 것이다. 그러다가 어느 순간 미지근한 사랑 이야기는 더는 성에 차지 않았고, 그래서 젊은 남녀 간의 전형적인 로맨스 판타지를 생생하고 에로틱하게 표현한 작품에 점점 더 빠져들었다.

인근 도서관의 일반 소설 서가에서 생생한 섹스 장면을 바로 찾아내기가 너무 쉽다는 사실을 발견하곤 놀란 기억이 있다. 내 아이들이 이런 책들을 접할까 봐 염려스러웠다. 내가 미국 중서부에서 자라면서 드나들던 지역 도서관에서는 『안녕하세요, 하느님? 저 마가릿이에요Are You There, God? It's Me, Margaret』*가 가장 흥분되는 책이었다.

신기술에 빠삭한 친구의 강력 추천으로 전자책 단말기를 사면서, 상황은 더욱 심각해졌다. 더 이상 다른 도서관 분관에서 책들이 들어오길 기다리거나, 선정적인 책 표지를 (특히 내 남편이나 아이들이 주변에 있을 때) 의학 학술지 뒤편에 감출 필요가 없었다. 이제는 몇 번의 검색만으로도 당장 원하는 책을 언제 어디서든 손에 넣을 수 있었다. 열차 안에서든, 비행기 안에서든, 머리를 하면서든. 그렇게 나는 캐런 마리 모닝Karen Marie Moning의 『다크피버Darkfever』**를 도스토옙스키의 『죄와 벌』처럼 쉽게 접할 수 있었다.

정리하자면 나는 정형화된 에로틱 장르 소설의 열혈 독자가 되었다. 전자책 하나를 완독하자마자 다음 책으로 넘어갔다. 사

---

* 미국 작가 주디 블룸(Judy Blume)이 1970년에 발표한 동화로, 사춘기 소녀의 성장기를 담고 있다.

** 미국 작가 캐런 마리 모닝이 2006년에 발표한 로맨틱 판타지 소설. 한때 영화화가 논의될 정도로 큰 사랑을 받았다.

람을 만나는 대신 책을 읽고, 요리하는 대신 책을 읽고, 잠자리에 드는 대신 책을 읽고, 남편과 아이들을 돌보는 대신 책을 읽었다. 부끄러운 고백을 더 하자면, 한번은 전자책 단말기를 일터로 가져가서 환자들과의 미팅 사이사이에 읽기도 했다.

나는 원하는 책을 구하기 위해서 온라인 서점 아마존을 헤매고 다녔다. 가끔은 싼값에 나온 아주 자극적인 책을 발견하기도 했다. 하지만 그렇게 저렴한 책은 대부분 끔찍했다. 뻔하디뻔한 플롯과 생동감 없는 캐릭터, 난무하는 오탈자와 문법적 오류가 고스란히 드러났다. 하지만 난 아주 독특한 자극에 점점 더 목을 맸기 때문에 거기에 아랑곳하지 않고 책을 읽었다. 어떻게 그렇게까지 됐는지는 점점 더 안중에 없었다.

이야기에서 성적인 긴장감은 남녀 주인공이 사랑을 나누면서 결국 해결되었는데, 나는 그렇게 성적인 긴장감이 고조되는 순간에 빠지고 싶었다. 문장론, 스타일, 장면, 캐릭터 등은 더 이상 중요하지 않았다. 일정한 공식에 따라 쓰인 이런 책들은 나를 사로잡기에 충분했다.

모든 챕터는 정형화된 서스펜스 상태로 끝났고, 챕터들은 그 자체로 클라이맥스를 향해 치달았다. 나는 책 앞부분을 빠르게 읽어 클라이맥스를 파악했고, 그렇게 되고 나면 나머지 부분을 굳이 읽으려 애쓰지 않아도 됐다. 이제, 그 어떤 로맨스 소설이라도 대략 4분의 3지점을 펼치면 요점을 파악할 수 있다는 사실을 알게 됐다.

그렇게 로맨스 소설에 1년쯤 빠져 있던 어느 날, 나는 『그레이의 50가지 그림자Fifty Shades of Grey』를 평일 새벽 두 시가 되도록 읽고 있었다. 이 소설을 현대판 『오만과 편견』이라고 합리화하면서 읽다가 "버트 플러그butt plugs"*가 나온 부분에서 순식간에 깨달았다. 가학피학성 성욕의 성인용품에 관한 이야기를 꼭두새벽에 읽으면서 시간을 보내는 건 내가 원하던 현실이 아니었다.

**넓게 봤을 때 중독Addiction은 어떤 물질이나 행동(도박, 게임, 섹스)이 자신 그리고/혹은 타인에게 해를 끼침에도 그것을 지속적·강박적으로 소비·활용하는 것으로 정의할 수 있다.**

내게 일어난 일은 심한 중독 증상을 보이는 이들의 생활에 비하면 사소한 편이다. 하지만 내 경험은 오늘날 우리가 직면한, 우리의 삶이 윤택할 때도 점점 커지는 강박적 과용의 문제를 가리킨다. 내게는 사랑하는 남편, 멋진 아이들, 의미 있는 직업, 자유, 자율성, 비교적 충분한 재산이 있다. 정신적 외상, 사회적 혼란, 가난, 실직, 또는 중독에 대한 위험 요소는 없다. 하지만 나는 강박적으로 판타지 세계로 계속해서 밀려나고 있었다.

* 항문에 삽입해 사용하는 성인용품.

## 탐닉, 도파민 그리고 자본주의

제이콥은 23살 때 아내를 만나 결혼했다. 두 사람은 방 세 개짜리 아파트로 이사했는데, 장인장모와 함께 살아야 했다. 이때 그는 자신의 기계를 갖고 오지 않았다. 영원히 그렇게 되길 바랐다. 두 사람은 자신들만의 아파트를 갖기 위해 등록 절차를 밟았지만, 집을 얻으려면 25년은 기다려야 한다는 이야기를 들었다. 1980년대 동유럽 국가에서 이런 경우는 흔했다.

그들은 몇십 년 동안 부모와 사는 것을 택하는 대신, 자신들의 공간을 더 빨리 구할 수 있도록 부업으로 가욋돈을 벌기로 했다. 두 사람은 성장 중이던 지하 경제에 발을 들여 대만에서 컴퓨터 부품을 수입하는 사업을 시작했다.

사업은 번창했고, 현지 기준에서 봤을 때 그들은 곧 부유해졌다. 집과 작은 토지를 장만했고, 두 아이도 태어났다.

제이콥이 독일에서 과학자 자리를 제안받았을 때, 그들의 인생은 우상향 궤도만을 그릴 것 같았다. 제이콥의 가족은 서유럽으로 삶의 터전을 옮겼다. 이주를 통해 제이콥은 경력을 더욱 발전시킬 수 있었고 아이들에게도 자신들이 누리지 못했던 기회를 줄 수 있었다. 그러나 좋은 점만 있었던 것은 아니었다.

"독일로 이사했더니 포르노물, 포르노 영화관, 라이브쇼가 있더라고요. 내가 이주한 도시가 특히 이런 걸로 유명합니다. 저로선 참기 힘들죠. 하지만 버텼습니다. 10년 동안 버텼어요. 과학자로서 열심히 일했습니다. 하지만 1995년, 모든 게 바뀌게 되죠."

"뭐가 바뀌었나요?" 난 이미 대답을 짐작하며 물었다.

"인터넷이요. 그때 저는 마흔두 살이고 잘 지내고 있었는데, 인터넷 때문에 생활이 망가지기 시작합니다. 1999년 언젠가, 그전까지 50번은 머물렀던 호텔에 또 머무르게 됐어요. 다음날 대형 컨퍼런스에서 중요한 발표를 앞두고 있었죠. 그런데 발표를 준비하는 대신 밤새 포르노를 봤어요. 잠도 안 자고 발표 준비도 안 한 채로 컨퍼런스에 갔죠. 발표는 했는데 정말 별로였어요. 직장에서 쫓겨날 뻔하죠." 기억을 더듬던 그는 시선을 떨구고 고개를 저었다.

"이후에 저는 새로운 의식을 시작하게 됩니다." 그가 말했다. "호텔 방에 들어갈 때마다 여기저기에 '그거 하지 마'라고 적은 포스트잇을 붙여 놓습니다. 화장실 거울, TV, 리모컨. 하지만 그게 하루도 못 가죠."

침대, TV, 미니바. 나는 호텔 방이 현대판 스키너 상자*와 같다는 생각이 문득 들었다. 약물을 얻기 위해 레버를 누르는 것 외에는 할 게 없는 곳.

그는 다시 시선을 떨구었고, 침묵이 이어졌다. 나는 조용히 기다렸다.

* 미국의 심리학자 B.F. 스키너(B.F. Skinner, 1904~1990)가 동물 행동 연구를 위해 고안한 상자형 실험 장치.

"그때 처음으로 죽을 생각을 했어요. 세상이 나를 그리워하지도 않을 것 같고, 내가 없으면 더 나을 거라고 생각한 거죠. 발코니로 가서 아래를 내려다봤어요. 4층… 그 정도면 충분하죠."

---

어떤 대상에 중독되는 데 가장 큰 위험 요소 중 하나는 그 대상에 대한 용이한 접근성이다. 중독을 일으키는 대상(이하 '중독 대상')을 구하기 쉬울수록 시도할 가능성도 그만큼 커진다.

최근 미국에서 일어난 오피오이드opioid*의 급속한 확산[1]은 이 사실에 대한 비극적이면서도 강력한 예시다. 1999년부터 2012년까지 미국에서는 오피오이드 처방(옥시콘틴, 바이코딘, 듀라제식 펜타닐)이 4배로 증가했다. 미국 전역에 그러한 오피오이드가 널리 유통되면서 오피오이드 중독률과 이에 관한 사망률 역시 증가했다.

공중보건 훈련소 및 프로그램 협회Association of Shools and Programs of Public Health, ASPPH에서 임명한 대책위원회는 2019년 11월 1일 보고서를 발표하면서 다음과 같은 결론을 냈다. "강력한 (긴 효과는 물론 높은 효능까지 갖춘) 처방 오피오이드가 대대적으로 확대 공급[2]되면서 처방 오피오이드에 대한 의존성이 급격히 늘었고, 많

* 마약성 진통제. 미국에서는 의사의 처방만 있으면 쉽게 구할 수 있어서 중독이 문제시되곤 한다.

은 사람이 펜타닐과 그 유사체를 포함한 불법 오피오이드로 옮겨가는 결과를 낳았다. 그중 후자는 나중에 과다복용의 기하급수적 증가를 야기했다." 그러면서 보고서는 오피오이드 의존 장애가 "오피오이드에 반복적으로 노출된 결과"[3]라고 언급했다.

마찬가지로 중독 물질의 공급량이 감소하면 중독에 대한 노출, 위험, 관련 피해도 감소한다. 지난 세기에 이 가설을 시험하고 증명한 대규모 실험이 바로 미국의 금주법이다. 금주법은 1920년부터 1933년까지 미국에서 알코올 음료의 생산, 수입, 운송, 판매를 전국적으로 금지한 법을 가리킨다.

이 법으로 알코올에 중독된 미국인의 수가 급격히 줄었다.[4] 공중 음주와 알코올 관련 간肝 질환 비율도 절반으로 내려갔다. 그러나 알코올 중독을 치료하는 새로운 정책은 마련되지 않았다. 또한 범죄 조직이 운영하는 거대한 암시장처럼 심각한 부작용[5]도 있었다.

하지만 금주법이 알코올 소비 및 관련 사망률에 미친 긍정적인 영향은 그 성과에 비해 상당히 과소평가되고 있다. 금주법이 음주에 미친 긍정적 효과는 1950년대까지 이어졌다. 그러나 금주법이 폐지되고 이어진 30년 동안 술을 구하기가 다시 쉬워지면서 술 소비량은 꾸준히 증가했다.

1990년대에 알코올을 섭취하는 미국인의 비율은 50퍼센트가량 증가했고, 고위험성 음주도 15퍼센트 늘었다. 2002년부터 2013년까지 진단 분석이 가능한 알코올 중독자 수는 장년층(65세

이상)에서 50퍼센트[6], 여성의 경우 84퍼센트 늘었는데, 과거에만 해도 이 두 인구 통계 집단은 알코올 중독 문제의 영향을 상대적으로 덜 받았다.

접근성 증가만이 중독의 위험 요소는 아니다. 중독과 무관한 환경에서 성장했다고 해도 생물학적 부모나 조부모에게 중독 증상이 있다면 중독 위험도가 높아진다. 정신 질환도 위험 요소[7]로 언급되지만 중독과의 연관성은 확실치 않다.

정신적 외상, 사회적 격변, 가난도 중독의 위험을 높인다. 약물이 대처 수단이 되고, 개인과 후손 모두의 유전자 발현에 영향을 미치면서 후성적後成的 변화를—유전 염기쌍 바깥에 있는 DNA 가닥의 유전 가능한 변화를—초래하기 때문이다.

다양한 위험 요소들 중에서도 중독성 물질에 대한 높아진 접근성은 현대인들이 마주한 가장 위험한 요소가 되고 있다. 우리 모두 강박적 남용의 소용돌이에 휘말리면서 공급이 수요를 낳고 있다.

도파민 경제, 혹은 역사학자 데이비드 코트라이트David Courtwright가 "대뇌변연계 자본주의limbic capitalism"[8]라고 부른 것은 이러한 변화를 이끌고 있다. 접근성뿐 아니라 약물의 수, 종류, 효능까지 높인 변형 기술도 여기에 한몫한다.

예를 들어 보자. 1880년에 발명된 담배 말이 기계[9]는 분당 말이 개수를 4개비에서 2만 개비로 늘렸다. 오늘날 전 세계에서는 매년 6조 5천억 개비의 담배가 팔린다. 이를 환산하면 하루에 대략 180억 개비가 소비되는 셈인데, 이러한 수치들은 전 세계 6백만 니코틴 중독 사망자에 대한 책임이 있다.

1805년, 독일인 프리드리히 제르튀르너Friedrich Sertürner는 약국에서 견습생으로 일하면서 진통제인 모르핀(전구체前驅體인 아편보다 10배 더 강력한 오피오이드 알칼로이드를)을 발견했다. 1853년, 스코틀랜드인 의사 알락센더 우드Alexander Wood는 피하주사기를 발명했다. 19세기 말엽 여러 의학 학술지에 모르핀 중독[10]의 의원성(의사에게 원인이 있는) 사례를 다룬 수백 종의 보고서가 실린 이유는 이 두 가지 발명에 기인한다.

화학자들은 모르핀의 대용으로 중독성이 덜한 오피오이드 진통제를 찾다가 새로운 화합물을 찾아냈는데, 여기에 독일어로 '용감하다'는 뜻을 가진 heroisch라는 표현을 따라 '헤로인heroin'이라고 이름을 붙였다. 하지만 헤로인은 모르핀보다 중독성이 2~5배 더 강한 것으로 드러났고, 1900년대 초반 마약 인기를 이끌었다.

오늘날 옥시코돈, 하이드로코돈, 하이드로모르폰 같은 강력한 제약 등급의 오피오이드는 정제, 주사액, 패치, 비강 스프레이 등 상상할 수 있는 모든 형태로 판매되고 있다. 2014년, 중년의 한 환자는 선홍색 펜타닐 막대사탕을 빨며 내 사무실로 들어오기도 했다. 합성 오피오이드인 펜타닐은 모르핀보다 50~100배 더 강하다.

오피오이드 뿐만 아니라, 다른 수많은 약물 역시 과거보다 지금이 더 구하기 쉽고 중독성이 더 강하다. 전자 담배는—세련되고, 남에게 피해가 덜 가며, 무취에 재충전까지 가능하다고 소개되는 니코틴 전달 시스템은—기존의 담배와 비교했을 때 더 짧은 흡연 기간에 혈중 니코틴 수치를 높인다. 또한 다양한 맛으로 출시되어 10대들에게도 인기를 모으고 있다.

오늘날의 대마초는 1960년대의 대마초보다 5~10배 더 강하다. 쿠키, 케이크, 브라우니, 아기곰 젤리, 블루베리, '팟 타르트pot tarts'*, 캔디, 오일, 향료, 팅크, 차※ 등 그 리스트는 끝이 없을 정도로 다양한 제품이 판매되고 있다.

음식도 마찬가지다. 제1차 세계대전 후, 감자튀김의 생산 설비가 자동화[11]되면서 감자칩 봉지 과자가 탄생했다. 2014년, 미국인 1인당 51킬로그램의 감자를 소비했는데, 그중 15킬로그램이 생감자, 나머지 36킬로그램이 가공품이었다. 우리가 먹는 상당수의 음식에는 설탕, 소금, 지방이 어마어마하게 들어간다. 이는 수천가지의 인공조미료가 프렌치토스트, 태국식 토마토 코코넛 비스크[12] 같은 식품에 들어가 현대적인 욕구를 충족시키는 것과 마찬가지다.

다중약물요법(여러가지 약물을 동시에 혹은 바로 연이어 쓰는 방법)은 접촉 기회 증가와 효능 강화와 함께 약물 중독의 새로운 유행으

---

* 1964년부터 미국에서 선보인 인기 과자 팝 타르트(Pop-Tarts)의 이름을 패러디해 만들어진 마리화나(pot) 식용품.

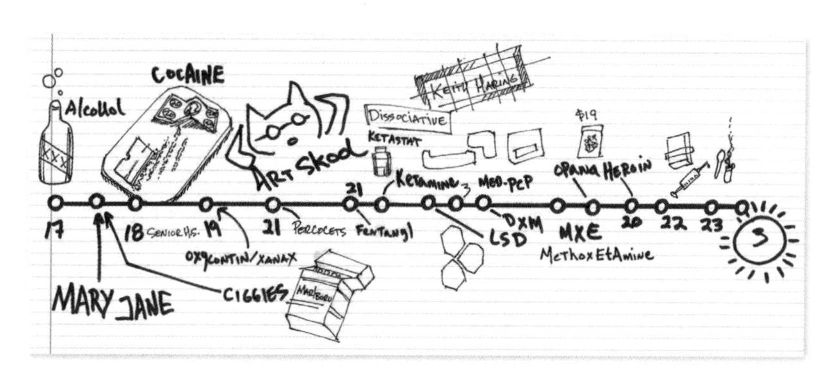


맥스가 그린 자신의 약물 사용 연대표

로 자리잡았다. 맥스라는 나의 환자는 자신의 약물 사용 과정을 연대표로 그려 보여주었다.

맥스의 그림을 보면 알 수 있듯이, 그는 17살 때 알코올, 담배, 대마초(메리 제인)를 시작했다. 그리고 18살 때에는 코카인을 흡입했다. 19살 때에는 옥시콘틴과 재낵스로 갈아탔다. 20대를 지나는 동안엔 퍼코세트, 펜타닐, 케타민, LSD, PCP, DXM, MXE를 쓰다가 결국 오파나까지 왔다. 곧 그의 여정은 헤로인으로 이어졌고, 서른 살이 되어서 나를 보러 왔다. 정리하자면 그는 10년 남짓한 기간에 14가지 약물에 손을 댔다.

그런데 지금의 세상은 전에 존재하지 않았던 디지털 약물도 양껏 제공하고 있다. 만약 그 약물들이 전에도 있었던 것이라면 지금은 그 효능과 효력을 기하급수적으로 높여주는 디지털 플랫폼이 중독을 부추기고 있다. 여기에 속하는 예를 살짝 들자면 온라인 포르노물, 도박 등이 있다.

더 나아가 기술 자체도 중독성 있다. 기술에 힘입어 불빛은 번쩍이고, 음악은 요란하며, 기회는 끝없이 주어지고, 더 큰 보상이 약속된다. 상대적으로 재미없는 뱀파이어 로맨스 소설에서 출발해 여성에게 사회적으로 용인된 포르노물에 해당하는 콘텐츠에 이르기까지, 내가 지나온 과정을 봐도 전자책이라는 새로운 기술의 출현이 중독의 원인으로 작용했다고 할 수 있다.

소비 행위 자체가 약물이 되기도 한다. 베트남 이주민인 치Chi라는 내 환자는 온라인으로 물건을 검색하고 구매하는 행위에 빠졌다. 그의 황홀경은 구매 품목을 결정하는 데서 시작해 배송을 기대하면서 쭉 이어졌고, 포장 상자를 여는 순간 끝났다.

불행히도 그의 황홀경은 아마존 테이프를 뜯어서 안에 있는 것을 볼 때까지 충분히 이어지지 않았다. 치의 방은 싸구려 소비재로 가득 찼고, 그만큼 수만 달러의 빚이 쌓였다. 그렇게 된 상황에서도 그는 쇼핑을 멈추지 못했다. 쇼핑이 주는 쾌락을 맛보기 위해 열쇠고리, 머그잔, 플라스틱 선글라스 등 더 싼 제품을 주문하고 수령한 직후 반품하는 데 목을 맸다.

## 인터넷: 디지털 약물 주사기

다시 제이콥 이야기로 돌아가자. 다행히 그날 호텔에서 제이콥은 자신의 생을 끝내지 않기로 했다. 바로 그다음 주, 아내가 뇌종양 진단을 받았다. 그들은 모국으로 돌아갔고, 제이콥은 아내가 숨질 때까지 3년 동안 그녀를 돌봤다.

2001년, 49세가 됐을 때 제이콥은 고등학생 시절 여자친구를 만나 재혼했다.

"난 결혼하기 전에 내가 가진 문제를 그녀에게 다 이야기했어요. 그런데 조금은 줄여서 말했을지도 몰라요."

제이콥과 새 신부는 시애틀에 정착했다. 제이콥은 그의 일터인 실리콘밸리의 바쁜 생활에 적응해야 했는데, 실리콘밸리에서 더 많은 시간을 보내며 아내와 떨어져 지내야 했고, 포르노물과 강박적인 자위로 점철된 과거의 생활 방식으로 자주 돌아갔다.

"아내랑 같이 있을 땐 포르노물을 절대 안 봅니다. 하지만 여기 실리콘밸리에 있거나 출장을 갈 때, 그리고 아내가 없을 땐 보죠."

제이콥은 이야기를 잠시 멈췄다. 그리고 그로서는 정말 하기 어려운 이야기가 이어졌다.

"업무를 하면서 가끔 전기를 만지다 보니 손에 뭔가가 느껴지더군요. 내가 호기심이 많거든요. 내 성기에 전류를 대면 어떤 느낌일지 궁금해지기 시작했습니다. 그래서 온라인상에서 알아보기 시작하고, 전기 자극을 쓰는 사람들의 무리를 발견했죠.

연구 끝에 전극과 전선을 오디오 기기에 갖다 붙입니다. 오디오 기기의 전압을 이용한 교류 전류를 써보죠. 그러고는 단순한 전선이 아니라, 솜으로 된 전극을 소금물에 적십니다. 그렇게 해보니 오디오 볼륨이 높아질수록, 전류가 높아집니다. 볼륨이 낮으면 아무 느낌이 안 나죠. 더 높은 볼륨에서는 아픕니다. 그 중간에서 감각을 통해 오르가슴을 느낄 수 있어요."

내 두 눈이 동그래졌다. 어떻게 할 도리가 없었다.

"하지만 이건 정말 위험하잖아요!" 그가 말을 이어나갔다. "정전이 일어나면 전력이 급증해서 정말 다칠 수도 있겠구나 싶었습니다. 이러다가 죽은 사람들도 있었거든요. 그래서 온라인에서 의료용 키트를 살 수 있다는 걸 알게 됐어요. 그게… 의사들은 그걸 뭐라고 하죠, 통증 치료하는 그 기기를…?"

"TENS* 기구요?"

"맞아요, TENS 기구, 하나에 600달러를 주고 그걸 사거나, 20달러로 직접 만들 수 있어요. 난 직접 만들기로 했습니다. 재료들을 사죠. 기계를 만듭니다. 잘 작동하더군요."그는 잠시 말을 멈춘다. "하지만 이때 진짜 발견을 했어요. 기계를 위한 소프트웨어를 만들었습니다. 맞춤형 루틴을 만들어 느낌에 따라 음악을

---

* transcutaneous electrical nerve stimulation의 줄임말로, 통증 부위의 피부를 저주파 전기로 자극해 진통 효과를 이끌어 내는 방법이다. '경피적전기신경자극'이라고도 한다.

맞출 수 있는 겁니다."

"어떤 종류의 루틴이요?"

"손으로 하는 것, 입으로 하는 것. 뭐든지요. 내 루틴만 발견하는 게 아닙니다. 온라인에서 다른 사람들의 루틴을 다운로드하고 내 루틴을 공유합니다. 어떤 사람들은 포르노 비디오에 맞춰서 프로그램을 짜는데, 그러면 보고 있는 걸 그대로 느끼게 되는 거죠… 가상현실처럼. 쾌락은 물론 감각에서 오지만, 기계를 만들고, 그 기계가 할 것을 기대하고, 그걸 개선하는 방법을 실험하고, 다른 사람들과 공유하는 데서도 옵니다."

그는 그다음 이야기를 떠올리곤 기대 섞인 미소를 지었다. 그는 나를 세심히 살피면서 내가 그 이야기를 받아들일 수 있을지 판단하고 있었다. 나는 마음을 다잡고, 그에게 이야기를 계속하라고 고개를 끄덕였다.

"상황은 안 좋아졌어요. 사람들이 혼자 즐기는 걸 라이브로 볼 수 있는 채팅방들이 있습니다. 보는 건 공짜지만, 토큰을 구매하는 옵션이 있죠. 나는 마음에 드는 퍼포먼스에 토큰을 주곤 했어요. 결국 내가 하는 걸 촬영해서 온라인에 올리게 됐죠. 은밀한 부위만 찍어서요. 모르는 사람들이 나를 보게 하는 게 처음에는 아주 신났죠. 하지만 죄책감도 들더군요. 사람들이 그걸 보고 아이디어를 얻어서 중독될지도 모르니까요."

---

2018년, 나는 트럭으로 두 명의 십 대를 들이받아 사망에 이르게 한 어느 남성의 사건에 의학 전문가 증인으로 나선 적이 있다. 소송의 일환으로, 재판이 열린 캘리포니아주 플레이서 카운티의 수석 범죄 수사관인 빈스 더토 형사와 대화를 나누게 되었다.

그의 업무가 궁금했던 나는 지난 20년간 형사 사건에 변화가 있었는지 물었다. 그러자 그는 네 살 먹은 남동생을 상대로 항문 성교를 한 여섯 살짜리 남자아이에 관한 비극적인 사례를 들려주었다.

"보통 이런 사건을 보면, 어린이가 접촉한 성인이 그 어린이를 성적으로 학대하고, 그러고 나서 그 아이가 다른 아이한테 자신이 당한 행동을 재연하는 게 일반적이에요. 하지만 우리가 철저히 조사했는데도 형이 학대를 당한 증거가 없는 거죠. 부모는 이혼한 데다가 바빠서, 아이들은 자기들끼리 그냥 알아서 컸더군요. 실제로 성적 학대가 일어나고 있지도 않았고요.

결국 이 사건에서 드러난 진실은, 형이 인터넷으로 만화를 보다가 실수로 온갖 성행위를 보여주는 일본 애니메이션을 접한 거예요. 그 아이는 자기 아이패드를 갖고 있었고, 걔가 뭘 하는지 아무도 감시를 안 하고 있었죠. 이런 만화를 여러 편 보고 나서 남동생한테 해봐야겠다고 결심한 거예요. 제가 지금까지 경찰 일을 20년 넘게 했는데, 이런 경우는 처음이었어요."

인터넷은 중독 대상에 대한 높은 접근성을 보장할 뿐 아니라 우리에게 절대 일어나지 않을 법한 사례를 제시함으로써 강박적 과용을 부추긴다. 영상은 '입소문이 나는' 데 그치지 않는다. 말 그대로 전염성이 있기 때문에 밈meme이 등장하는 것이다.

인간은 사회적 동물이다. 혹자들이 온라인에서 특정한 방식으로 행동할 때, 그 행동은 다른 사람들도 하고 있기 때문에 '평범하게' 보인다. '트위터'는 전문가들과 대표들이 똑같이 좋아하는 소셜 미디어 메시지의 송수신 플랫폼으로서 이름이 딱 맞는다.* 우리는 새 떼들과 같다. 우리 중 하나가 날갯짓을 하면, 전체가 하늘로 날아오른다.

---

제이콥은 자신의 두 손을 내려다봤다. 나와 눈을 마주치지 못했다.

"그러다가 한 채팅방에서 그 여자를 만났습니다. 남자를 지배하기 좋아하는 여자죠. 나는 그 여자한테 전기에 관한 걸 알려준 다음, 멀리서 전기를 조절할 수 있도록 했어요. 이를테면 주파수, 볼륨, 펄스의 구조를 말이죠. 이 여자는 나를 절정까지 몰고 간 다음 그냥 넘어가지 못하게 만들기를 좋아했습니다. 이 여자가

* 영어 단어 twitter는 기본적으로 '지저귀다'라는 뜻을 갖는다.

이렇게 10번을 하는 동안 다른 사람들은 구경을 하고 댓글을 남겼죠. 그렇게 이 숙녀와 나는 사이가 돈독해졌습니다. 이 여자는 자기 얼굴을 절대 보이길 원치 않았죠. 하지만 나는 여자의 카메라가 잠시 떨어졌을 때 우연히 얼굴을 한 번 봤습니다."

"나이가 어느 정도 됐나요?" 난 물었다.

"40대쯤이었던 것 같은데…."

나는 그녀가 어떻게 생겼는지 묻고 싶었지만, 그의 치료에 필요하다기보다는 내 성적 호기심이 발동한 것 같아서 그만두었다.

제이콥이 말했다. "그런데 내 아내가 이 모든 걸 알아 버렸습니다. 그리고 나를 떠나겠다고 했죠. 난 그만두겠다고 약속했어요. 내 온라인 숙녀 친구한테도 관두겠다고 했고요. 내 숙녀 친구도 열받고, 아내도 열받고. 그렇게 되니까 나 자신이 싫어지더군요. 잠시 멈출 수는 있었어요. 한 달 정도였을 거예요. 하지만 그러고는 다시 빠져들었습니다. 그때는 혼자서 기계만 사용했어요. 아내한테 거짓말을 했지만 결국 아내는 또 알아 버렸고 아내를 담당하는 치료사가 나를 떠나라고 했죠. 그래서 아내는 시애틀에 있는 집으로 떠났습니다. 지금 난 혼자 지내고 있습니다."

그는 고개를 흔들며 말했다. "그게 절대 상상한 만큼 좋진 않네요. 현실은 늘 부족합니다. 난 다시는 하지 말자고 다짐하고는 기계를 부숴서 버렸어요. 하지만 다음 날 새벽 4시에 쓰레기통을 뒤져 기계를 만들고 있더군요."

제이콥은 애원하는 눈빛으로 나를 바라보았다. "멈추고 싶습니다. 그러고 싶어요. 중독자로 살다가 죽긴 싫어요."

난 뭐라고 말해야 할지 확신이 서지 않았다. 벌거벗은 채 모르는 사람들로 가득 찬 방에 들어가 있는 그의 모습을 상상했다. 공포와 연민, 그리고 그게 나였을 수도 있다는 막연하고 불안한 느낌이 몰려왔다.

---

제이콥의 사례는 독특하고 특이한 경우라고 할 수 있다. 그러나 우리 모두는 제이콥과 마찬가지로 자신을 자극함으로써 죽음에 처할 위험을 안은 채 살고 있다.

전 세계 사망의 70퍼센트는 흡연, 부족한 신체 활동, 불균형한 식습관처럼 개선이 가능한 위험한 행동에서 비롯한다. 대표적인 사망 위험 요인[13]으로는 고혈압(13퍼센트), 흡연(9퍼센트), 고혈당(6퍼센트), 신체 활동 부족(6퍼센트), 비만(5퍼센트) 등이 있다. 과체중 성인 인구는 1980년에 8억 5700만 명이었던 데 비해 2013년에는 21억 명에 달한 것으로 추산된다. 사하라 사막 이남 아프리카와 아시아의 일부 지역을 제외한 세계 모든 곳에서는 저체중보다 비만인 사람이[14] 더 많다.

중독률은 전 세계적으로 상승하고 있다. 질병 부담 중 알코올 중독과 불법 약물 중독이 차지하는 비율은 전 세계에선 1.5퍼센트, 미국에선 5퍼센트를 넘는다. 이 자료에서 담배 소비는 빠져있다. 중독 대상은 국가에 따라 다양하다. 미국에서는 불법 약물이, 러시아를 비롯한 동유럽에서는 알코올 중독이 지배적이다.

1990년과 2017년 사이에 전 세계에서 중독으로 사망한 인구는 모든 연령 집단에서 증가했다.[15] 그렇게 사망한 인구 중 절반 이상이 50세 미만이다.

강박적 과용의 문제를 겪기 가장 쉬운 이들은 가난하고 교육 수준이 낮은 계층인데, 그중에서도 잘사는 나라에서 사는 이들이 특히 그렇다. 그들은 보상 수준이 높고, 효능이 강하며, 새로운 약물에 쉽게 접근할 수 있는 동시에 의미 있는 일자리, 안전한 주거, 수준 있는 교육, 적절한 의료 서비스, 법 앞에서의 인종 및 계급적 평등에 소외되어 있다. 이는 중독 위험 요소의 위험한 연쇄 작용을 불러온다.

프리스턴대학교의 경제학자 앤 케이스Anne Case와 앵거스 디튼Angus Deaton에 따르면, 학사 학위가 없는 중년의 백인 미국인들은 자신의 부모, 조부모, 증조부모보다 이른 나이에 사망한다. 이 집단의 주요 사망 원인 세 가지는 약물 과용, 알코올 관련 간 질환, 자살이다. 케이스와 디튼은 이 현상을 "절망의 죽음deaths of despair"[16]이라고 표현했다.

우리의 강박적 과용은 우리의 죽음뿐 아니라 지구의 죽음까지 위협하고 있다. 세계의 천연자원은 빠르게 감소하고 있다.[17] 경제학자들의 추산에 따르면, 2040년 세계의 자연자본(육지, 삼림, 어장, 연료)은 지금보다 고소득 국가에서는 21퍼센트, 가난한 나라에서는 17퍼센트 감소할 것이다. 그 와중에 탄소배출은 고소득 국가에서 7퍼센트, 나머지 지역에서 44퍼센트 증가할 것이다.

우리는 자신을 집어삼키고 있는 셈이다.

2장

# 행복에 중독된 사람들

데이비드는 2018년에 처음 만났다. 겉으로는 뚜렷한 특징이 없었다. 의료 기록에 표시된 35세 나이보다 더 젊어 보였다. '이 남자는 오래 가지 않을 거야. 병원에 한두 번 더 오고는 다시 볼 일 없을 걸.' 이게 내 판단이었다. 당시에는 그렇게 믿었다.

하지만 지금은 내 예측 능력이 그리 미덥지 못하다는 것을 여러 경험을 통해 깨달았다. 내가 도울 수 있을 거라 확신한 환자들은 대처가 힘들었던 반면, 희망이 없다고 생각한 환자들은 놀라운 회복력을 보여주었다. 그래서 지금은 새로운 환자를 만나면 의심의 목소리를 죽이고 모두가 회복을 시도했다는 사실을 기억하려고 노력한다.

"어떤 문제로 오셨는지 말씀해 주세요." 내가 말했다.

데이비드의 문제는 대학교에서 시작했다. 더 정확히는 그가 학생을 위한 정신 건강 관련 시설에 발을 들이면서부터였다. 문제가 처음 일어났을 때 그는 21살로 뉴욕주 북부 소재 대학의 2학년 학부생이었다. 불안함과 부진한 학교 성적 때문에 도움을 필요로 했다.

그의 불안은 낯선 사람, 또는 잘 모르는 누군가와 대화할 때 나타났다. 얼굴은 빨개지고, 가슴과 등은 땀으로 젖었으며, 생각은 갈피를 잡지 못했다. 그는 남들 앞에서 발표해야 하는 수업은 피했다. 말하기와 의사소통에 관한 필수 세미나는 두 번이나 포기했고, 지역 전문대에서 대체 수업을 들으며 해당 요건을 채웠다.

"무엇이 두려웠나요?" 내가 물었다.

"실패할까 봐 두려웠어요. 내가 뭘 모르는 것처럼 보일까 봐 두려웠죠. 도움을 청하는 게 두려웠어요."

시설에서 45분간의 진료와 5분간의 지필 검사를 한 결과, 그는 주의력결핍장애와 범불안장애 진단을 받았다. 검사를 진행한 심리상담사는 그에게 정신과 의사를 찾아가 항불안 약제와, 데이비드의 표현에 따르면 "주의력결핍장애를 위한 흥분제"를 처방받으라고 했다.

권고에 따라 데이비드는 정신과 의사를 찾아갔다. 의사는 우울감과 불안감 치료를 위한 팩실Paxil이라는 선택적 세로토닌 재흡수 저해제, 주의력결핍장애를 치료하기 위한 애더럴Adderall이라는 흥분제를 처방했다.

"그래서 어땠나요? 그러니까 그 약들이요."

"처음엔 팩실이 불안감 치료에 조금 도움이 됐어요. 땀이 최악으로 나는 걸 살짝 줄여줬거든요. 하지만 확실한 치료는 안 됐어요. 그래서 저는 컴퓨터공학에서 컴퓨터과학으로 전공을 바꿨어요. 그게 도움이 될 것 같았거든요. 컴퓨터과학은 대화할 필요가 적었어요.

하지만 말을 제대로 못 하고 모른다는 표현도 못 하니 시험을 망쳤죠. 그다음 시험도 망쳤어요. 그래서 학점 평균을 관리하려고 한 학기를 휴학했어요. 결국 공대에서 완전히 전과했죠. 내가 정말 좋아하고 하고 싶은 공부였기 때문에 정말 슬펐어요. 전공은 역사로 바꿨어요. 동기 수가 스무 명밖에 안 됐고, 소통도 덜 하면서 지낼 수 있었죠. 시험은 답안지를 집에 가져와서 알아서 처리하는 방식으로 진행됐어요."

"애더럴은 어땠나요?" 나는 물었다.

"매일 아침 수업 전에 10밀리그램을 먹었어요. 집중력을 높이는 데 도움이 되더라고요. 돌이켜보면 공부 습관이 안 좋았던 것 같아요. 애더럴은 그걸 보완하는 데 도움이 됐을 뿐 아니라 할 일을 미루는 데도 도움이 됐죠. 시험을 앞두고 있는데 공부를 안 했다면, 온종일 밤낮없이 애더럴을 먹으면서 시험공부를 하는 거예요. 그러다가 애더럴 없이는 공부를 못할 지경이 됐죠. 그렇게 애더럴이 더 필요하게 됐어요."

나는 그가 추가로 약을 구하는 게 얼마나 어려웠는지 궁금했다. "약을 더 구하기는 어려웠나요?"

"별로요." 그가 말했다. "저는 항상 새로 약을 받아야 할 시기를 알고 있었어요. 정신과 의사한테 며칠 전에 연락하죠. 그쪽 사람들이 의심하지 않게, 너무 오래 말고 딱 하루 이틀 전에 약속을 했죠. 실제로는 약이 떨어지는 게… 10일 후인데, 며칠 앞두고 연락하면 바로 약을 줘요. 그러다가 PA, 그러니까 보조 의사한테 말하는 게 더 좋다는 것도 알게 됐죠. 질문을 너무 많이 하지 않으면서 약을 쉽게 주는 편이거든요. 제가 구실을 만들 때도 있고요. 예를 들면 우편 주문 약국*에 문제가 생겼다는 식으로. 하지만 대부분의 경우에는 그럴 필요가 없었어요."

"약이 별 도움이 안 됐다는 얘기처럼 들리네요."

데이비드는 말을 잠시 멈췄다. "약은 일상이 됐어요. 고통을 느끼기보다 약을 먹는 편이 더 나으니까요."

## 고통은 나쁜 것일까

2016년, 나는 스탠퍼드대학교의 학생정신건강상담소에서 교직원을 대상으로 약물과 알코올 문제에 관한 발표를 한 적이 있

---

* 직접 방문 대신 우편으로 처방 약을 전해 주는 약국

다. 그 대학의 일원이 된 지 몇 달 지나지 않은 시기였다. 일찍 도착해 건물 정문 로비에서 관계자를 기다리는데, 한쪽 벽에 있던 무료 책자들에 관심이 끌렸다.

총 네 가지 책자가 있었고 제목에는 '행복'이라는 단어를 중심으로 변형한 문구들이 실려 있었다. "행복의 습관", "행복을 위한 수면", "멀지 않은 행복", "더 행복한 당신을 만들기 위한 7일". 각 책자에는 행복을 위한 처방들이 실려 있었다. "당신을 행복하게 하는 50가지 목록을 적으세요" "거울 속 당신의 모습을 보고, 자신에 대해 가장 좋아하는 것들을 일기에 적으세요" "긍정적인 감정의 흐름을 만드세요".

가장 강력한 문구는 아마 이게 아닐까. "타이밍, 그리고 행복에 대한 다양한 전술을 최대한 활용하세요. 언제 얼마나 자주 할지에 대해선 계획적이어야 합니다. 선행善行의 경우, 선행을 하루에 많이 할지 매일 하나씩 할지 자가 실험을 통해 결정하는 것이 가장 효과적입니다."

이 책자들은 개인의 행복을 좇는 것이 '좋은 인생'을 둘러싼 다른 정의들을 밀어내고 어떻게 현대의 처세술이 되었는지를 보여준다. 여기서는 다른 사람에 대한 선행마저 개인의 행복을 위한 전술로 표현되고 있다. 그 자체로 상찬받아야 할 이타심은 우리 자신의 '웰빙'을 위한 수단이 되고 말았다.

20세기 중반의 심리학자이자 철학자인 필립 리프Philip Rieff는 이러한 경향을 자신의 저서인 『치료상의 승리: 프로이트 이후의 신앙 활용The Triumph of the Therapeutic: Uses of Faith After Freud』에서 예견한 바 있다. "종교인은 구원받기 위해 태어났지만,[1] 심리학적 인간은 기뻐하기 위해 태어난다."

행복을 추구하라고 재촉하는 메시지들은 심리학의 영역에만 국한되지 않는다. 현대 종교 역시 자기 인식, 자기표현, 자아실현의 신학을 최고의 선善으로서 알린다.

작가이자 종교학자인 로스 다우섯Ross Douthat은 자신의 저서 『나쁜 종교Bad Religion』에서 뉴에이지에서 이야기하는 "내면의 신God Within" 신학[2]을 "세계주의적인 동시에 위안이 되며, 이국 정서의 모든 쾌락을 약속하는 신앙으로… 아무런 고통이 없고… 신을 인간보다는 경험으로 받아들이는 신비주의적 범신론"이라고 말한다. "놀랍게도 내면의 신 관련 문헌을 들여다보면 도덕적인 권고가 거의 없다. '친절'과 '온정'은 자주 요구하지만, 실제로 궁지에 몰린 사람들을 위한 지침은 거의 없다. 그나마 있는 지침은 '느낌이 좋으면 하라'는 식으로 끝나기 일쑤다."

케빈이라는 나의 환자는 2018년 당시 열아홉 살의 나이에 부모들에게 등을 떠밀려 나를 찾아왔다. 부모들의 걱정은 이랬다. 케빈이 학교를 가려고 하지 않는다, 일을 계속하지 못한다, 가정 내 규칙을 전혀 지키려하지 않는다.

그의 부모들은 모든 부모가 그렇듯 완벽과 거리가 있었지만 케빈을 도우려 애쓰고 있었다. 학대나 방치의 기미는 없었다. 문제는 두 사람이 케빈을 전혀 통제하지 못한다는 것이었다. 그들은 "아들한테 스트레스를 줄까 봐" 혹은 "정신적 외상을 줄까 봐" 두려워했다.

**어린이가 심리적으로 연약하다고 여기는 것은 철저히 현대적인 사고방식이다.** 고대에 어린이는 태어날 때부터 완성된 축소형 성인으로 여겨졌다. 대부분의 서구 문명에서 어린이는 선천적으로 악하다고 간주되었다. 부모와 보호자가 할 일은 아이들이 사회화를 통해 세상을 살아갈 수 있도록 엄격하게 훈육하는 것이었다. 아이들이 올바르게 행동하도록 체벌과 공포심을 쓰는 전략은 전적으로 용인되었다. 하지만 지금은 아니다.

오늘날 내가 만난 많은 부모는 자식의 감정에 상처를 주는 무언가를 하거나 말하기를 무서워한다. 나중에 아이들이 감정적 고통이나 정신 질환을 겪을 수 있다는 생각을 하기 때문이다.

이러한 생각을 쭉 타고 올라가다 보면 프로이트가 등장한다. 유아기의 경험이 오랫동안 잊히거나 의식적인 자각에서 벗어나 있다고 해도 평생 심리적 악영향을 초래할 수 있다는 프로이트의 설명은 정신 분석에 획기적인 기여를 했다. 하지만 불행히도, 유아기의 트라우마가 성인의 정신병리에 영향을 미칠 수 있다는 프로이트의 통찰은, 모든 도전적인 경험이 우리를 심리치료용 소파로 데려갈 수 있다는 확신으로 변질됐다.

아이들을 부정적인 심리적 경험으로부터 보호하려는 노력은 가정뿐 아니라 학교에서도 잘 나타난다. 초등학교 단계에서 아이들은 '이주의 스타' 상 같은 걸 받는다. 특별히 뭘 잘해서가 아니라 이름순으로 받는다. 누군가를 괴롭히는 친구가 있으면 솔선수범해서 막는 대신 어른들에게 알리고 그런 친구들을 피하라고 가르친다.

양육과 교육 과정에서 발달심리학과 공감이 강조되는 것은 긍정적인 변화다. 우리는 모든 사람의 가치를 성취도와 별개로 인정하고, 학교 운동장을 비롯한 모든 곳에서 신체적·정신적 야만 행위를 삼가며, 사고하고 배우며 논의할 수 있는 안전한 영역을 만들어야 한다.

하지만 나는 우리가 완충재를 가득 채운 독방 같은 곳에서 아이들을 키우며 유년기를 너무 질병처럼 대하고 과하게 관리하는 건 아닌지 걱정된다. 이러면 아이들은 상처받을 일이야 없겠지만 세상에 대처할 방법도 모르게 된다.

우리가 아이들을 역경으로부터 과보호한 탓에, 아이들이 역경을 그토록 두려워하게 된 건 아닐까? 우리가 아이들을 거짓으로 칭찬하고 현실을 감추는 방식으로 아이들의 자존감을 높인 탓에, 아이들이 참을성이 떨어지고 권리만 더 내세우며 자신의 성격적 결함에 무지하게 된 건 아닐까? 우리가 아이들이 원하는 걸 다 들어준 탓에, 새로운 쾌락주의 시대를 조장하게 된 건 아닐까?

케빈은 우리가 모인 자리에서 자신의 인생철학을 밝혔다. 그때 난 확실히 충격을 받았다.

"저는 언제든 뭐든 원하는 대로 해요. 침대에 계속 있고 싶으면, 침대에 계속 있고요. 비디오 게임을 하고 싶으면 비디오 게임을 하고요. 코카인 좀 들이키고 싶으면 딜러한테 문자를 해서 그가 코카인을 놓고 가거든 그걸 들이키죠. 섹스를 하고 싶으면 온라인에서 누군가를 찾아내서 만난 다음 섹스를 해요."

"그게 너한텐 어땠어, 케빈?" 내가 물었다.

"별로였어요." 그는 바로 부끄러워하는 듯했다.

개인적으로 지난 30년 동안 데이비드와 케빈 같은 환자의 수는 갈수록 늘고 있다. 든든한 가족, 질 높은 교육, 재정적 안정성, 양호한 건강 등 인생의 모든 혜택을 누리면서도 과도한 불안감, 우울감, 신체적 고통을 스스로 키우는 듯한 이들 말이다. 그들은 자신의 잠재력을 발휘하지 못하는 것은 고사하고 아침에 침대에서도 겨우 빠져나온다.

## 고통이 사라지면 행복이 찾아올까

우리가 고통 없는 세상을 추구함에 따라 의료 행위 또한 바뀌었다.

20세기 전에 의사들은 어느 정도의 고통을 건강의 신호[3]라고 믿었다. 19세기의 주요 외과의들은 고통이 면역 반응과 심혈관 반응을 높이고 치료를 촉진한다고 보았기 때문에 수술 중에 전신 마취를 꺼렸다. 고통이 조직 재생 속도를 높인다는 증거는 내가 아는 한 없지만, 수술 중에 오피오이드[4]를 쓰면 조직 재생 속도가 줄어든다는 증거는 최근에 증명되고 있다.

17세기의 유명한 의사인 토머스 시드넘Thomas Sydenham은 고통을 이렇게 이야기했다. "극도로 위험한 고통과 염증을 가라앉히기 위한 아주 계획적인 노력을 … 나는 전부 지켜봤다. … 확실히 사지의 적당한 고통과 염증은 자연이 가장 현명한 용도로 사용하는 치료 수단이다."[5]

이와 대조적으로 오늘날의 의사들은 자비 넘치는 치료자로서의 역할에 실패할까 봐 모든 고통을 없애려 한다. 고통은 어떤 형태든 위험하다고 여겨진다. 아파서만이 아니라 회복 불가능한 신경 손상을 남겨서 완치를 해도 고통을 느끼도록 뇌를 자극한다고 여겨지기 때문이다.

고통을 둘러싼 패러다임의 전환은 기분을 좋게 만드는 알약을 대량 처방하는 방식[6]으로 바뀌었다. 오늘날 미국 성인 25퍼센트 이상, 미국 어린이 5퍼센트[7] 이상이 매일 정신 치료제를 먹는다.

팩실, 프로작, 셀렉사 같은 항우울제 사용률은 미국을 선두로 세계 각지에서 높아지고 있다.[8] 미국인 10퍼센트 이상(1,000명 중 110명)이 항우울제를 복용하고, 아이슬란드(10.6퍼센트), 호주(8.9퍼센트), 캐나다(8.6퍼센트), 덴마크(8.5퍼센트), 스웨덴(7.9퍼센트), 포르투갈(7.8퍼센트)이 그 뒤를 잇고 있다. 25개국 중에 한국의 수치가 가장 낮다(1.3퍼센트).

항우울제 사용률은 독일에서 4년 만에 46퍼센트 증가했고, 같은 기간에 스페인과 포르투갈에서는 20퍼센트 증가했다. 중국을 포함한 다른 아시아 국가들의 자료는 구할 수 없지만, 항우울제 사용률의 증가를 판매 추이를 통해 짐작할 수 있다. 중국의 경우 2011년 항우울제 판매량은 26.1억 달러에 달했는데, 이는 그전 해보다 19.5퍼센트 증가한 수치다.

미국에서 흥분제(애더럴, 리탈린) 처방률[9]은 2006년과 2016년 사이에 두 배로 늘었는데, 이는 5세 미만의 어린이까지 포함한 수치다. 2011년 주의력결핍장애 진단을 받은 미국 어린이 3분의 2가 흥분제를 처방받았다.

벤조디아제핀benzodiazepine* 계열(재낵스, 클로노핀, 바륨)의 신경 안정제 역시 중독성이 있는데, 처방률이 늘고 있다.[10] 1996년과 2013년 사이 미국에서 벤조디아제핀을 처방받은 성인 수는 67퍼센트 증가했다.

2012년, 모든 미국인은 오피오이드를 넉넉히 처방받아 알약 한 병을 가득 채웠고, 오피오이드 과용은 총과 자동차 사고보다 더 많은 미국인을 죽음으로 내몰았다. 이런 상황에서 데이비드가 알약으로 자신을 무뎌지게 만들어야 한다고 여긴 사실은 별로 놀랄 일도 아니다.

고통에서 벗어나려는 시도는 약물 중독 같은 극단적인 사례만 있지 않다. 현대인은 사소한 불편조차 견딜 수 없게 되었다. 우리는 순간의 고통, 현재의 지루함에서 벗어나기 위해, 그저 놀

---

* 1933년 처음 합성되어 소개된 향정신성의약품으로, 신경 안정제에 속한다.

기 위해 계속 애쓰고 있다. 올더스 헉슬리Aldous Huxley가 『다시 찾아본 멋진 신세계Brave New World Revisited』에서 얘기한 것처럼 "매스 커뮤니케이션 산업은 대부분 옳고 그름과 무관한데 비현실과 관련이 있을 만큼 거의 완전히 무관하고… 이 거대한 산업의 발전은 기분 전환에 관한 인간의 무한에 가까운 욕구[11]를 고려하지 못했다."

1980년대 고전 『죽도록 즐기기Amusing Ourselves to Death』의 작가 닐 포스트먼Neil Postman은 비슷한 맥락에서 이렇게 썼다. "미국인들은 더 이상 서로 이야기하지 않는 대신 서로를 즐긴다.[12] 그들은 생각을 주고받지 않는 대신 이미지를 주고받는다. 그들은 문제들을 논의하지 않는 대신 멋진 외모, 유명인, 광고를 논한다."

소피라는 내 환자는 한국에서 온 스탠퍼드대학교 학부생이었다. 우울감과 불안감 때문에 도움을 받으러 나를 찾아왔었다. 그녀는 자신이 깨어 있는 동안에는 인스타그램 하기, 유튜브 보기, 팟캐스트와 플레이리스트 듣기 등 일종의 기기에 의존한 상태로 대부분의 시간을 보낸다고 말했다.

나는 그녀에게 수업을 받으러 걸어가면서 아무것도 듣지 말고 생각이 수면 위로 자연스럽게 떠오르게 해보라고 권했다.

그러자 그녀는 못 믿겠다는 듯이 나를 쳐다봤다.

"제가 왜요?" 입이 떡 벌어진 채 그녀가 물었다.

"음," 난 조심스럽게 말문을 열었다. "그게 자신과 친해지는 방법이거든요. 자신의 경험을 통제하거나 외면하지 않고 그대로 펼치는 거죠. 전자 기기만 붙잡고 지내는 게 소피의 우울감과 불안감을 키우고 있을 거예요. 매번 자신을 피하는 건 정말 지치는 일이죠. 소피가 다른 방식으로 자신을 경험하는 일이 새로운 생각과 기분을 갖게 하고, 더 나아가 자신과, 다른 사람들과, 세상과 더 가까워지는 기분이 들게 할 거예요."

그녀는 잠시 생각에 잠겼다. "하지만 그건 너무 지루하잖아요." 그녀가 말했다.

"그렇죠, 맞는 말이에요." 나는 말했다. "지루함이란 지루하기만 한 게 아니에요. 끔찍할 수도 있죠. 뭔가의 의미와 목적이라는 더 큰 문제 앞에 우리를 떠밀 수도 있어요. 하지만 지루함은 발견과 발명의 기회가 되기도 해요. 새로운 생각을 형성하는 데 필요한 공간을 만들죠. 그게 없으면 우리는 주변 자극에만 끊임없이 반응하게 될 거예요."

그다음 한 주 동안, 소피는 아무것도 귀에 꽂지 않고 다녀봤다.

"처음엔 힘들었어요." 그녀가 말했다. "하지만 그러고 나서 익숙해지더니 좋아지기까지 했어요. 주변에 나무들이 있는 걸 알기 시작했죠."

## 행복과 고통의 역설

"밤낮없이 애더럴을" 복용한다는 데이비드의 사례로 돌아가 보자. 2005년 대학 졸업 후, 데이비드는 부모 집으로 다시 들어갔다. 로스쿨 입학시험을 치러 좋은 결과까지 받았지만, 지원할 때가 되자 마음에 내키지 않았다.

"소파에 앉아서 분노와 분개심만 키우기 바빴어요. 나 자신과 세상을 향해서요."

"왜 화가 났었는데요?"

"저의 학부 교육을 허비했다는 느낌이 들었거든요. 정말 원하는 공부를 하지 못했으니까요. 그리고 여자친구는 여전히 학교에 있으면서… 잘하고 있고, 석사 학위까지 땄어요. 저는 집에서 아무것도 안 하고 빈둥대고 있었고요."

데이비드의 여자친구는 졸업 후 팰로앨토*에서 직장을 구했다. 데이비드는 그녀를 따라 팰로앨토에 갔고, 두 사람은 2008년에 결혼했다. 데이비드는 기술 관련 스타트업에 취직했는데, 그곳에서 자기 시간을 넉넉히 내주는 젊고 유능한 엔지니어들과 함께 일했다.

그는 다시 코딩을 붙잡았다. 대학에서 공부하려고 했지만 학생으로 가득한 공간에서는 너무 두려워서 따라갈 수 없었던 모든

---

* 미국 캘리포니아주의 도시로 실리콘밸리에 속한 지역이다.

걸 배웠다. 마침내 소프트웨어 개발자로 진급해 하루 15시간씩 일했고, 남은 시간을 활용해 주당 48킬로미터씩 뛰었다.

"하지만 이 모든 걸 하려고," 그가 말했다. "애더럴에 더 기댔죠. 아침만이 아니라 온종일요. 아침에 일어나서 애더럴을 복용해요. 집에 가서 저녁을 먹고 애더럴을 또 복용해요. 알약이 저의 새로운 일상이 된 거죠. 카페인도 어마어마하게 마셨어요. 그러다가 늦은 밤이 되면 자야 하는데, '자, 이제 뭘 할까?'가 되는 거예요. 그래서 정신과 의사한테 다시 가서는 잘 말해서 암비엔Ambien을 타왔어요. 거기선 암비엔을 모르는 척했는데, 사실 어머니가 오랫동안 암비엔을 쓰셨었어요. 삼촌 두 분도 그랬고요. 그리고 저는 발표 전에 불안하지 않으려고 아티반Ativan도 한정량 처방받았어요. 결국 2008년부터 2018년까지 매일 애더럴 30밀리그램, 암비엔 50밀리그램, 아티반 3~6밀리그램을 복용했죠. 이렇게 생각했어요. 난 불안해하고 ADHD 증상이 있고, 할 일을 하려면 약이 필요해."

데이비드는 피로와 주의력 결핍을 수면 부족과 과잉 자극이 아닌 정신 질환의 결과로 받아들였다. 그는 이 논리로 약물 복용을 정당화했다. 난 오랫동안 여러 환자를 만나면서 이와 비슷한 역설을 확인했다. 그들은 처방이나 다른 경로를 통해 구한 약으로 자기 관리가 부족했던 부분을 보충했고, 이를 정신 질환의 치료 과정이라고 믿었다. 그렇게 그들은 더 많은 약을 원하게 됐고 독은 그들에게 비타민이 되고 말았다.

"A로 시작하는 비타민을 먹은 셈이군요, 애더럴Adderall, 암비엔Ambien, 아티반Ativan." 내가 농담으로 말했다.

그러자 그가 웃었다. "그렇게 표현할 수도 있겠네요."

"부인 분이나 다른 사람이 당신한테 어떤 일이 있는지 아나요?"

"아뇨, 아무도. 아내는 전혀 몰랐어요. 가끔 암비엔이 떨어졌을 땐 술을 마시거나, 애더럴을 너무 많이 했을 땐 아내한테 화를 내고 소리를 지르곤 했죠. 하지만 다른 때에는 아주 잘 감췄어요."

"그러면 이후에 어떤 일이 있었나요?"

"지치더라고요. 각성제와 진정제를 밤낮으로 먹는 데 지쳤어요. '죽을까' 하는 생각도 들기 시작했죠. 그러는 게 저한테도 더 좋고, 다른 사람들한테도 더 좋을 거라고 생각했어요. 하지만 아내가 임신했고, 저한텐 변화가 필요하다는 걸 깨달았죠. 아내한테 도움이 필요하다고 말했어요. 나를 병원에 데려가 달라고 부탁했죠."

"아내 분이 어떻게 반응하던가요?"

"저를 응급실로 데려갔어요. 모든 게 밝혀지니까 충격을 받더라고요."

"무엇 때문에 충격을 받던가요?"

"약 때문에요. 제가 복용하고 있던 모든 약들, 거대한 은폐 장소, 그리고 제가 얼마나 많이 숨기고 있었는지에 대해 말이죠."

데이비드는 입원 정신 병동에 들어가 흥분제와 진정제에 중독

되었다는 진단을 받았다. 그리고 애더럴, 암비엔, 아티반을 완전히 끊을 때까지, 자살 충동이 더는 없을 때까지 병원에 머물렀다. 2주가 걸렸다. 그렇게 그는 퇴원해 임신한 아내가 있는 집으로 돌아갔다.

---

우리는 모두 고통으로부터 도망치려 한다. 어떤 사람은 약물을 복용하고, 어떤 사람은 방에 숨어서 넷플릭스를 몰아본다. 또 어떤 사람은 밤새 로맨스 소설을 읽는다. 우리는 자신으로부터 관심을 돌리기 위해 거의 뭐든지 하려 든다. 하지만 자신을 고통으로부터 보호하려는 이 모든 회피 시도는 고통을 더 악화시킬 뿐이다.

세계행복보고서World Happiness Report[13]는 156개 국가를 대상으로 각국의 시민들이 자신을 얼마나 행복하다고 느끼는지를 따져서 국가 순위를 매긴다. 이 보고서에 따르면, 미국에 사는 사람들은 2008년보다 2018년에 덜 행복했다. 부, 사회적 지원, 기대 수명의 정도가 비슷한 다른 나라들도 자기 보고식 행복 점수에서 비슷한 하락세를 보였다. 벨기에, 캐나다, 덴마크, 프랑스, 일본, 뉴질랜드, 이탈리아 등이 여기에 속했다.

연구자들은 범불안장애의 확산을 알아보기 위해 26개국 약 15만 명을 대상으로 인터뷰를 진행했다. 여기서 범불안장애란 자신의 생활에 부정적인 영향을 미치는 과도하고 통제 불가능한 걱정으로 정의된다. 조사 결과에 따르면, 상대적으로 부유한 국가들은 가난한 국가들보다 불안 비율이 높았다.[14] 연구자들은 "그 장애는 중간소득이나 저소득 국가보다 고소득 국가에서 훨씬 더 유행하며 유해하다"고 결론내렸다.

1990년과 2017년 사이에 전 세계에서 새로 나타난 우울증 사례 수는 50퍼센트 증가했다.[15] 특히 사회인구학적 지수(수입)가 가장 높은 지역들에서 사례 수가 가장 많이 증가했는데, 북미 지역이 대표적이다.

신체적 고통 또한 늘어났다.[16] 나는 경력을 쌓는 과정에서 건강한 젊은이를 포함한 점점 더 많은 환자가 질병이나 조직 손상이 없음에도 전신 통증을 호소하는 모습을 목격했다. 복합 부위 통증 증후군, 섬유 근육통, 간질성 방광염, 근막 통증 증후군, 골반 통증 증후군 등 이유가 밝혀지지 않은 신체 통증 증후군은 수와 종류의 측면에서 모두 증가하고 있다.

연구자들이 전 세계 30개국 사람들에게 다음 질문을 했을 때—"지난 4주 동안 몸에 통증이나 고통을 경험한 적이 얼마나 자주 있었나요? 한 번도 없었다, 거의 없었다, 가끔, 자주, 매우 자주?"—미국인이 다른 그 어떤 나라 사람보다 더 많은 고통을 겪는다고 답했다.

미국인의 34퍼센트가 고통을 "자주" 혹은 "매우 자주" 느낀다고 밝혔는데, 이와 동일한 경우가 중국인은 19퍼센트, 일본인은

18퍼센트, 스위스인은 13퍼센트, 남아공인은 11퍼센트였다.

왜, 우리는 전에 없던 부[17]와 자유를 누리고 기술적 진보, 의학적 진보와 함께 살아가면서 과거보다 불행하고 고통스러워할까?

결론부터 말하면, 우리가 모두 너무나 비참한 이유는, 비참함을 피하려고 너무 열심히 노력하기 때문이다.

3장

# 뇌는 쾌락과 고통을 어떻게 이해하는가

지난 반세기 동안 생화학의 발전, 새로운 영상 기술 도입, 컴퓨터 생명 공학의 등장 등 신경과학의 발전은 근본적인 보상 과정reward process을 밝히는 데 큰 역할을 했다. 우리는 고통과 쾌락을 관장하는 메커니즘을 더 명확히 이해함으로써 과도한 쾌락이 고통으로 이어지는 이유와 과정에 관한 새로운 통찰력을 얻게 됐다.

## 도파민이 말씀하시되…

뇌의 주요 기능성 세포는 뉴런neuron이라고 불린다. 뉴런들은

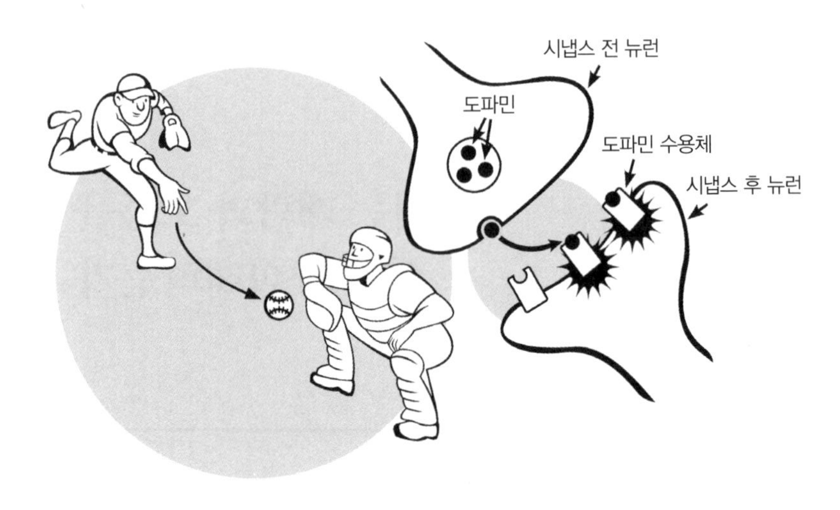


**신경전달물질**

시냅스에서 전기 신호와 신경전달물질neurotransmitter을 통해 서로 소통한다.

신경전달물질은 야구공과 같다. 투수는 시냅스 전presynaptic 뉴런이고, 포수는 시냅스 후postsynaptic 뉴런이다. 투수와 포수 사이의 공간은 시냅스 틈새synaptic cleft다. 공이 투수와 포수 사이에서 던져지는 것처럼, 신경전달물질은 뉴런들 사이를 오간다. 뇌에서 전기 신호를 조절하는 화학적 메신저인 셈이다.

중요한 신경전달물질은 많지만, 여기서는 도파민dopamine에 초점을 맞추겠다.

도파민은 인간 뇌의 신경전달물질로 1957년에 처음 발견되었는데, 두 명의 과학자가 따로따로 확인한 결과였다. 스웨덴 룬드

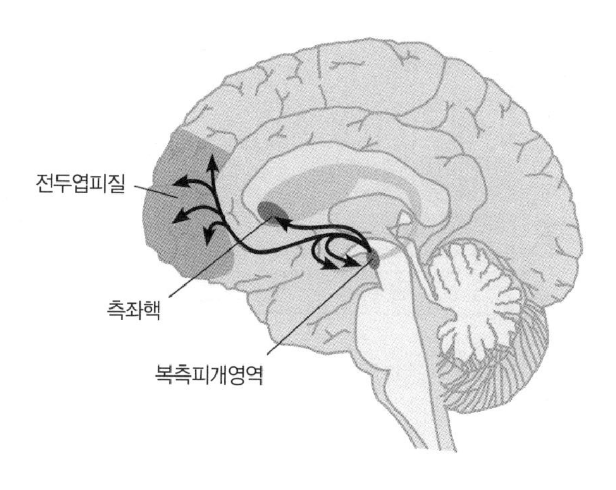


**뇌에서의 도파민 보상 경로**

에서 아르비드 칼손Arvid Carlsson과 그의 팀이, 그리고 런던 외곽에 적을 둔 캐슬린 몬터규Kathleen Montagu[1]가 그 주인공이다. 나중에 칼손은 노벨 생리의학상을 받았다.

도파민은 보상 과정에 관여하는 유일한 신경전달물질은 아니지만, 신경과학자들 대부분은 도파민이 그중 가장 중요하다는 데 동의한다. 도파민은 '보상 그 자체의 쾌락을 느끼는 과정'보다 '보상을 얻기 위한 동기 부여 과정'에 더 큰 역할을 한다.[2] 그래서 유전자 조작으로 도파민을 만들 수 없게 된 쥐들[3]은 음식을 찾지 못하고 음식이 코앞에 놓여 있어도 굶어 죽지만, 음식을 입안으로 바로 넣어주면 음식을 씹어서 먹으며 그걸 즐기는 것처럼 반응한다.

동기 부여와 쾌락 사이의 차이를 두고 논쟁이 있긴 하지만, 어

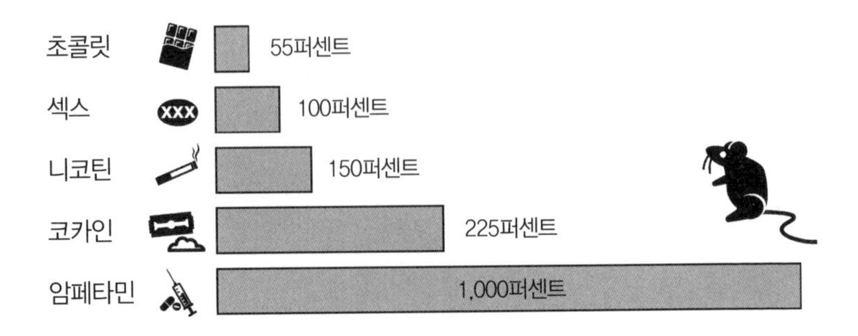


**보상과 도파민 분비**

쨌든 도파민은 특정 행동이나 약물의 중독 가능성을 측정하는 지표로 쓰인다. 예를 들어, 어떤 약물이 뇌의 보상 경로(복측피개영역, 측좌핵, 전두엽피질을 연결하는 뇌의 회로)에서 도파민을 더 많이, 더 빠르게 분비할수록 그 약물의 중독성은 더 크다고 평가된다. 이는 그 약물이 말 그대로 도파민을 함유하고 있다는 뜻은 아니다. 정확히 말하면 우리 뇌의 보상 경로에서 도파민 분비를 유도한다는 의미다.

상자 속 쥐를 대상으로 할 경우, 초콜릿은[4] 뇌의 기본 도파민 생산량을 55퍼센트 늘리고, 섹스는 100퍼센트,[5] 니코틴은 150퍼센트,[6] 코카인은 225퍼센트 늘린다. 암페타민amphetamine은 주의력결핍장애를 치료하는 데 쓰이는 애더럴 같은 법적으로 허용된 약품뿐 아니라 '스피드', '아이스', '샤부' 같은 길거리 약물에도 들어 있는 성분인데, 도파민 분비량을 1,000퍼센트까지 늘린다. 이 계산에 따르면 메스암페타민을 파이프로 한 번 피우는 것은 열

번의 오르가슴과 맞먹는다.

## 쾌락과 고통은 쌍둥이다

신경과학자들은 도파민의 발견과 더불어, 쾌락과 고통이 뇌의 같은 영역[7]에서 처리되며 대립의 메커니즘을 통해 기능한다는 사실을 알아냈다. 쉽게 말해 쾌락과 고통은 저울의 서로 맞은편에 놓인 추처럼 작동한다.

우리의 뇌에 저울이 있다고 가정해 보자. 중간에 지렛대 받침이 있는 저울이다. 평소에는 저울 위에 아무것도 없으면 지면과 수평을 이룬다. 우리가 쾌락을 경험할 때, 도파민은 우리의 보상 경로에 분비되고 저울은 쾌락 쪽으로 기울어진다. 우리의 저울이 더 많이, 더 빨리 기울어질수록, 우리는 더 많은 쾌락을 느낀다.

하지만 저울에 관한 중요한 속성이 하나 있다. 저울은 수평 상

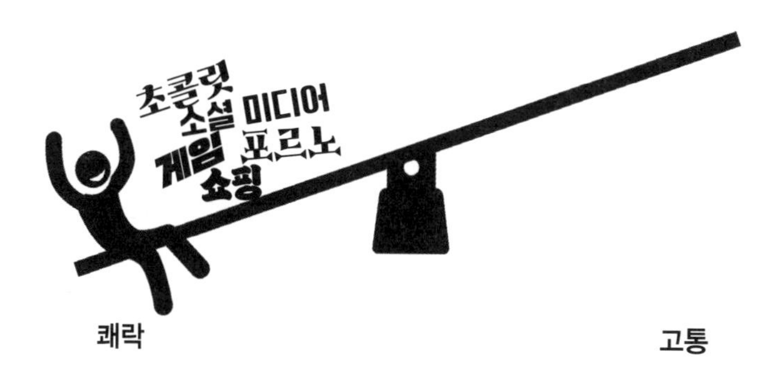

태, 즉 평형equilibrium을 유지하려고 한다. 한쪽이나 다른 한쪽으로 오랫동안 기울어져 있고 싶어 하지 않는다. 그래서 저울이 쾌락 쪽으로 기울어질 때마다, 저울을 다시 수평 상태로 돌리려는 강력한 **자기 조정 메커니즘**self-regulating mechanism이 작동한다. 이러한 자기 조정 메커니즘은 의식적 사고나 별도의 의지력을 필요로 하지 않는다. 그저 반사 작용처럼 균형을 잡으려 한다.

나는 이러한 자기 조절 시스템을 그렘린gremlin*들이 쾌락 쪽의 무게를 상쇄하기 위해 저울의 고통 쪽에 올라타는 모습으로 상상하곤 한다. 그렘린들은 어떤 생물체가 생리적 평형을 유지하려는 경향, 다시 말해 **항상성**homeostasis을 대변한다. 여기서 중요한 점이 있다. **쾌락 쪽으로 기울었던 저울이 반작용으로 수평이 되고 나면 거기서 멈추지 않고 쾌락으로 얻은 만큼의 무게가 반대쪽으**

* 도구나 기계에 악영향을 미친다는 환상 속 존재.

**로 실려 저울이 고통 쪽으로 기울어지게 된다.** 위의 그림처럼 말이다.

1970년대에 사회과학자 리처드 솔로몬Richard Solomon과 존 코빗John Corbit은 이러한 쾌락과 고통의 상호 관계를 대립-과정 이론opponent-process theory이라고 칭했다. "쾌락적 혹은 정서적 중립으로부터 오랫동안 혹은 반복해서 벗어나면[8] … 그만큼의 대가를 치른다." 그 대가란 자극과 반대되는 가치를 갖는 **이후 반응**after-reaction이다. 그러니까 옛말처럼 올라가는 건 반드시 내려와야 한다는 뜻이다.

잘 알려져 있듯이, 신체의 다양한 생리적 과정은 유사한 자기 조절 시스템들을 통해 이루어진다. 예를 들어 요한 볼프강 폰 괴테, 에발트 헤링Ewald Hering 등 여러 학자들은 색 지각color perception이 어떻게 대립-과정 시스템을 통해 일어나는지를 밝혀냈다. 한 가지 색을 일부러 계속 가까이 보면 보는 사람의 눈에 '대립되는'

색의 이미지가 나타난다. 실제로 하얀 바탕의 초록 이미지를 어느 정도 쭉 보고 나서 하얀 종이로 시선을 돌리면, 뇌가 어떻게 빨간 잔상을 만들어내는지 알게 될 것이다.

## 뇌과학이 밝혀낸 쾌락-고통 저울

쾌락 이후에 찾아오는 갈망은 누구나 겪는 경험이다. 감자칩에 다시 손을 대든 비디오 게임을 한 판 더 하려고 클릭하든, 그런 좋은 느낌을 다시 갖고 싶어 하거나 간직하려고 노력하는 일은 자연스러운 생리 현상이다. 이 욕구를 해결하는 손쉬운 방법은 계속 먹거나 놀거나 보거나 읽는 것이다. 하지만 문제가 있다.

어떤 쾌락 자극에 동일하게 혹은 비슷하게 반복해서 노출되면, 초기의 쾌락 편향은 갈수록 약해지고 짧아진다. 반면 이후 반응, 즉 고통 쪽으로 나타나는 반응은 갈수록 강하고 길어진다. 과학자들은 이 과정을 **신경 적응**neuroadaptation이라 부른다. 다시 말해, 쾌락을 추구할수록 우리의 그렘린은 점점 더 커지고 빨라지고 많아지며, 우리는 이와 동일한 효과를 얻기 위해 앞서 선택한 쾌락을 더 많이 필요로 하게 된다.

쾌락을 느끼기 위해 중독 대상을 더 필요로 하거나 같은 자극에도 쾌락을 덜 경험하게 되는 것을 **내성**tolerance이라고 한다. 내성은 중독의 발생에 있어서 중요한 요소다.

개인적으로 『트와일라잇』 시리즈를 두 번째로 읽었을 때 즐겁긴 했지만 처음 읽었을 때만큼 즐겁진 않았다. 네 번째로 읽었을 때는 (그렇다, 나는 시리즈 전체를 네 번이나 읽었다) 즐거움이 확 떨어졌다. 전체를 처음 다 읽었을 때가 다시 읽었을 때보다 항상 더 나았다. 시리즈를 다시 읽을 때마다 이후에 찾아오는 불만족은 갈수록 커졌고, 처음 읽었을 때 맛보았던 짜릿함을 다시 느끼고픈 욕구도 갈수록 커졌다. 나는 『트와일라잇』에 '내성을 갖게' 되면서 예전에 가졌던 느낌을 다시 느끼기 위해 같으면서도 더 새롭고 강력한 형태의 중독 대상을 찾아야 했다.

오랫동안 과도하게 중독 대상에 기대면, 쾌락-고통 저울은 결국 고통 쪽으로 치우치게 된다. 우리의 쾌락 경험 능력이 떨어지고 고통에 대한 취약성이 높아지면 우리의 향락적(쾌락) 설정값도 바뀐다. 이것을 공기 팽창식 매트리스와 휴대용 바비큐 그릴을 갖춘 그렘린이 저울의 고통 쪽에 진을 치고 있는 모습으로 그

**쾌락** **고통**

려볼 수 있다.

미국에서 약물 처방이 급격히 늘기 시작한 2000년대 초반부터 나는 고도의 도파민 중독 물질이 뇌의 보상 경로에 미치는 영향을 의료 현장에서 직접 목격했다. 만성 통증을 없애려고 다량의 오피오이드(옥시콘틴, 비코딘, 모르핀, 펜타닐 등)를 오랫동안 써온 환자일수록 병원을 찾는 빈도가 늘기 시작했다. 오랫동안 다량의 오피오이드에 의존했음에도 그들의 고통은 날이 갈수록 심해지기만 했다. 왜냐고? 그들의 뇌가 오피오이드에 과다 노출되면서 쾌락-고통의 저울을 고통 쪽으로 기울여놨기 때문이다. 그렇게 기존의 고통은 더 심해졌고, 고통과 거리가 멀었던 다른 신체 부위에 새로운 고통이 생겼다.

동물 실험을 통해 폭넓게 관찰되고 입증된 이 현상은 **오피오이드 유도 통각과민**opioid-induced hyperalgesia[9]이라고 불린다. 그리스어 algesis에서 유래한 통각Algesia은 고통에 대한 민감성을 의미

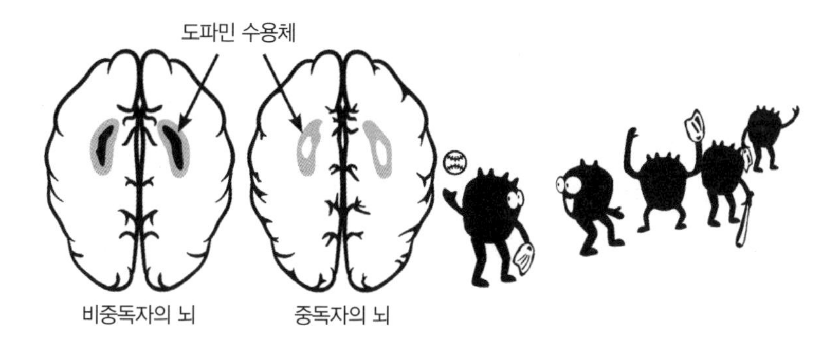


**중독이 도파민 수용체에 미치는 영향**

한다. 이 증상에 시달리는 환자 다수가 오피오이드 복용량을 줄이자[10] 고통의 완화를 경험했다.

신경과학자 노라 볼코프Nora Volkow와 그녀의 동료들은 고도의 도파민 물질에 오랫동안 과하게 기댈 경우 뇌가 도파민 부족 상태에 이른다는 것을 밝혔다.

볼코프는 정상적으로 제어되는 뇌에서 도파민이 잘 전달되는지를 다양한 약물에 중독되었다가 약물 사용을 멈춘 지 2주가 지난 사람들의 뇌와 비교해서 살펴보았다. 뇌 영상 결과는 놀라웠다. 정상적으로 제어되는 뇌의 사진에서는, 뇌의 보상 및 자극과 관련된 강낭콩 모양 영역이 빨간색으로 밝게 나타났다. 이는 도파민 신경전달물질이 고도로 활성화되어 있음을 의미한다. 반면 약물 사용을 2주 전부터 멈춘 중독자들의 사진에서는 강낭콩 모양 부분이 빨간색을 거의 혹은 아예 띠지 않았다. 이는 도파민이 거의 혹은 아예 전달되지 않았음을 의미한다.

볼코프 박사와 그녀의 동료들이 밝혀낸 것처럼, "약물 남용자들의 $D_2$형 도파민 수용체 감소는 도파민 분비 감소와 더불어 자연 보상 자극에 대한 보상 회로의 민감성을 낮추는 결과[11]를 낳는다." 한 번 이런 현상이 나타나면, 기분이 좋아지는 일은 더 이상 없다. 다르게 표현하자면, 도파민 팀 선수들이 자신의 공과 글러브를 갖고 집에 가버린 상태가 된다.

나는 대략 2년간 로맨스 소설을 강박적으로 소비하다가 결국 더 이상 즐길 책을 찾을 수 없는 지경에 이르렀다. 내가 내 소설 읽기의 쾌락 중추를 불태워버려서 아무 책도 이를 되살릴 수 없게 되버린 것이다. 아이러니하게도 쾌락 자체를 좇는 쾌락주의가 그 어떤 쾌락도 느끼지 못하는 쾌락불감증anhedonia에 걸린 셈이었다.

독서는 언제나 나에게 쾌락과 일탈을 선물하는 행위였다. 그래서 독서가 제 기능을 하지 못하자 충격과 슬픔이 찾아왔다. 그때도 로맨스 소설은 포기하기 힘들었다.

중독 증상을 겪는 환자들은 공통적으로 자신의 중독 대상이 더 이상 효과를 발휘하지 못하는 지점에 느꼈던 상실감을 고통스럽게 증언한다. 이 단계에 들어선 환자들은 쾌락의 대상을 탐닉해도 전혀 흥분을 맛보지 못한다. 오히려 비참한 기분에 빠진다. 이때 나타나는 보편적인 증상으로는 불안감, 과민 반응, 불면증, 불쾌감 등이 있다.

고통 쪽으로 기울어진 쾌락-고통 저울은 앞서 상당한 절제 기간을 거친 사람들도 다시 중독에 빠지게 만든다. 왜 그럴까? 우리의 저울이 고통 쪽으로 기울어 있으면, 그저 평범한 기분(수평 상태)을 느끼려 해도 중독 대상의 도움이 필요하기 때문이다.

신경과학자 조지 쿱George Koob은 이러한 현상을 "불쾌감에 따른 재발dysphoria driven relapse"[12]이라고 표현한다. 중독 대상에 과거와 같이 다시 의존하게 되는 이유는 쾌락을 위해서가 아니라 오랜 금단에 따른 신체적, 심리적 고통을 완화하고 싶은 욕구 때문이다.

물론 희망적인 소식은 있다. 우리가 오랫동안 충분히 기다리면, 우리의 뇌는 중독 대상이 없는 상황에 다시 적응하고 항상성의 기준치를 정상 수준으로 되돌린다. 저울이 수평을 이루는 셈이다. 뇌의 저울이 수평을 이루면, 우리는 산책하기, 해돋이 구경

하기, 친구들과 식사 즐기기 등 일상의 단순한 보상에서 다시 쾌락을 맛볼 수 있다.

## 중독은 뇌를 근본적으로 변화시킨다

중독 대상에 다시 노출되는 경우뿐 아니라 그 대상을 떠올리게 하는 단서 또는 암시에 노출되는 경우에도 쾌락-고통 저울은 요동친다. '익명의 알코올 중독자들Alcoholics Anonymous(이하 AA)'* 모임에서 이 현상을 표현하는 캐치프레이즈는 사람, 장소, 사물people, places, and things이다. 신경과학계에서는 이것을 **단서 의존 학습**cue-dependent learning이라 부르며, 고전적 (파블로프식) 조건 형성classical Pavlovian conditioning이라고도 한다.

1904년 노벨 생리의학상을 수상한 이반 파블로프Ivan Pavlov는 개들 앞에 고기 조각을 놓으면 반사적으로 침을 흘린다는 사실에 착안해 실험을 했다. 고기를 줄 때 버저 소리를 함께 들려주면 나중에 개들은 버저 소리만으로 침을 흘린다. 이는 개들이 자연 보상인 고기 조각을 조건 단서인 버저 소리와 연결해 반응한다고 해석할 수 있다. 이때 뇌에는 어떤 일이 일어날까?

---

* 1935년 미국에서 설립된 알코올 의존증 환자 모임. 알코올 중독에서 벗어나고 싶은 사람이라면 누구나 참여할 수 있는 열린 모임으로서, 우리나라를 포함한 여러 나라에도 뿌리내리고 있다.

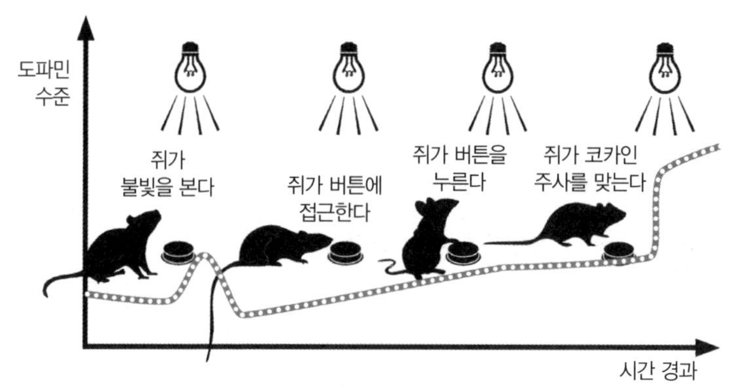


**도파민 수준: 기대와 갈구**

신경과학자들은 보상 자체(예를 들면 코카인 주사)가 주어지기 전에라도 조건 단서(예를 들면 버저, 메트로놈, 불빛)에 반응하면 도파민이 분비된다는 사실을 쥐의 뇌에 탐침기를 넣는 방법으로 밝혀냈다. 보상을 받기 전에 조건 단서에 반응해 도파민이 급증하는 현상은 우리가 좋은 일이 생길 것임을 예감할 때 느낄 수 있는 기쁨을 설명한다.

조건 단서가 나타난 직후, 뇌에서 발화한 도파민은 기준선까지가 아니라 (뇌는 보상이 없어도 측정 가능한 수준에서 도파민 발화를 한다) 그 이하로 감소한다. 이렇게 도파민이 순간적으로 살짝 부족한 상태가 되면, 우리에게는 보상을 찾아내라는 자극이 주어진다. 기준선 밑으로 떨어진 도파민 수준은 갈구를 일으킨다. 이러한 갈구는 중독 대상을 얻기 위한 의도적인 활동으로 이어진다.

존경받는 신경과학자이자 내 동료인 롭 말렌카Rob Malenka는 나

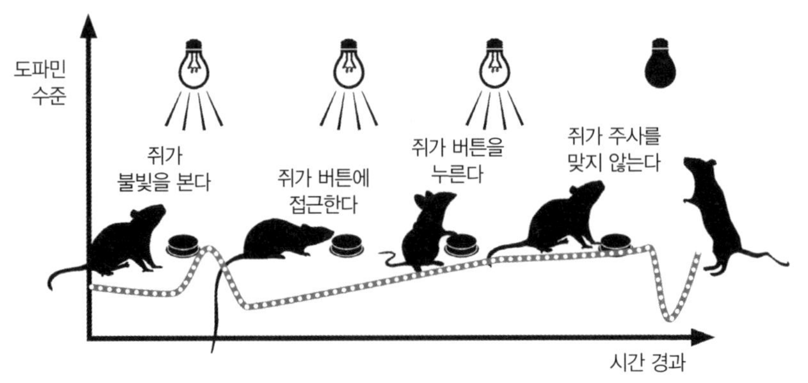

**도파민 수준: 기대와 갈구**

에게 이런 말을 한 적이 있다. "실험용 동물이 얼마나 중독되었는지를 보려면, 그 동물이 자신의 중독 대상을 얻으려고 얼마나 자진해서 열심히 움직이는지를 보면 돼요. 레버를 누르거나, 미로에서 길을 찾거나, 사다리를 오르거나 하는 거죠." 나는 인간도 이와 똑같다는 사실을 발견했다. 기대와 갈구의 전체 과정이 의식적 인식의 한계 밖에서 일어날 수 있음은 두말할 필요도 없다.

우리가 기대한 보상을 얻으면, 뇌에서 발화한 도파민은 기준선을 넘어서 증가한다. 반면 우리가 기대한 보상이 나타나지 않으면, 도파민 수준은 기준선 밑으로 떨어진다. 다시 말해, 기대한 보상을 얻으면 도파민은 훨씬 더 많이 늘어나고, 기대한 보상을 얻지 못하면 훨씬 더 많이 줄어든다.

누구나 기대한 만큼 보상을 얻지 못해서 실망했던 경험이 있을 것이다. 이때를 떠올려보라. 기대했지만 못 받는 보상이 애초에 전혀 기대하지 않은 보상보다 더 나쁘다.

그렇다면 단서로 인해 발생한 욕구는 우리의 쾌락-고통 저울을 어떻게 움직일까? 저울은 앞으로 보상을 받을 것이라는 기대에 쾌락 쪽으로 기울어지는데(도파민 소폭 증가), 곧 단서의 여파 때문에 고통 쪽으로 기운다(도파민 소량 부족). 도파민이 부족해지면 우리 뇌는 중독 대상을 찾으려는 행동을 유도한다.

지난 10년 동안 병적으로 심각한 도박에 대한 생물학적 원인을 파악하는 데 중대한 진전이 있었다. 그 결과 『정신 장애 진단 및 통계 편람Diagnositc and Statistical Manual of mental Disorders』*(제5판)에서 도박 중독은 다시 중독 장애로 분류되었다.

여러 연구에 따르면, 도박으로 인한 도파민 분비는 최종적으로 주어지는 보상(일반적으로 돈) 자체 못지않게 보상 전달의 예측 불가성과 관련 있다. 결론부터 말하면 도박을 유도하는 것은 금전적 이득보다는 보상 발생의 예측 불가능성에 더 크게 영향을 받는다.

2010년 연구에서 제이콥 리넷Jakob Linnet과 그의 동료들은 도박에 중독된 사람들과 그렇지 않은 사람들이 돈을 따거나 잃을 때 도파민을 어떻게 분비하는지 측정했다. 그 결과 두 집단 모두 돈을 땄을 때는 뚜렷한 차이를 보이지 않았지만, 돈을 잃었을 때는

---

* 미국정신의학협회(American Psychiatric Association, APA)가 다양한 정신 질환을 쉬운 용어로 분류·정리한 출판물로, 세계적으로 높은 공신력을 자랑한다. 제1판은 1952년, 2021년 기준 최신판이자 제5판은 2013년에 나왔다.

도박에 심하게 빠진 쪽이 통제집단에 비해 도파민 수치가 훨씬 낮아졌다. 한편 보상 경로에 분비되는 도파민 양은 지고 이길 확률이 같을(50퍼센트) 때 가장 높았는데, 이때가 불확실성이 가장 높을 때다.

이처럼 도박 장애는 보상 기대(보상 전의 도파민 분비)와 보상 반응(보상을 받고 있거나 받은 후의 도파민 분비) 사이에서 미묘한 차이를 드러낸다. 도박 중독[13]을 앓은 내 환자들은 도박 중일 때 한편으로는 지고 싶은 생각이 든다고 말했다. 그들은 지면 질수록 도박을 계속하고 싶은 충동은 더 강해지고, 계속 지다가 이기면 쾌감이 더 강해진다고 얘기했다. 이것이 손실 추구loss chasing라고 표현되는 현상이다.

소셜 미디어에서도 이와 비슷한 일이 벌어지고 있다. SNS에서는 다른 이들의 반응이 너무 변덕스럽고 예측 불가능하다. 그래서 '좋아요'나 그에 상응하는 무언가를 얻기 불확실하다는 점이 '좋아요' 그 자체만큼 우리를 흥분시킨다.

---

뇌는 도파민을 생산하는 뉴런의 형태와 크기를 바꾸면서 보상에 대한 장기 기억과 관련 단서들을 암호화한다. 예를 들어 뉴런의 가지라 할 수 있는 가지돌기는 도파민 보상이 클수록 더 길어지고 많아진다. 이 과정을 **경험 의존 가소성**experience-dependent plasticity[14]이라고 한다. 이러한 뇌의 변화는 평생 갈 수 있고, 중독 대상에서 벗어난 후에도 오래 지속될 수 있다.

연구자들은 코카인 노출이 쥐에게 미치는 영향을 살펴봤다. 쥐들에게 일주일간 매일 정량의 코카인을 주사하고 각 주사에 대한 반응으로 쥐들이 얼마나 많이 뛰는지를 측정했다. 코카인 주사를 맞은 쥐는 보통 쥐들처럼 주변부에 가만히 있는 대신 우리cage를 가로질러 달린다. 달리는 양은 그 우리를 비추는 빛줄기를 이용해 측정할 수 있다. 쥐가 빛줄기를 자주 어그러뜨릴수록 많이 달린 것이다.

과학자들이 알아낸 바에 따르면, 매일 코카인에 노출된 쥐들은 첫날엔 활기차게 뛰다가 마지막엔 정말 광란의 질주를 하면서 코카인의 영향에 누적된 감작感作, sensitization* 상태를 보였다. 그러다가 연구자들이 코카인 투여를 멈추자, 쥐들도 뛰기를 멈췄다. 실험 쥐의 일반적인 수명 기간인 1년 후 쥐에게 코카인을 한 차례 다시 투여하자 1년 전 마지막 날 그랬던 것처럼 다시 미친듯이 뛰었다.

과학자들이 그 쥐들의 뇌를 살펴본 결과, 쥐의 보상 경로에서 지속적인 코카인 감작과 일치하는 코카인 유도 변화가 확인되었다. 이러한 결과는 코카인 같은 중독성 물질이 뇌를 영원히 변화시킬 수 있음을 보여준다. 실제로 알코올부터 오피오이드, 대마

---

* 일정한 반응을 야기하는 자극에 이미 노출되어 민감해진 상태를 의미한다.

초에 이르기까지 다른 중독 물질에서도 비슷한 결과가 나왔다.

인간이라고 다를까? 상담을 하면서 나는 심각한 중독으로 고생하는 사람들이 수년 동안 의존을 멈추고도 단 한 번의 노출로 다시 강박적인 의존에 빠진 경우를 심심치 않게 보아왔다.

---

학습 또한 뇌 속의 도파민 발화를 증가시킨다. 다양하고 자극적인 새로운 환경에서 세 달간 머문 암컷 쥐들을 표준적인 실험실 우리에 머문 쥐들과 비교했을 때, 전자의 뇌 보상 경로에서 도파민 시냅스가 급증하는 결과를 확인할 수 있다. 자극적이고 새로운 환경에 반응하여 나타나는 뇌의 변화는 고도의 도파민을 유도하는 (중독성 있는) 대상에 빠졌을 때 나타나는 뇌의 변화와 유사하다.

하지만 똑같은 쥐들이 중독성 강한 약물인 메스암페타민 methamphetamine 같은 흥분제를 투여받으면, 자극적인 환경에 노출되어도 시냅스 변화를 보이지 않았다. 이러한 결과는 메스암페타민이 쥐의 학습 능력[15]을 제한했음을 암시한다.

물론 희망적인 소식은 있다. 나의 동료인 에디 설리번Edie Sullivan은 알코올이 뇌에 미치는 영향에 관해선 세계적인 전문가다. 그는 중독에 따른 뇌의 일부 변화는 돌이킬 수 없지만 손상된 영역을 새로운 신경망을 만듦으로써 우회할 수 있음을 밝혀냈다.

이는 뇌의 일부가 영원히 바뀌더라도, 우리가 새로운 시냅스 경로를 찾아서 건강하게 행동[16]할 수 있음을 뜻한다.

한편 미래엔 어쩌면 중독의 상흔을 없애는 방법이 등장할 지도 모른다. 빈센트 파스콜리Vincent Pascoli와 그의 동료들은 쥐들에게 코카인을 주사해 기대 행동 변화(광란의 질주)를 확인한 후, 코카인이 시냅스에서 일으킨 뇌 변화를—빛을 이용해 뉴런을 제어하는 생물학 기법인—광유전학optogenetics[17]을 활용해 뒤집었다. 언젠가 광유전학은 인간의 뇌에도 적용이 가능할 것이다.

## 저울은 비유일 뿐

우리 뇌에서 벌어지는 쾌락과 고통의 줄다리기는 저울의 원리보다 훨씬 더 복잡하고 미묘하다.

누군가에게는 즐거운 것이 다른 사람에게는 그렇지 않을 수 있다. 사람은 저마다의 '중독 대상'을 갖고 있다.

그리고 쾌락과 고통은 동시에 생길 수 있다. 예를 들어 우리는 매운 음식을 먹을 때 쾌락과 고통을 함께 경험한다.

모두가 수평 저울에서 출발하는 것은 아니다. 우울감, 불안감, 만성 통증을 느끼는 사람은 고통 쪽으로 기울어진 저울에서 출발하는데, 이것은 정신 질환을 앓는 사람이 중독에 더 취약한 이유를 설명할지도 모른다.

고통(과 쾌락)에 대한 우리의 감각 지각은 우리가 그 고통(과 쾌락)에 부여하는 의미에 큰 영향을 받는다. 헨리 놀스 비처Henry Knowles Beecher(1904~1975)는 제2차 세계대전 동안 북아프리카, 이탈리아, 프랑스 등지에서 군의관으로 복무했다. 그는 전쟁 중에 심각하게 다친 225명의 병사들을 관찰했다.

비처는 연구 대상을 엄격하게 제한했는데, "대표적인 사례로 분류되는 심각한 부상 다섯 가지 중 한 가지에 해당하는" 인원만 조사했다. "광범위한 말초 연조직의 상처, 장골의 복합 골절, 두부 관통, 흉부 관통, 복부 관통 … 그 사람들은 부상을 당했을 때 정신이 맑았고 … 조사 당시에도 놀라지 않았다."

비처의 발견은 놀라웠다. 심하게 다친 병사들 가운데 4분의 3이 부상 직후에 고통을 거의 혹은 아예 느끼지 못했다고 말했다. 생명을 위협할 정도로 다쳤음에도 말이다.

비처는 그들의 신체적 고통이 "피곤함, 불편함, 불안함, 공포감, 실제 사망 위험 등으로 가득 찬 극도의 위험한 환경"에서 벗어났다는 안도감 때문에 누그러졌다고 결론을 내렸다. 그들의 고통이 "안전한 병원으로 가는 티켓"[18]이었기 때문이다.

1995년에 출간된 『영국의학저널British Medical Journal』에 실린 어느 29세 건설 노동자의 사례는 이와 대조적이다. 당시 그는 15센티미터 못을 그대로 위에서 밟아서[19] 응급실로 갔는데, 그 못은 가죽, 피부, 뼈를 뚫고 공사용 부츠 위로 튀어나와 있어 보였다. "못이 조금만 움직여도 고통스러워서, 그는 펜타닐과 미다졸람을 투여받았다." 두 약물 모두 강력한 오피오이드이자 진정제다.

하지만 못을 밑에서 뽑아내고 부츠를 벗겨보니 "못이 발가락 사이를 절묘하게 피해갔다"는 사실이 드러났다. "발에는 아무런 상처가 없었다."

---

과학은 모든 쾌락에는 대가가 따르고, 거기에 따르는 고통은 그 원인이 된 쾌락보다 더 오래 가며 강하다는 사실을 알려준다.

즐거운 자극에 오랫동안 반복해서 노출되면, 고통을 견딜 수 있는 우리의 능력은 감소하고, 쾌락을 경험하는 우리의 기준점은 높아진다. 우리는 순간적이고 영원한 기억을 뇌리에 새기기 때문에 쾌락과 고통의 교훈을 잊으려야 잊을 수 없다. 그러한 기억이 해마hippocampus에 남아서 평생 가는 것이다.

계통발생적으로 쾌락과 고통을 처리하는 가장 오래된 신경 장치는 진화 과정을 걸치면서 대체로 온전하게 살아남았다. 결핍의 세계에 완벽히 맞춰졌다고 할 수 있다. 우리는 쾌락이 없으면 먹거나, 마시거나, 번식하지 않을 것이다. 그리고 고통이 없으면 상처나 죽음으로부터 자신을 보호하지 않을 것이다. 반복적인 쾌락으로 우리의 신경 설정값이 높아지면, 우리는 자신이 가진 것에 절대로 만족하지 않고 언제나 더 많은 것을 바라면서 끝없이 갈등할 것이다.

하지만 여기에 문제가 있다. 인간은 궁극적인 추구자다. 쾌락을 좇고 고통을 피하는 세상의 시험에 너무나 잘 대응해 왔다. 그 결과 우리는 이 세상을 결핍의 공간에서 지나치게 풍족한 공간으로 바꿔 놓았다.

그러나 우리의 뇌는 이 풍요로운 세상에 맞게 진화하지 않았다. 만성적인 좌식 식사 환경에서의 당뇨병을 연구한 톰 피누케인Tom Finucane 박사는 이를 두고 "인간은 열대우림의 선인장입니다"[20]라고 말했다. 건조기후에 살아가는 선인장이 열대우림에 던져진 것처럼 우리는 과도한 도파민에 둘러싸인 환경에 살고 있다.

결과적으로 지금의 우리는 더 많은 보상을 얻어야 쾌감을 느끼고, 상처가 덜하더라도 고통을 느낀다. 이러한 기준 변화는 개인 수준뿐 아니라 국가 수준에서도 일어나고 있다. 이는 다음과 같은 질문을 이끌어 낸다. 우리가 이 새로운 생태계에서 잘 지내는 방법은 무엇일까? 우리의 자녀들을 어떻게 키워야 할까? 우리는 21세기 인간으로서 어떠한 사고와 행동 방식을 가져야 할까?

어쩌면 그 해답을 중독자들이 가지고 있을지 모른다. 우리에게 강박적 과용을 피하는 방법을 가르쳐줄 사람은 중독에 가장 취약한 사람, 즉 중독과 싸우는 이들이다. 오랫동안 여러 문화에서 타락한 자, 기생하는 자, 버림받은 자, 부도덕한 자로서 소외당해온 중독자들은 지금 시대에 완벽하게 들어맞는 지혜를 다져 왔다.

지금부터는 중독자들과의 만남을 통해 보상에 찌든 세상에서 회복이 주는 교훈을 이야기해 보겠다.

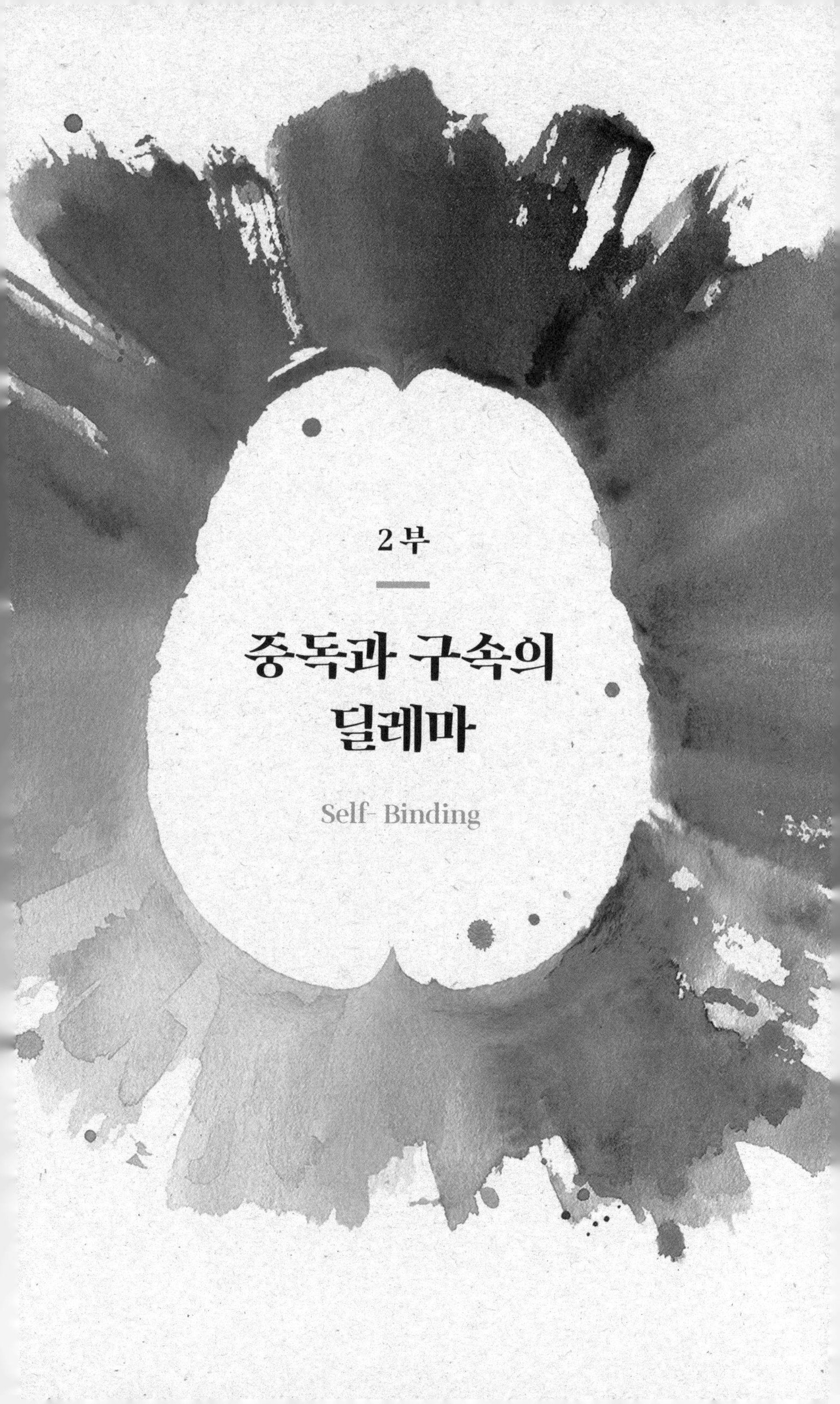

# 2부

# 중독과 구속의 딜레마

Self-Binding

4장

# DOPAMINE
# : 나와 중독을 이해하는 7단계

"부모님이 시켜서 온 거예요." 미국 10대들의 특징인 침울한 목소리로 델릴라가 입을 열었다.

"알겠어요," 나는 말했다. "부모님이 왜 나를 만나라고 한 거예요?"

"제가 마리화나를 너무 많이 피운다고 생각하시거든요. 하지만 저의 문제는 불안하다는 거예요. 불안해서 피우는 거고요. 선생님이 그걸 좀 해결해 주면 제가 마리화나를 피울 일은 없을 거예요."

순간적으로 굉장히 슬펐다. 해결 방법을 몰라서가 아니라 그 아이가 내 조언을 받아들이지 않을까 봐 두려웠기 때문이다.

"알겠어요, 그러면 거기서부터 시작해보죠." 내가 말했다. "델릴라가 가진 불안에 대해 얘기해 주세요."

늘씬한 팔다리에 세련된 모습의 그녀는 무릎을 굽히고 앉았다.

"시작은 중학교 때부터였어요." 그녀가 말했다. "해를 거듭할수록 상태가 안 좋아지기만 했어요. 아침에 일어나서 제일 먼저 느끼는 게 불안감이었고요. 왁스펜wax pen*을 한 번 해야지만 침대에서 나올 수 있었어요."

"왁스펜이요?"

"네, 지금은 전자 담배식으로 해요. 한때 블런트와 봉**을 하기도 했고, 낮에는 사티바, 자기 전에는 인디카***를 했어요. 하지만 지금은 농축물에 꽂혔죠. 왁스, 오일, 버더, 섀터, 시저, 더스크, 퀴소**** 같은 것들이요. 주로 전자 담배를 써서 피워요. 가끔은 볼케이노*****를 쓰고요. 먹는 건 별로지만 중간에 하거나 피울 수 없는 상황이 오면 긴급용으로 할 거예요."

나는 "왁스펜" 이야기를 유도하면서 델릴라 본인이 일상적으로 대마를 하고 있다는 핵심적인 내용을 파고들게 했다. 여러 환

---

* 대마 추출액인 속칭 '왁스(wax)'를 흡입하는 일종의 전자 담배식 파이프.

** 블런트(blunt)는 담뱃잎 시가에 말아서 피우는 형태, 봉(bong)은 물담뱃대를 이용해 피우는 형태다.

*** 사티바(sativa)와 인디카(indica)는 대마의 대표 종류로 꼽힌다. 사티바는 각성 효과, 인디카는 진정 효과를 내어 각각 주간과 야간에 주로 쓰인다.

**** 모두 고농축 대마의 한 종류다.

***** 볼케이노(Volcano)는 대마를 기화시키는 기계로 유명한 브랜드다.

자와 강박적 과용 문제를 두고 수년간 이야기하면서 만든 나름의 구성 체계를 통해 그녀와 대화를 나눴다.

이 구성 체계는 DOPAMINE이라는 단어로 쉽게 기억할 수 있다. 이는 알코올과 니코틴 같은 관습적인 중독 대상뿐 아니라 고도의 도파민을 야기하는 물질이나 행동, 즉 우리가 너무 오랫동안 너무 많이 기댔거나 단순히 우리가 조금 덜 고통스러운 관계를 가졌으면 했던 대상에 적용할 수 있다. 난 원래 이걸 치료 목적으로 만들었지만 내 일상생활과 습관 만들기에도 적용하고 있다.

## D는 데이터Data: 너 자신을 알라

**DOPAMINE의 d는 데이터data를 가리킨다**. 자신의 상태를 정확히 이해하려면 먼저 단순한 사실들을 모으는 데서 시작해야 한다. 델릴라의 경우에는 그녀가 무엇에 얼마나 많이 자주 의존하는지 살폈다.

대마초로 말할 것 같으면, 델릴라가 현기증 나게 나열한 다양한 제품은 요즘 내가 만나는 환자들에게는 기본 정보에 불과하다. 많은 환자들이 대마초에 관한한 박사급 지식을 갖고 있다. 놀이의 목적으로 주말에만 사용하는 것이 규범과도 같았던 미국의 1960년대와는 달리, 요즘 환자들은 대마를 아침에 일어나자마자 시작해 밤에 잠들 때까지 종일 피운다. 이것은 여러 측면에서 우려되는 사항인데, 그중에서도 매일의 사용이 중독과 관련된다는 점이 가장 큰 문제다.

개인적인 경험을 말하자면, 로맨스 소설을 한번 읽기 시작하면 하루에 몇 시간씩 그렇게 며칠 동안 빠져 있게 되면서 내가 위험지대에 위태롭게 발을 들이고 있는 게 아닌가 의심하게 되었다.

### O는 목적Objectives: 핑계 없는 무덤 없다

"마리화나를 피우면 어떤 효과를 보나요?" 내가 델릴라에게 물었다. "뭐가 도움이 되죠?"

"그게 유일하게 내 불안감을 없애요." 델릴라가 말했다. "그게 없으면 제가 제구실을 못 할 거예요. … 그러니까 지금보다 훨씬 더요."

나는 델릴라에게 대마초가 어떤 도움이 되었는지 말해달라고 물음으로써, 대마초가 그녀에게 나름의 긍정적인 기능을 하고 있고, 그렇지 않았다면 그녀가 거기에 의존하지 않았을 것임을 확인했다.

**DOPAMINE의 o는 목적objectives을 가리킨다**. 이성적이지 않아 보이는 행동에도 나름의 논리와 근거가 있다. 사람들은 온갖 이유로 고도의 도파민을 야기하는 물질과 행동에 의지한다. 재미를 얻으려고, 어울리려고, 심심풀이로, 공포, 분노, 불안, 불면증, 우울증, 부주의함, 고통, 대인기피증을 없애려고··· 목록은 끝이 없다.

나는 10대가 된 내 아이들을 상대하면서 내 양육 솜씨가 참 별로라고 느끼게 됐는데, 이 고통에서 벗어나기 위해 로맨스 소설을 읽기 시작했다. 또한 나는 세 번째 아이를 갖고 싶었지만 남편은 아니었기 때문에, 아이를 가질 수 없다는 설움을 누그러뜨려야 했다. 이것 때문에 우리의 결혼과 성생활에는 전에 없던 긴장 상태가 만들어지기도 했다. 내가 찾은 해결책은 밤낮으로 로맨스 소설 읽기였다. 정신과 전문의도 이럴 수 있다.

### P는 문제Problems: 중독의 악영향을 찾아라

"대마를 못 피워서 안 좋은 점이 있다면요? 의도하지 않은 결과랄까?" 내가 물었다.

"그걸 피워서 안 좋은 유일한 점은," 델릴라가 말했다. "부모님이 늘 감시한다는 거예요. 두 분이 날 그냥 혼자 있게 내버려 둔다면 안 좋은 점은 하나도 없을 거예요."

햇빛이 그녀의 머리를 눈부시게 비추는 모습을 보면서 난 잠시 말을 멈췄다. 그녀는 하루에 1그램이 넘는 대마를 피우고 있었지만 더할 나위 없이 건강해 보였다. 젊음은 정말 많은 것을 대신해준다는 생각이 들었다.

**DOPAMINE의 p는 사용에 관한 문제problems를 가리킨다.**

고도의 도파민을 야기하는 중독 대상은 언제나 문제를 일으킨다. 건강 문제, 관계의 문제, 도덕적 문제. 지금 당장은 아니어도 결국에는 문제가 일어난다. 델릴라가—자신과 부모 사이에 커지는 갈등을 제외하고—단점들을 파악하지 못했다는 사실은 10대들에겐 흔한 일인데 10대만 그런 것도 아니다. 이러한 단절은 다양한 이유로 나타난다.

첫째, 고도의 도파민을 야기하는 물질(과 행동)은 그것이 우리의 삶에 미치는 원인과 결과를 제대로 판단하지 못하도록 방해한다.

붉은수확개미의 먹이 찾기 관행을 연구하는 신경과학자 대니얼 프리드먼Daniel Friedman은 언젠가 내게 이렇게 말했다. "이 세상은 감각적으로 풍부하지만 인과적으로는 빈약해요." 우리는 도넛이 맛있다는 걸 먹는 순간 알지만, 도넛을 한 달간 매일 먹으면 허릿살이 2킬로그램 찐다는 사실은 직시하지 못한다.

둘째, 젊은 사람들은 심각한 중독자라 해도 의존으로 인한 부정적 결과로부터 영향을 덜 받는다. 어느 고등학교 선생이 내게 얘기한 것처럼 "정말 뛰어난 학생이라도 매일 대마를 피우는 경우가 있다."

하지만 나이를 먹을수록 만성적 의존에 따른 의도치 않은 결과는 늘어난다. 심리치료를 위해 병원을 자발적으로 찾아오는 환자들은 대부분 중년이다. 그들이 나를 찾아오는 이유는 의존의 결과로 나타나는 단점이 장점보다 강해져 한계점에 다다랐기 때문이다. 그들은 "아프고 지치는 데 아프고 지쳤다"고 말한다. 하지만 이와 대조적으로 10대 환자들은 아프지도 지치지도 않는다.

그래서 의존 상태를 유지하는 10대들에게 의존의 부정적인 결과를 깨닫게 하는 것이 의존을 멈추게 하는 전환점이 될 수 있다. 부정적인 결과가 다른 사람들이 나를 싫어하게 될 거라는 이유 하나뿐이라도 말이다. 의존을 멈추는 게 잠시뿐이더라도 그들이 진정한 원인과 결과를 깨닫게 하기 위해서는 문제를 직시하게 해야 한다.

### A는 절제Abstinence: 30일의 인내

"도움이 될 만한 아이디어가 하나 있어요." 나는 델릴라에게 말했다. "하지만 당신이 뭔가를 정말 열심히 해야 돼요."

"그게 뭔데요?"

"실험을 하나 해봤으면 좋겠어요."

"실험이요?" 그녀가 고개를 갸우뚱했다.

"한 달 동안 대마를 끊어보는 거죠."

그녀의 얼굴이 굳어졌다.

"설명해 줄게요. 첫째, 그렇게 대마를 많이 피우는 동안에는 불안감 해소가 제대로 안 될 거예요. 둘째, 더 중요한 건데, 한 달 동안 대마를 끊어서 불안감이 저절로 좋아질 가능성이 있어요. 물론 처음에는 금단 증상 때문에 기분이 안 좋을 거예요. 하지만 처음 2주를 잘 버틴다면, 다음 2주 동안 기분이 나아지기 시작하는 좋은 경험을 할 거예요."

그녀가 가만히 있길래 나는 이렇게 설명했다. "대마초 같은 중독 대상은 우리의 뇌가 느끼는 보상 경로는 물론 불안감의 기준치도 왜곡할 수 있어요. 대마초를 피울 때 잠시나마 불안감이 사라지는 듯한 느낌이 드는 이유는 대마초가 마지막 흡연 후 일어나는 금단 증상을 일시적으로 완화하기 때문이에요. 불안감을 근본적으로 없애주는 것은 아닙니다. 한 달간 대마초를 끊어야 이 부분을 확실하게 알게될 거예요."

"한 주 동안 그만해도 돼요?" 그녀가 물었다. "전에 그렇게는 해봤거든요."

"한 주도 좋지만, 내 경험상 뇌의 보상 경로를 재구성하는 데 걸리는 최소한의 시간이 보통 한 달이에요. 4주 동안 끊고도 기분이 안 좋아지면 그것도 유용한 자료가 될 거예요. 그건 대마가 원인이 아니라는 의미고, 그러면 우리는 또 무엇이 원인인지 생각해봐야 해요. 어때요? 한 달간 대마초를 끊을 수 있고 끊을 마음이 있는 것 같아요?"

"음… 지금 끊어볼 준비는 안 된 것 같고, 나중에요. 확실히 이렇게 대마를 피우는 게 영원히 가진 않을 거예요."

"대마를 지금으로부터 10년 후에도 피우고 싶어요?"

"아뇨, 그럴리가요, 절대 아니에요." 그녀는 머리를 격하게 가로저었다.

"5년 후는요?"

"5년까지도 아니에요."

"그러면 1년 후는?"

정적이 흐르더니, 그녀가 빙그레 웃는다. "제가 선생님한테 딱 걸린 것 같네요. 1년 안에 이렇게 대마를 피우기 싫으면 지금 끊어보는 게 낫겠어요."

그녀는 나를 보며 미소 지었다. "좋아요, 한번 해볼게요."

난 델릴라가 자신의 미래 모습에 비추어 최근의 행동을 생각해 보게 했다. 그러면서 대마 흡연을 그만두는 게 새롭게 해결해야 하는 급선무가 되길 바랐다. 그 의도는 통했던 것 같다.

**DOPAMINE에서 a는 절제**abstinence**를 가리킨다.**

절제는 항상성, 그리고 이를 통해 상대적으로 덜 강한 보상에서 쾌락을 얻는 능력을 회복하는 데 필요하다. 또한 중독 대상을 사용하는 것과 느끼는 방식 사이의 진정한 인과 관계를 파악하는 데 필요하다. 쾌락-고통 저울에 빗대어 얘기하자면, 도파민을 끊으면 그렘린들이 저울에서 뛰어내리고 시간이 걸리겠지만 결국 저울이 수평 위치로 돌아오게 된다.

여기서 질문이 생긴다. 그렇게 멈춰서 뇌가 얻는 이익을 경험하려면 얼마나 오랫동안 참아야 하는 걸까?

신경과학자 노라 볼코프가 진행한 영상 연구로 돌아가 보자. 도파민 전달 수치는 약물을 끊은 지 2주가 지난 상태에서도 보통 수준을 밑돌았다.[1] 그녀의 연구는 2주간의 절제로는 부족하다는 내 임상 경험과 일치한다. 환자들은 보통 2주 동안 계속 금단 증상을 앓는다. 도파민 부족 상태에 있는 셈이다.

반면에 4주는 일반적으로 충분한 시간이다. 마크 셔킷Marc Schuckit과 그의 동료들은 매일 술을 과음하고 주요 우울 장애major depressive disorder라 불리는 질환 혹은 임상 우울증의 기준에 맞는 일군의 남성들을 대상으로 연구를 진행했다.

셔킷은 샌디에이고주립대학에서 실험심리학 교수로 있다. 그는 '알코올 중독자'의 생물학적 아들이 알코올 사용 장애를 겪을 유전적 위험도는, 이러한 유전적 부하genetic load와 무관한 사람의 위험도보다 더 크다는 사실을 밝혀낸 학자다. 나는 2000년대 초반 중독을 주제로 한 컨퍼런스에서 셔킷 선생님으로부터 즐겁게 배웠던 기억이 있다.

셔킷의 연구에서 우울증을 앓은 이들은 4주 동안 병원에 입원했는데, 이 기간에 금주를 제외하고는 우울증에 대한 아무런 조치도 받지 않았다. 금주 1달 뒤[2] 80퍼센트가 임상 우울증의 기준에서 벗어났다.

이 발견은 대다수의 환자에게 임상 우울증이 과음의 결과였음을 의미한다. 물론 이 결과에 대해 다른 해석도 존재한다. 병원이라는 치료 환경, 자연 완화, 그리고 우울증이 외부 요인과 무관하게 나타났다가 사라질 수 있는, 그러니까 가끔 나타날 수 있는 특성이라는 점 등이 언급되었다. 하지만 약제든 정신 치료든, 우울증에서 표준적으로 쓰이는 치료법[3]이 50퍼센트의 반응률을 보인다는 사실을 고려하면, 셔킷의 발견은 주목할 만하다.

나는 자신의 보상 경로를 재구성하는 데 4주도 채 안 걸린 환자도 봤고, 더 오래 걸린 환자도 봤다. 더 강력한 중독 대상에 더 많이 오랫동안 기댄 사람에겐 확실히 더 많은 시간이 필요했다. 그리고 상대적으로 젊은 사람은 나이 든 사람보다 뇌를 유연하게 변화시켜서 빨리 다시 제자리를 잡았다.

신체적 금단 증상은 중독 대상에 따라 천차만별이다. 비디오게임은 증상이 경미할 수 있겠지만, 알코올과 벤조디아제핀은 생명을 위협할 수 있다.

그래서 중독 대상을 끊는 행위는 반드시 주의해서 결정해야 한다. 나는 갑자기 사용을 멈췄다가는 생명을 위협하는 금단 증상을 겪을 위험이 있는 사람에게는 절대 도파민을 막으라고 하지 않는다. 특히 알코올, 벤조디아제핀(재낵스, 바륨, 클로노핀), 혹은 오피오이드에 심각하게 의존하는 사람이라면 갑자기 중독 대상을 끊어선 안 된다. 그런 환자들은 의료진의 관리를 받으면서 사용량을 점차 줄여가야 한다.

간혹 중독에서 벗어나기 위해 대마초를 니코틴으로, 비디오 게임을 외설물로 바꿔도 되냐고 묻는 이들이 있다. 이는 효과적인 장기 전략이 아니다. 그렘린들을 이겨내고 저울을 쾌락 쪽으로 기울일 만큼 강력한 보상이라면, 그 자체로 중독성이 있어서 하나의 중독에서 다른 중독으로 바뀌는 결과(교차 중독)를 야기할 수 있다. 반면에 평균 이하 강도의 보상은 보상처럼 느껴지지도 않을 것이다. 그래서 우리가 고도의 도파민 보상을 받으면 평범한 쾌락으로부터 기뻐하는 능력을 잃게 되는 것이다.

도파민을 막고 나서 기분이 나아지지 않은 환자는 일부에 불과하다(약 20퍼센트). 이 역시 중요한 자료다. 이는 중독 대상이 정신적 증상을 야기한 주된 원인이 아니며, 별도의 치료가 필요한 '동시 발생적인 정신 질환'이 환자에게 있음을 시사한다.

도파민을 막아서 얻는 이득이 있다 하더라도, 동시 발생적인 정신 질환은 함께 치료해야 한다. 다른 정신 질환을 고려하지 않으면서 중독을 관리하면, 확실히 양쪽 모두에서 나쁜 결과가 나타난다.

그럼에도 약물 사용과 정신 증상 간의 관계를 확실히 따지려면, 고도의 도파민 보상을 포함한 여러 요인을 따지면서 충분한 시간 동안 관찰해야 한다.

## M은 마음챙김Mindfulness: 고통 들여다보기

"마음의 준비를 했으면 좋겠어요." 나는 델릴라에게 말했다. "기분이 안 좋아진 후에야 기분이 좋아질 거예요. 그러니까 대마

를 끊으면 처음에는 불안감이 더 심해질 거예요. 하지만 이게 대마초가 없을 때 안고 살아야 하는 불안감이 아니라는 점을 기억하세요. 금단 증상으로 인한 불안감이죠. 대마에 기대지 않는 시간이 길어질수록 더 빨리 기분이 좋아질 거예요. 보통 환자들은 2주 정도 있다가 변화가 있었다고 얘기해요."

"그러면 저는 그동안 뭘 해야 하나요? 저한테 주실 약이라도 있나요?"

"고통을 없애라고 줄 수 있는 건 모두 중독성이 있어요. 우리로선 중독 하나를 다른 중독과 맞바꾸고 싶진 않으니, 당신이 고통을 참기만을 바랄 뿐이에요."

꿀꺽.

"그렇죠, 저도 알아요. 어려워요. 하지만 이건 기회이기도 해요. 생각, 감정, 고통을 비롯한 감각을 떠나서 자신을 살펴볼 기회죠. 이렇게 하는 걸 마음챙김mindfulness이라고 부르기도 해요."

**DOPAMINE에서 m은 마음챙김mindfulness을 가리킨다.**

마음챙김은 최근에 미국에서 빈번하게 쓰이고 있는 용어인데, 초등학교에서 주기적으로 가르칠만큼 미국인들의 생활에 아주 깊게 파고들고 있다. 그런데 이 단어는 본래의 의미가 일부 희석된 채 사용되고 있다. 불교의 종교적 전통인 명상에서 유래한 마음챙김은 서양에서 건강을 위한 실천 방식으로 변용됐다.

마음챙김의 본래 의미는 무엇일까? 간단히 말해서 마음챙김은 우리의 뇌가 뭔가를 하는 동안 뭘 하고 있는지를 재지 않고 관찰하는 능력을 가리킨다. 이건 문자로 된 정의보다 더 묘하다. 우리가 뇌를 관찰하기 위해 사용하는 기관은 뇌 그 자체다. 이상하지 않은가?

난 밤하늘에서 우리 은하를 바라볼 때 우리가 그토록 멀고 별개로 보이는 무언가의 일부가 될 수 있다는 사실이 너무 신비로워서 늘 감동한다. 마음챙김을 실천하는 것은 우리 은하를 관찰하는 것과 비슷하다. 그것은 우리가 자신의 생각과 감정을 우리와 동떨어진 동시에 우리의 일부가 되어 바라보도록 하기 때문이다.

뇌는 아주 희한한 일들을 할 수 있다. 그중 일부는 당황스러운데, 그래서 재지 않는 태도가 필요하다. 판단 유보는 마음챙김을 실천할 때 중요하다. 우리가 자신의 뇌가 하는 일을 비난하기 시작하자마자—으악! 내가 왜 그런 생각을 하겠어? 난 찐따야. 난 괴짜야.—더 이상 관찰을 할 수 없기 때문이다. 관찰자 위치를 지키는 것은 우리의 뇌와 우리 자신을 새롭게 이해하는 데 꼭 필요하다.

2001년의 기억인데, 당시 나는 부엌에서 갓 태어난 내 딸을 두 팔로 품고 서 있다가 아이의 머리를 냉장고나 주방 조리대에 부딪혀서 무른 멜론처럼 터지는, 심히 거슬리는 상상을 한 적이 있다. 그 이미지는 순간적이었지만 또렷했고, 내가 마음챙김을 규칙적으로 실천하지 않았더라면 그 이미지를 무시하려고 무진 애를 썼을 것이다.

처음에는 겁에 질렸다. 정신과 의사로서 나는 정신 질환 탓에 자기 자식을 죽여야 세상을 구할 수 있다고 생각한 엄마를 여럿 봐 왔다. 그중 한 사람은 실제로 그렇게 했는데, 이를 막지 못했다는 게 지금도 슬프고 후회스럽다. 그래서 내가 내 아이를 해치는 이미지를 떠올렸을 때, 그들처럼 되는 건 아닐까 걱정됐다.

하지만 나는 재지 않고 관찰하는 법을 기억하면서 그 이미지와 그에 따른 느낌을 쫓아갔고, 결국 내가 내 아이의 얼굴을 부딪치길 원치 않는다는 사실을 깨달았다. 오히려 거기에 큰 공포를 느끼고 있었다. 그 공포가 내 마음에서 이미지로 나타난 것이다.

그렇게 나는 나에 대한 비난 대신 동정심을 가질 수 있었다. 난 엄마로서 느끼는 엄청난 책임감, 그리고 내게 전적으로 기대어 보호받아야 하는 생명체를 돌봐야 한다는 의미와 씨름하고 있었던 것이다.

마음챙김은 절제의 초기 단계에서 특히 중요한 역할을 한다.

우리 중 다수는 고통에서 벗어나고자 고도의 도파민 물질과 행동에 기댄다. 그러나 중독 대상에서 탈피하려고 도파민 사용을 멈추면 처음엔 고통스러운 생각, 감정, 감각 들이 몰려든다.

이때 고통스러운 감정에서 벗어나려 하지 말고 이를 인내하고 받아들이라는 것이 마음챙김의 가르침이다. 이렇게 할 때 우리의 경험은 새롭고 예기치 못한 다채로운 조화를 만들어낸다. 고통은 계속 그 자리에 있지만 다양하게 변화하고, 결국 자기만의 고통으로 남는 게 아니라 모두의 고통을 대승적으로 아우르게 한다.

나는 로맨스 소설에 대한 집착을 버렸을 때 처음 몇 주 동안 실존적 공포에 시달렸다. 보통 밤에는 책이나 다른 오락거리에 빠져 있었는데, 그 시간에 두 손을 배 위에 포개 놓고 소파 위에 누워 쉬려다가 두려움만 잔뜩 느끼게 되었다. 내 평범한 일상에서 그렇게 사소해 보이는 변화 하나가 그토록 심한 불안감을 줄 수 있다는 사실이 놀라웠다.

그러나 시간이 흐르고 연습을 계속하면서 내 정신적 경계가 점차 느슨해지고 의식의 문이 열리는 경험을 했다. 현재의 순간으로부터 나 자신을 계속 벗어나게 할 필요가 없음을, 그 안에 살면서 그것을 견딜 수 있음을 깨닫게 되었다. 어쩌면 그 이상도 말이다.

## I는 통찰Insight: 진짜 나와 대면하기

델릴라는 한 달간 대마초를 끊는 데 동의했다. 한달 뒤 나타난 그녀는 피부에 윤기가 흘렀고, 굽은 어깨는 온데간데 사라졌으며, 침울한 표정은 환한 미소로 바뀌어 있었다. 그녀는 내 사무실로 성큼성큼 걸어와 의자에 앉았다.

"자, 해냈어요! 그리고 이건 못 믿으실 수도 있는데요. 선생님, 제 불안감이 사라졌어요. 사라졌다고요!"

"어떤 일이 있었는지 얘기해 봐요."

"처음 며칠은 안 좋았어요. 기분이 형편없었죠. 둘째 날에는 토하기도 했어요. 제정신이 아니었죠! 그렇게 많이 게운 적은 처음이었어요. 정말 아픈 느낌이 들었어요. 그때 내가 금단 증상을 겪고 있다는 사실을 깨달았고, 그게 오히려 계속 절제해보자는 동기가 됐어요."

"그게 왜 동기 부여가 됐을까요?"

"제가 정말 중독됐다는 걸 직접 확인한 최고의 증거였으니까요."

"그러고 나서 어떻게 됐나요? 지금 기분은 어때요?"

"훨씬 더 좋아요. 와. 불안감이 팍 줄었어요. 분명해요. 불안감이란 그 단어가 제 머릿속에 들어오지도 않아요. 그게 제 하루를 지배하곤 했거든요. 정신이 맑아졌어요. 부모님이 냄새를 맡고 화를 낼까 봐 걱정할 필요도 없고요. 학교에서도 더는 불안하지 않아요. 피해망상, 끝없는 의심… 다 사라졌죠. 예전에 저는 다음에 피울 대마초를 고민하고 서두르느라 시간과 정신적 노력을 정말 많이 썼어요. 더는 그렇게 안 해도 되니까 참 안심이 돼요. 돈도 아끼고 있어요. 제정신으로 즐길 수 있는 이벤트들을 발견했고요. 가족 행사 같은 거 말이죠.

선생님, 사실 저는 예전에 대마를 문제로 보지 않았어요. 정말 그렇게 안 봤어요. 하지만 대마를 끊고 나니까 그게 얼마나 불안감을 일으키고 있었는지 깨달았죠. 저는 5년 동안 계속 대마를 피웠고, 그게 저한테 어떤 영향을 끼치는지 몰랐어요. 솔직히 지금은 약간 충격을 받은 상태예요."

**DOPAMINE에서 i는 통찰**insight**을 가리킨다.**

자신의 중독 대상을 최소 4주간 멀리하는 간단한 연습으로 자기 행동을 명확히 통찰하는 결과를 나는 임상 치료와 내 삶 속에서 줄곧 확인했다. 우리가 중독 대상에 계속 의존하는 동안에는 통찰이 그렇게 쉽게 이루어지지 않는다.

## N은 다음 단계Next Steps: 중독 대상과 새로운 관계 맺기

나와 델릴라의 만남에 끝이 보이자, 그녀에게 다음 달 목표를 물었다.

"그래서 어떤 계획을 하고 있어요?" 내가 말했다. "다음 달에도 계속 끊고 싶어요, 아니면 다시 돌아가고 싶어요?"

"제정신인 상태요." 델릴라가 말했다. "지금이 저의 최고 버전이에요."

그 순간 난 기뻤다.

"하지만," 그녀가 말했다. "아직도 대마가 너무 좋아요. 그게 주는 창조적인 느낌, 그리고 그런 도피가 그리워요. 피우기를 관두고 싶진 않아요. 다시 피우고 싶지만 전에 피우던 것처럼은 말고요."

**DOPAMINE의 n은 다음 단계**next steps**를 가리킨다.**

나는 환자들에게 절제하는 한 달을 보낸 후 무엇을 하고 싶은지 묻는다. 이때 환자 대다수는 자신이 한 달 동안 절제에 성공하고 절제의 이점을 경험할 수 있음에도 다시 중독 대상에 기대고 싶다고 말한다. 하지만 전에 기대던 것과 다르게 기대고 싶어 한다.

중독의학 분야에서 계속되고 있는 논란은, 중독 대상에 심하게 기대왔던 사람들이 그 대상에 '적당히, 위험 없이 기대는 일이 가능한가' 하는 것이다. AA에 수십 년간 축적된 지식에 따르면, 중독자들에게 선택지란 절제뿐이다.

하지만 최근 증거에 따르면 과거에 중독 기준에 살짝 걸쳐 있던 일부 사람들은 절제된 방법으로 자신의 중독 대상에 다시 기댈 수 있다.[4] 내 임상 경험에서도 이것은 참이다.

## E는 실험Experiment: 중독과 친구가 되는 법

**DOPAMINE에서 마지막 글자 e는 실험experiment을 가리킨다.** 여기까지 온 환자들은 새로운 도파민 설정값(수평 상태의 쾌락-고통 저울)을 유지하기 위한 계획을 세우고 일상으로 돌아간다. 델릴라의 경우처럼 목표가 계속 절제하는 것이든 적당히 의존하는 것이든, 우리는 목표를 어떻게 달성할지 함께 전략을 짠다. 그리고 시행착오를 겪어나가면서 무엇이 통하고 무엇이 통하지 않는지를 알아낸다.

여기서 반드시 짚고 넘어가야 하는 것이 있다. 절제라는 목표는 역효과를 낳을 수 있다. 특히 심각한 중독을 앓는 이들에게 그렇다. 한동안 잘 참다가 어느 순간 둑이 터지듯 의존량이 도리어 급격히 증가하는 경우가 있는데, 이것을 **절제 위반 효과**abstinence violation effect[5]라고 한다.

중독에 걸리는 유전적 경향을 보이는 쥐들은 알코올을 2~4주간 끊었다가 다시 손대면 미친 듯이 알코올을 소비한다.[6] 그러고는 전에 끊어본 적이 절대 없었던 마냥 알코올에 과하게 의존한다. 고칼로리 음식에 노출되었다가 거기에 꽂힌 쥐들에게도 비슷한 현상이 확인되었다. 다만 유전적으로 강박적 소비 경향이 덜한 쥐들은 그러한 경향이 덜했다.

하지만 이러한 절제 후 탐식 현상이 음식과 알코올처럼 칼로리가 있는 중독 대상에만 나타나고 코카인처럼 칼로리가 없는 중독 대상에서는 안 나타나는지, 아니면 쥐 자체의 유전적 경향이 실제 동인인지는 동물 연구에서 확실히 파악할 수 없다.

내 환자 중 중독 대상을 스스로 조절하는 데 성공한 이들도 계속 그렇게 살아가는 것은 힘들다고 얘기했다. 결국 그들은 최종적으로는 중독 대상과의 이별을 택했다.

하지만 음식에 중독된 환자들은 어떨까? 아니면 스마트폰? 완전히 끊을 수 없는 중독 대상이라면?

'어떻게 조절하느냐'는 현대인들의 생활에서 점차 중요한 질문이 되고 있다. 고도의 도파민 상품이 말 그대로 곳곳에 널려 있어서 누구나 강박적 과용에 빠지기 쉽다. 중독의 임상 기준에 포함되지 않는다고 해도 말이다.

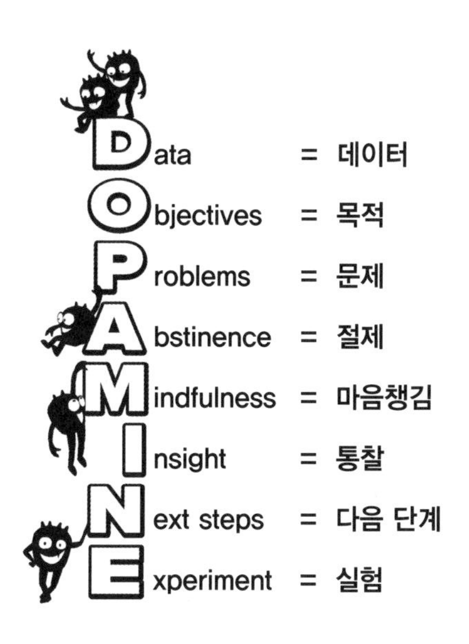

스마트폰 같은 디지털 중독 대상은 우리 삶의 정말 많은 부분에 뿌리내렸기 때문에, 이를 적당히 사용하는 방법을 알아내는 것이 우리 자신과 자녀들을 위해 중요하다. 이를 위해 나는 5장에서 몇 가지 자기 구속 전략들을 소개하고자 한다.

5장

# 자기 구속
## : 중독 관리를 위한 3가지 접근법

2007년 가을, 제이콥은 앞서 1년간 강박적 성적 행동을 끊었지만 결국 재발하고 만다.

가족을 만나기 위한 동유럽 여행이 원인이었다. 돈, 그리고 누가 뭘 갖느냐의 뻔한 다툼 탓에 지금의 아내와 그의 첫 결혼에서 생긴 자식들 사이가 나빠지면서 일이 꼬였다.

3주간의 여행 일정 중 2주가 지난 후, 자식들은 자신이 달라고 한 돈을 아버지가 주지 않았다는 이유로 분개했다. 아내는 남편이 자식들에게 돈 줄 생각을 했다는 이유로 화를 냈다. 제이콥은 누구 하나라도 실망하게 할까 두려웠고, 그래서 모두를 실망하게 할까 조마조마했다.

그는 내게 이메일로 힘들다는 메시지를 보냈다. 그때까지만 해도 견딜만했지만 점점 상태가 나빠지고 있다고 했다. 나는 그에게 전화로 몇 가지 코칭을 하고는 집에 돌아오자마자 나를 찾아오라고 말했다. 귀국 일주일 후 그가 사무실로 찾아왔지만, 이미 너무 늦어 있었다.

"날 다시 안달나게 하기 시작했던 건 호텔 방의 TV입니다." 그가 내게 말했다. "처음에는 US 오픈을 보려고 했죠. 내 가족을, 내 아내를, 그리고 모두가 어떻게 내게 화가 났는지를 생각하면서 스포츠 채널을 찾고 있었어요. 그런데 TV에 벌거벗은 여자가 나오더군요. TV를 볼 때까진 아주 괜찮고, 충동도 들지 않았습니다. 가장 큰 실수는 TV를 켰을 때 내 예전 습관으로 돌아가려는 생각을 하기 시작했고, 그 생각을 멈출 수 없었다는 겁니다."

"그러고 나서 어떤 일이 생겼나요?"

"화요일에 집에 가서는 출근을 안 했어요. 집에 있으면서 유튜브를 보는데 보디페인팅이 눈에 들어오더군요. 사람들이 서로의 벌거벗은 몸에 그림을 그리는 겁니다. 일종의 예술이죠. 하지만 수요일에는 더는 견디지 못했어요. 기계를 다시 만들려고 나가서 부품을 샀죠."

"그 전기 자극 기계요?"

"네," 그는 나와 눈도 제대로 못 맞추면서 슬프게 말했다. "문제는 시작을 하면 아주 오랫동안 황홀감을 느낄 수 있다는 겁니다. 무아지경에 있는 것 같죠. 일종의 안도감이 듭니다. 다른 생각은 안 듭니다. 나는 멈추지 않고 스무 시간 동안 그걸 했어요. 수요일 내내 밤새도록이요. 목요일 아침, 기계의 부품들을 쓰레기통에 버리고 출근했지만, 금요일 아침에는 쓰레기통에서 부품들을 다시 꺼내어 고친 후 종일 사용했어요. 그리고 토요일, 이대로는 안 되겠다는 생각에 '익명의 섹스 중독자들Sexahholics Anonymous(이하 SA)'* 모임에 나갔습니다. 하지만 일요일, 쓰레기통에서 부품을 꺼내 다시 사용했어요. 그리고 다시 월요일, 멈추고 싶지만 불가능합니다. 어떻게 해야 할까요?"

"그 기계와 부품들을 전부 챙기세요." 난 그에게 말했다. "그리고 쓰레기통에 모두 넣으세요. 챙긴 것들을 다시 찾아올 수 없는 폐기장이나 다른 곳에 그 쓰레기통을 가져가세요." 그는 고개를 끄덕였다. "그러고는 그에 관한 생각이나 충동이나 쓰고 싶은 욕구가 생길 때마다 무릎을 꿇고 기도하세요. 그냥 기도하세요. 신한테 도와달라고 비세요. 그런데 무릎 꿇기부터 시작해야 합니다. 그게 중요해요."

나는 제이콥에게 일상적인 것과 형이상학적인 것을 한데 모아 조언했다. 내 고려사항 중에는 높낮이 구분이 없었다. 물론 그에게 기도하라고 말한 건 불문율을 깬 것이다. 의사들은 신을 이야기하지 않는다. 하지만 난 믿음의 힘을 신뢰했고, 내 본능에 따르

---

* 1979년 미국에서 '익명의 알코올 중독자들'의 12단계에 바탕을 두고 만들어진 프로그램으로, 강박적 성적 행동을 다루는 다양한 12단계 프로그램 중 하나다.

면 기도는 가톨릭교 집안에서 자란 제이콥에게 영향을 미칠 터였다.

무릎을 꿇으라고 말한 것도 그 안에 육체적 적응을 적용하는 방법이었다. 그에게 의존을 강요하고 있었던 정신적 강박을 깨려는 조치였다. 아니면 그가 자신의 복종을 '연출'해야 한다는 어떤 큰 필요를 내가 느꼈는지도 모른다.

"기도를 다하면," 내가 말했다. "일어나서 SA의 동료에게 전화하세요." 그는 다시 고개를 끄덕였다.

"아, 그리고 자신을 용서하세요, 제이콥. 당신은 나쁜 사람이 아니에요. 다들 그런 것처럼 문제가 있을 뿐이에요."

---

**자기 구속**self-binding은 제이콥이 자신의 기계를 버리는 행위를 표현하는 용어다.[1] 우리가 강박적 과용을 완화하기 위해 의도적으로 자신과 중독 대상 사이에 장벽을 만드는 방법이 바로 자기 구속이다.

여기선 개인적 동인이 일부 역할을 하지만 의지는 크게 중요하지 않다. 오히려 자기 구속은 의지의 한계를 명확히 인정하는 전략이다. 효과적인 자기 구속을 실천하기 위한 열쇠는, 먼저 우리가 강력한 강박의 마법 아래서 경험하는 자발성의 결여를 있는 그대로 받아들이고, 자발적으로 선택할 수 있는 능력을 여전히 갖고 있을 때 자신을 구속하는 것이다. 충동을 느낄 때까지 기다린다면 쾌락에 굴복할 수밖에 없다. 욕구의 고통이 극심해지면 결정권은 내 손을 떠나게 된다. 그 전에 결단해야 한다.

자기 구속은 현대에 불가피한 일이 되어 버렸다. 우리는 고도의 도파민 상품에 한없이 접근할 수 있다. 담뱃세, 음주 연령 제한, 코카인 소지 금지법 같은 외부 규칙과 제재로는 도파민의 유혹을 막을 수 없다.

내 환자들은 자신만의 자기 구속 전략을 내게 오랜 기간에 걸쳐 이야기했다. 어느 때부턴가 난 그 내용을 적기 시작했다. 그렇게 환자들에게 배운 전략을 다듬어서 다른 환자들에게 제안하고 있다. 제이콥에게도 기계를 다시 찾아오지 못하도록 먼 곳의 쓰레기통에 버리라고 조언했다.

나는 환자들에게 이렇게 묻는다. "중독 대상에 쉽게 접근하지 못하게 하기 위해 어떤 장애물을 놓을 수 있나요?" 나도 살면서 강박적 과용 문제를 해결하기 위해 자기 구속에 기대어 왔다.

자기 구속은 크게 세 가지로 나뉜다. 물리적 전략(공간), 순차적 전략(시간), 범주적 전략(의미). 그러나 자기 구속은 완벽한 안전장치가 아니다. 심각한 중독을 앓는 사람들에게는 특히 그렇다. 자기 구속 역시 자기기만, 불신, 엉터리 과학의 희생양이 될 수 있음을 기억하자.

그럼에도 자기 구속은 바람직하면서도 중요한 출발점이 될 수 있다.

## 물리적 자기 구속,
## 쓰레기통에 버리고 그 쓰레기통마저 버려라

호메로스의 오디세우스가 트로이 전쟁을 끝내고 집으로 가는 여정에는 여러 위험이 도사리고 있었다. 그중 첫 번째가 반은 여인, 반은 새인 세이렌들이었는데, 세이렌의 마법 노래는 뱃사람을 꾀어 인근 섬의 암벽에 부딪치게 했다.

뱃사람이 무사히 세이렌들을 지나쳐 가려면 노래를 안 듣는 수밖에 없었다. 오디세우스는 선원들에게 그들의 두 귀를 밀랍으로 막고, 자신은 범선의 돛대에 묶되 자기가 풀어달라거나 도망치려고 하면 더 꽉 묶도록 했다.

이 유명한 그리스 신화에 나타나듯이, 자기 구속의 한 가지 형태는 말 그대로 물리적 장애물 만들기, 그리고 자신과 자신의 중독 대상 사이에 거리 두기다. 실제로 내 환자들이 내게 말한 방법 중에는 이런 것들이 있다. "저는 TV 코드를 뽑아서 벽장에 넣었어요." "게임기를 차고에 넣어버렸어요." "신용카드는 잘라 버렸죠. 오로지 현금만 씁니다." "호텔에 미리 전화를 해서 미니바를 없애달라고 하죠." "제 아이패드를 은행 안전 금고에 넣어 놨어요."

오스카라는 내 환자는 퉁퉁한 몸매의 70대 후반 남성이었는데, 학자 기질이 있는 데다가 목소리는 우렁차고 혼잣말까지 잘했다. 혼잣말이 너무 심한 바람에 집단치료를 망쳐서 프로그램에서 빠져야 할 정도였다. 그에게는 서재에서 일하고, 차고에서 땜장이 노릇을 하며, 정원에서 어정거리는 동안 술을 과음하는 버릇이 있었다.

오스카는 시행착오를 통해 자신의 집에 있는 모든 술을 버려야 문제의 행동을 막을 수 있음을 깨달았다. 집에 술이 조금이라도 들어오면 아내만 열쇠를 가진 문서보관함에 넣어 잠그도록 했다. 이 방법을 통해 오스카는 수년간 술을 성공적으로 끊을 수 있었다.

하지만 앞서 경고했듯이 자기 구속이 완벽한 성공을 보장하지 않는다. 때로는 장애물 그 자체가 도전을 위한 초대장이 되기도 한다. 자신의 중독 대상을 얻어낼 방법을 퍼즐처럼 푸는 게 매력의 일부가 되는 셈이다.

오스카의 아내가 비싼 와인 한 병을 문서보관함에 넣어 잠근 후 며칠 집을 비운 어느 날이었다. 아내가 없는 첫날 밤, 오스카는 그 와인병을 떠올렸다. 그 생각은 물리적 실재처럼 그의 의식을 덮쳤다. 처음에는 고통스럽진 않고 짜증만 날 뿐이었다. '몰래 가서 문서보관함이 완전히 잠겨 있는 걸 확인하면 그만 떠올리겠지'하고 생각했다.

그렇게 그는 아내의 서재로 걸어가 보관함의 문을 잡아당겼다. 놀랍게도 문은 1센티미터 정도 열렸고, 병이 문서들 사이에 꼿꼿이 서 있는 모습이 보였다. 병을 빼내긴 어려웠지만 코르크 마개는 손에 닿을락말락 했다.

그는 보관함 안을 1분 동안 우두커니 서서 바라보며 와인병을 생각했다. 그의 일부는 문을 닫길 바랐고, 다른 일부는 문에서 눈을 떼지 못했다. 그러다가 뭔가를 머릿속에 떠올리고 결심했다.—어쩌면 결심하지 않으려고 애쓰지 않았을지도 모른다. 행동 개시.

그는 공구 상자를 가지러 차고로 서둘러 갔다. 자물쇠를 따고 문을 열어 보려고 다양한 공구를 활용했다. 엄청난 집중력과 투지가 발휘되었다. 하지만 문을 열 수 없었다. 시도해 본 모든 공구가 자물쇠를 따는 데 먹히지 않았다.

매듭이 갑자기 손아래에서 느슨해지듯이 불현듯 해결책이 떠올랐다. 그럼 그렇지. 내가 왜 이 생각을 못 했을까? 안 될 리가 없지.

그는 자리에 앉았다. 이제 서두를 필요가 없었다. 긴 자루가 달린 플라이어 하나만 빼고 나머지 공구들을 조용히 상자에 집어넣었다. 그리고 그 긴 자루의 플라이어로 병에 달린 코르크를 뽑아낸 뒤, 탁자 위에 코르크와 플라이어를 천천히 얹어 놓고, 자신에게 필요할 유일한 도구를 가지러 부엌으로 갔다. 긴 플라스틱 빨대.

제 역할을 하지 못한 오스카의 문서보관함 대신에 케이세이프kSafe 부엌 금고 같은 좀 더 튼튼한 보안 장치였다면 오스카의 행동을 막았을지도 모른다. 빵 보관함 정도의 크기에 아주 단단한 투명 플라스틱으로 만들어진 케이세이프는 쿠키부터 아이폰, 오피오이드 약에 이르기까지 모든 걸 담을 수 있다. 다이얼을 돌리면 타이머가 작동하면서 잠기는 방식이다. 타이머가 작동하기 시작하면, 시간이 다 될 때까지 잠금 상태를 풀 수 없다.

---

의사들은 중독 대상을 문서보관함에 잠가 두는 대신 세포 수준에서 잠금장치를 다는 방법을 쓰기도 한다.

날트렉손naltrexone은 알코올과 오피오이드 중독을 치료하는 데 쓰이는 약인데 도박부터 과식, 쇼핑에 이르기까지 여러 중독 치료에도 쓰이고 있다. 날트렉손은 오피오이드 수용체를 차단하여 다른 보상 행동의 강화 효과를 감소시킨다.

알코올 욕구를 날트렉손으로 거의 혹은 완전히 막았다고 증언하는 환자들이 있었다. 이 문제로 수십 년간 고생해온 환자들에게는 술을 아예 안 마시거나 '보통 사람들'처럼 적당히 마시는 능력이 하나의 계시처럼 다가온다.

그러나 나는 날트렉손이 내인성 오피오이드 체계를 차단하기 때문에 오히려 우울증을 유도하진 않을까 하는 합리적인 의구심을 품고 있다. 믿을만한 증거는 없지만, 가끔 날트렉손 때문에 쾌락을 못 느낀다고 이야기하는 환자들을 마주한다.

어떤 환자는 내게 이렇게 말했다. "날트렉손으로 술을 끊게 됐지만, 베이컨을 예전만큼 즐기지 않게 됐어요. 뜨거운 샤워도 그렇고요. 러너스 하이도 못 느껴요." 그래서 나는 그가 마트의 특별 할인 시간대처럼 술이 당기는 위험한 상황에 놓이기 30분 전에 날트렉손[2]을 복용하는 것으로 조처했다. 그렇게 날트렉손을 조절해서 복용하자 술도 적당히 마시고 베이컨도 다시 즐기게 되었다.

2014년 여름, 나는 제자 한 명과 함께 중국 현지 병원에서 헤로인 중독을 치료받고 있는 이들을 인터뷰했다. 베이징에 위치한 그곳은 정부 후원 없이 기부제로 운영되는 중독 치료 병원[3]이었다.

우리가 만난 38세 남성은 자신이 그 병원에 치료를 받으러 오기 전에 "중독 수술"을 받은 이야기를 해줬다. 그 중독 수술이란 날트렉손이 담긴 임플란트를 삽입해 헤로인의 영향을 장기적으로 차단하는 방식이었다.

"2007년에," 그가 말했다. "수술을 받으러 우한 지역에 갔어요. 부모님들이 보냈고, 비용도 대주셨죠. 그 외과의들이 뭘 했는지 정확히 모르겠지만, 효과가 없었다는 건 확실해요. 수술 후에도 헤로인을 계속했어요. 예전 같은 황홀감은 더는 못 느꼈지만, 어쨌든 헤로인 주사를 놓는 게 내 습관이었으니까요. 다음 6개월 동안 매일 아무 감흥 없이 주사를 놨어요. 헤로인 살 돈이 계속 있어서 멈출 생각을 안 했죠. 6개월이 지나니까 느낌이 돌아오더라고요. 그래서 여기 왔어요. 새롭고 더 나은 뭔가가 있길 바라면서요."

이 일화는 통찰, 이해, 그리고 행동을 변화시키겠다는 의지 없이 약물치료만으로는 중독에서 벗어나기 어렵다는 사실을 보여준다.

알코올 중독을 치료하는 데 쓰이는 또 다른 약제로는 디설피람disulfiram이 있다. 디설피람은 알코올 중독 치료에는 효과가 있지만 몸 안에 아세트알데하이드acetaldehyde를 축적한다. 그렇게 쌓인 아세트알데하이드는 심각한 홍조 반응, 메스꺼움, 구토, 혈압 상승, 전반적인 불쾌감을 야기한다.

매일 디설피람을 복용하는 것은 술을 끊으려고 애쓰고 있는 사람들에게 효과적인 해결책이다. 아침에 일어나선 술을 입에 대지 않겠다고 결심해 놓고는 밤이 되면 의지를 잃고 마는 사람들에겐 특히 그렇다. 의지는 인간의 무한 자원이 아니다. 의지는 근육 운동에 더 가까워서 쓰면 쓸수록 더 피로해진다.

어떤 환자는 이렇게 말했다. "디설피람을 쓰면 술을 안 마시겠다는 결심을 하루에 한 번만 하면 돼요. 종일 계속 결심할 필요가 없어요."

어떤 사람들에겐 약물 없이도 알코올에 디설피람 같은 반응[4]을 보이게 하는 돌연변이 유전자가 있는데, 이 유전자는 동아시아인에게 주로 발견된다. 이 덕분인지 동아시아인들은 상대적으로 낮은 알코올 중독률을 보여 왔다.

그런데 최근 몇십 년간 동아시아 국가에서 알코올 소비량이 늘면서 이 안전했던 인구 집단에서도 알코올 중독률이 높아지고 있다. 최신 연구에 따르면, 알코올에 대한 면역 유전자를 가진 이들이 술에 빠지면 관련된 암에 더 잘 걸릴 수 있다고 한다.

다른 자기 구속 기제와 마찬가지로 디설피람도 완벽한 해결책은 아니다. 아놀드라는 내 환자는 수십 년간 술에 빠져 살았는데, 심각한 뇌졸중을 앓고 전두엽 기능의 일부를 상실하고 나서도 술에서 헤어나오지 못했다. 그를 담당한 심장 전문의는 술을 끊어야 한다고, 안 그러면 죽는다고 말했다. 매우 위험한 상황이었다.

나는 그에게 디설피람을 처방해주고는 약효가 있을 때 술을 마시면 끙끙 앓을 거라고 경고했다. 그의 아내는 남편이 디설피람을 반드시 복용하도록 매일 아침 직접 그에게 약을 먹이고 약을 삼켰는지 확인했다.

아내가 집을 비운 어느 날, 아놀드는 주류점에 가서 위스키 한 병을 사 와서는 마셨다. 집에 돌아온 아내는 술에 취한 남편을 발견했다. 왜 디설피람이 남편을 아프게 하지 않았을까, 그녀는 심히 당황할 수밖에 없었다. 아놀드는 아프지는 않고 취해만 있었다.

하루가 지나서야 아놀드는 고백했다. 앞선 3일 동안 약을 삼키지 않았다고, 이가 없는 자리에 약을 끼워 넣었다고 말이다.

---

최근에 등장한 물리적 구속 형태는 몸에 해부학적인 변화를

주는 방식이다. 위 밴드 삽입술, 위 절제술, 위 우회술 같은 체중 감량 수술이 대표적인 예다.

이런 수술들은 위 크기를 줄이거나 칼로리를 흡수하는 일부 소화관을 건너뛰게 한다. 위 밴드 삽입술은 위나 소장의 일부를 들어내지 않는 대신 위 주위에 고리를 둘러서 위의 크기를 줄인다. 위절제술은 위의 일부를 수술로 제거해 그 크기를 줄인다. 위 우회술은 위장·십이지장과 연결되어 영양소를 흡수하는 소장의 경로를 바꾼다.

에밀리라는 내 환자는 2014년에 위 우회술을 받아 1년 사이에 체중을 113킬로그램에서 52킬로그램로 줄였다. 그 전에 할 수 있는 건 다 해봤지만 체중을 줄이는 데 실패했다고 한다. 이건 에밀리만의 얘기가 아니다.

체중 감량 수술은 비만에 효과적인 방법으로 알려져 있다. 다른 치료법이 효과가 없을 경우엔 특히 그렇다. 하지만 의도하지 않은 부작용이 일어나기도 한다. 위 우회술을 받은 사람 중 4분의 1은 알코올 중독이라는 새로운 문제에 직면한다.[5] 에밀리도 수술 후에 알코올에 중독되었다.

뚱뚱한 사람들은 대부분 음식에 중독될 잠재적 위험성을 갖고 있는데, 이 부분은 수술만으로는 충분히 해결할 수 없다. 그러나 수술을 받은 후 식습관 변화에 필요한 행동적·심리적 조치를 받는 사람은 극소수에 불과하다. 그래서 대다수가 건강하지 못한 방법(과식 등)으로 음식을 다시 먹기 시작해 작아진 위를 억지로 늘린다. 일부는 합병증에 시달리거나 재수술이 필요하다는 진단을 받기도 한다. 먹는 양을 어찌해서 줄인다고 해도 상당수 사람이 알코올 같은 다른 탐닉 대상으로 갈아탄다.

게다가 이런 수술은 흡수율을 높여서 알코올에 대한 대사 작용 방식을 바꾼다. 일반적인 크기의 위가 없다는 건, 알코올이 혈류에 거의 동시에 흡수된다는 뜻이다. 결국 술을 조금만 마셔도 더 빨리 취하고 더 오래 취해 있게 되는데, 이는 알코올 링거를 맞고 있는 것과 비슷하다.

우리는 수많은 사람의 건강을 개선할 수 있는 의료 개입을 기꺼이 받아들일 수 있고, 또 받아들여야 한다. 하지만 우리가 음식 공급을 위한 충분한 공간을 만들기 위해 내장 기관을 제거하고 변형하는 방법에 기대어야 한다는 사실은, 소비 과잉 시대의 슬픈 자화상이다.

---

우리의 접근을 제한하는 잠금 상자부터 오피오이드 수용체를 차단하는 약제, 위를 줄이는 수술에 이르기까지, 물리적 자기 구속은 오늘날 곳곳에서 확인할 수 있다. 이는 우리가 도파민을 제어할 필요가 커지고 있다는 뜻이다.

나는 책을 클릭 한 번으로 볼 수 있게 되면서 원래 바랐던 것보다, 혹은 내게 바람직한 수준보다 더 오랫동안 판타지에 빠져 있었다. 그래서 나의 해결책은? 전자책 단말기를 버렸다. 그렇게 해서야 끝없이 줄을 잇는 다운로드용 성애물에서 벗어날 수 있었다. 그제서야 중독적인 소설에 빠져드는 경향을 제대로 누그러뜨릴 수 있었다. 도서관이나 서점에 가야 하는 사소한 불편이 나와 중독 대상 사이에 꽤 쓸모 있는 장애물이 되었던 것이다.

### 순차적 자기 구속, 시간제한과 결승선

자기 구속의 또 다른 형태는 시간제한과 결승선을 활용하는 방법이다.

일 단위, 주 단위, 월 단위, 연 단위 등으로 기준을 잡아 일정 기간으로 접근을 제한함으로써 시간적 기회를 줄이고 사용에 한계를 둘 수 있다. 예를 들어 휴일에만 쓸 거야, 주말에만 쓸 거야, 목요일 전에는 절대 안 쓸 거야, 오후 5시 전에는 절대 안 쓸 거야 하면서 다짐하는 식이다.

또는 시간 자체보다는 중요한 사건이나 목표 달성을 기준으로 자신을 구속할 수도 있다. 생일 때까지, 아니면 과제를 마치자마자, 아니면 학위를 딴 후, 아니면 승진을 할 때까지 기다린다. 시계가 멈출 때, 아니면 스스로 정한 결승선을 지날 때야만 보상받는 식으로 설계해도 좋다.

신경과학자 S. H. 아메드S. H. Ahmed와 조지 쿱의 연구에 따르면, 코카인에 하루에 6시간씩 무제한 접근이 허용된 쥐들은 시간이 지날수록 레버를 점점 더 많이 누르다가 결국 지치거나 죽음에 이른다. 관대한 접근 조건(6시간) 하에 자가 투여가 늘어나는 현상은 메스암페타민[6], 니코틴[7], 헤로인[8], 알코올[9]에서도 확인되었다.

하지만 하루에 한 시간씩만 코카인에 접근한 쥐들은 수일간 계속해서 일정량의 코카인[10]에만 기댄다. 다시 말해 매일 단위 시간당 마약을 더 달라고 레버를 누르지 않는다.

이 연구는 중독 대상에 대한 접근을 제한해 시간적 기회를 줄이면 사용량을 줄이는 동시에 무한 접근으로 귀결되는 소비의 강박과 증가를 피할 수도 있다는 사실을 보여준다.

---

우리가 특정 대상에 얼마나 많은 시간을 쓰는지 알아보는 것(예를 들어 스마트폰 사용 시간을 재는 것)은 사용 정도를 파악하고 줄일 수 있는 간편한 방법이다. 실제 사용 시간 같은 객관적 사실을 의식적으로 인식하게 되면, 그것을 부정하기가 상대적으로 어려워져서 더 괜찮은 위치에서 중독을 관리할 수 있다.

하지만 이렇게 되면 상황이 순식간에 아주 복잡해질 수도 있다. 우리가 도파민을 좇을 때 시간은 우습게 자취를 감추기 때문이다.

어떤 환자가 들려준 이야기다. 그 환자는 메스암페타민을 복용하고 있을 때 시간은 중요하지 않다고 확신했다. 일부 시간이 사라졌다는 사실을 들키지 않은 상태로 그런 시간을 그러모아 봉합할 수 있을 것처럼 느꼈다고 한다. 그때 나는 그가 거대한 밤하늘에 별자리처럼 붕 떠서 우주의 찢어진 곳을 꿰매는 모습을 상상했다.

고도의 도파민 제품은 '만족을 미루는 능력'을 해치는데, 이를 **지연 가치 폄하**delay discounting라고 한다.

지연 가치 폄하는 보상을 기다려야 하는 시간이 길어질수록 그 보상 가치를 낮게 보는 심리 현상을 말한다. 대부분 20달러를 받는다면 1년 후보다는 오늘 바로 받고 싶어 할 것이다. 인간이 오랜 시간 후에 받는 보상보다 짧은 시간 안에 받는 보상을 과대평가하는 경향은 여러 요인으로부터 영향을 받은 결과이다. 그러한 요인 중 하나가 의존 대상이 된 물질과 행동의 중독성이다.

행동경제학자 안느 린느 브레트빌르-옌슨Anne Line Bretteville-Jensen과 그의 동료들은 현재 헤로인과 암페타민을 사용 중인 사람들을 과거에 중독됐던 사람들, 그리고 단순 대조군(성별, 나이, 교육 수준 등을 매칭한 개인들)과 비교해 지연 가치 폄하를 살폈다. 연구자들은 참가자들에게 자신이 미화로 약 14,600달러에 해당하는 10만 크로네* 복권에 당첨[11]되었다고 상상할 것을 요청했다.

---

* 2021년 11월 기준 환율로 약 1,360만 원에 해당한다.

그런 다음 연구자들은 참가자들에게 돈을 당장 받는 대신에 조금 덜 받을지(10만 크로네 미만), 아니면 일주일 후에 전부를 받을지를 선택하라고 했다. 그 결과 현재 약물을 사용 중인 이들 가운데 20퍼센트가 돈을 지금 당장 받고 싶다고 말했다. 반면 과거 중독자 중에선 4퍼센트, 단순 대조군에선 2퍼센트만이 당장 받겠다고 답했다.

담배 흡연자들도 대조군과 비교했을 때 금전적 보상을 덜 받을 가능성이 높았다(다시 말해, 더 오래 기다려야 하면 보상에 가치를 덜 매길 것이다). 흡연을 더 할수록, 니코틴에 더 기댈수록, 미래의 보상을 폄하하는 경향이 발견됐다.[12]

중독 연구자인 워런 K. 비클Warrne K. Bickel과 그의 동료들은 오피오이드에 중독된 사람들과 건강한 대조군을 대상으로 다음 구절로 시작하는 이야기를 완성하도록 했다. "정신을 차리고 나서 빌은 자신의 미래를 생각하기 시작했다. 보통 그가 기대했던 미래는 ○○○(시/일/년)이다."

오피오이드에 중독된 연구 참가자들은 미래를 평균 9일로 나타냈고, 건강한 대조군은 미래를 평균 4.7년으로 나타냈다. 이 현저한 차이는 우리가 중독성 있는 물질에 지배를 받고 있을 때 '시간적 시야'가 얼마나 좁아지는지[13]를 보여준다.

내가 환자들에게 회복을 결심하게 되는 결정적인 순간이 언제인지를 물으면 그들은 긴 시간을 나타내는 무언가를 이야기한다. 1년 동안 헤로인을 흡입하던 한 환자는 이렇게 말했다. "갑자기 내가 1년 동안 헤로인을 하고 있었다는 사실을 깨닫고는, 지금 그만두지 않으면 앞으로 평생을 이렇게 살 수도 있겠다 생각했어요."

이 남성은 현재의 순간이 아닌 인생 전체의 궤도를 생각함으로써 자신이 매일 하는 행동을 더 정확히 평가할 수 있었다. 델릴라도 마찬가지였다. 델릴라는 10년 후에도 계속 대마초를 피우는 모습을 상상하고 나서야 4주간 대마를 끊기로 결심했다.

요즘은 사방에서 도파민이 넘쳐난다. 그래서 우리는 즉각적인 만족에 길들어져 있다. 우리가 뭔가를 사고 싶으면, 그다음 날 문간에 그게 떡 하니 놓여 있다. 우리가 뭔가를 알고 싶으면, 곧바로 화면에 답이 나타난다. 결국 우리는 무언가를 곰곰이 생각해서 알아내거나, 답을 찾는 동안 좌절하거나, 자신이 바라는 걸 기다려야 하는 습관을 잃고 있다.

신경과학자 새뮤얼 매클루어Samuel McClure와 그의 동료들은 즉시 보상과 지연 보상[14] 중 하나를 선택할 때 뇌의 어떤 부분이 관여하는지를 연구했다. 관찰 결과, 참가자들이 즉시 보상을 선택했을 때는 뇌에서 감정 처리와 보상 처리를 하는 부위가 활성화되었고, 보상을 미뤘을 때는 계획과 추상적 사고와 관련된 뇌 부위인 전두엽 피질이 활성화됐다.

이 연구가 암시하는 바는, 현대에는 감정적 보상 경로가 삶에 지배적인 동력이 되면서 우리 모두가 전두엽 피질 위축증을 앓을 위험이 크다는 것이다. 그렇다고 고도의 도파민 물질에 기대는 게 지연 가치를 폄하하는 유일한 변수는 아니다.

예를 들어 자원이 부족한 환경에서 성장하면서 죽음에 대한 노출에 적응한 이들이 있고, 자원이 풍족한 환경에서 성장하면서도 거기에 비슷하게 적응한 이들이 있다고 치자. 이때 지연 보상보다 즉시 보상을 중시할 가능성은 전자에게 더 크다. 실제로 빈민가에 사는 브라질의 젊은이들[15]은 동년배의 대학생들보다 미래에 받을 보상을 낮게 평가한다. 싸구려 도파민에 얼마든지 쉽게 접근할 수 있는 요즘 세상에서 가난이 중독의 위험 요인이라는 사실이 놀랍지 않은가?

—

강박적 과용 문제를 키우는 또 다른 변수로, 오늘날 점점 더 늘고 있는 여가 시간과 그에 따르는 지루함을 들 수 있다. 농업, 제조업, 가사 노동, 그리고 예전에 시간이 오래 걸렸던 노동 집약적 업무들 다수는 기계화되고 있다. 그 결과 미국 노동자의 일하는 시간은 줄고, 여가 시간은 더 늘고 있다.

남북전쟁(1861~1865) 직전에 미국 노동자들은 농업이든 공업이든 상관없이 하루에 평균 10~12시간 일했다. 주 6.5일, 연간 51주간 일한 셈이다. 여가 활동은 하루에 2시간 밖에 없었다. 이주 여성들과 노예들은 주 6일씩 하루 13시간을 일해야 했다.

이와 대조적으로 오늘날 미국의 여가 시간[16]은 1965년과 2003

년 사이에 주당 5.1시간 증가했다. 연간 기준으로 환산하면 270시간이 늘어난 셈이다. 2040년이 되면 미국인들의 하루 여가 시간은 7.2시간, 근무 시간은 3.8시간이 될 것으로 추정된다. 다른 고소득 국가들의 통계도 이와 비슷하다.[17] 미국에서 여가 시간은 교육과 사회경제적 지위에 따라 다르다.[18] 상식적으로는 부유할수록 교육 수준이 높을수록 여가 시간이 많을 것 같지만 실상은 그렇지 않다.

1965년 미국에선 교육을 덜 받은 사람과 더 받은 사람 모두 같은 양의 여가 시간을 즐겼다. 하지만 오늘날 미국에서 고등학교 학위가 없는 성인들은 학사 이상의 학위를 가진 성인들보다 42퍼센트 더 많은 여가 시간을 갖는다. 이런 차이는 주중에 생기는 여가 시간 때문이다. 학사 학위가 없는 사람 중에 불완전 고용 상태인 경우가 많아서 여가 시간이 상대적으로 더 많다.

도파민 소비는 노동에 쓰지 않는 시간을 때우기 위한 방편에 머물지 않는다. 사람들이 노동 자체를 포기하는 원인이 되기도 한다.

경제학자 마크 아귀어Mark Aguiar와 그의 동료들은 "젊은 층의 여가 만족과 노동 공급"이라는 적절한 제목의 글에서 이렇게 정리했다. "지난 15년간 21~30세에 해당하는 젊은이들은 그보다 더 나이가 많은 남녀들에 비해 노동 시간에서 큰 감소세를 보였다. 2004년 이래로 여가 사용에 관한 자료를 보면, 젊은 층은 자신의 여가를 비디오 게임과 여타 기분 전환용 컴퓨터 활동에 쓰고 있다."[19]

작가 에릭 J. 이어넬리Eric J. Iannelli는 중독에 관한 자신의 이야기를 다음처럼 언급했다.

> 몇 년 전, 지금 보면 다른 사람 얘기 같은데, 친구 하나가 내게 말했다. "네 생활은 전체적으로 크게 세 가지 사이클로 줄여 말할 수 있어. 하나, 개판이 되기. 둘, 개판 만들기, 셋, 피해 수습하기." 우리가 서로 알고 지낸 지는 길어 봐야 두 달 정도로 오래되지 않았지만, 그는 내가 술을 마시면 수시로 필름이 끊기는 모습을 여러 번 보고 내 정체를 간파했다. 그 모습은 중독이 야기하는 큰 혼란의 뚜렷한 징후 중 하나였다. 계속해서 그는 쓴웃음을 지으며 더 일반적인 가설을 세웠는데—그저 반농담조였던 것 같다—중독자는 문제를 해결하는 데 지루해하거나 좌절한 사람[20]이라고, 탈출 곡예 같은 상황을 본능적으로 만들고 다른 도전 거리가 우연히 나타나지 않으면 그 상황에서 벗어나려고 한다고 얘기했다. 중독 대상은 성공한 중독자에겐 보상이 되고, 실패한 중독자에겐 아차상이 된다.

—

처음 만났을 때 무하마드는 말을 쉴새 없이 했다. 그의 혀는 아이디어로 가득찬 그의 뇌를 따라가지 못하는 것처럼 보였다.

"저한테 중독 문제가 조금 있는 것 같아요." 그가 말했다. 난 무하마드가 바로 마음에 들었다. 그는 약간의 중동식 억양이 섞인 영어를 유창하게 구사하면서 자신의 이야기를 들려줬다.

2007년, 무하마드는 대학에서 수학과 공학을 공부하기 위해 중동을 떠나 미국으로 왔다. 모국에서는 마약을 사용하면 종류에 상관없이 심한 처벌을 받았다. 미국에 도착한 후, 그는 두려움 없이 기분 전환용으로 마약을 자유롭게 사용하게 됐다. 처음엔 주말에만 마약과 술에 기댔다. 그런데 1년도 지나지 않아 매일 대마초를 피웠고, 성적은 물론 친구와의 관계까지 나빠졌다.

그는 생각했다. '학사 학위를 따고 석사 과정에 합격하고 박사 펀딩을 따낼 때까지 다시는 대마를 피우지 않겠어.' 다짐대로 그는 스탠퍼드대학교에서 기계공학으로 석사 과정을 마치고 박사 펀딩을 따낼 때까지 다시는 대마를 입에 대지 않았다. 담배도 주말에만 피웠다.

하지만 박사 과정 첫해를 마쳤을 때, 그는 대마를 매일 입에 댔다. 그리고 두 번째 해가 끝날 무렵, 규칙을 새로 세웠다. "마리화나를 공부 중일 땐 10밀리그램, 공부하지 않을 땐 30밀리그램, 특별한 경우엔 완전 개판이 될 정도로."

무하마드는 박사 과정에서 가장 중요한 자격시험에서 떨어졌다. 재시험에서도 떨어졌다. 그렇게 박사 과정을 거의 망칠 뻔했지만 교수들을 설득해서 마지막 한 번의 기회를 더 얻었다.

2005년 봄, 무하마드는 자격시험을 통과할 때까지 대마를 끊으려고 노력했지만 오랜 시행착오를 거쳐야 했다. 이듬해 마침내 대마를 끊고 그 어느 때보다 열심히 공부했다. 그의 마지막 리포트는 100페이지를 넘겼다.

"그때가," 그가 내게 말했다. "내 인생에서 긍정적이고 생산적이기로 손꼽히는 해였어요."

그해 그는 자격시험을 통과했다. 시험이 끝난 그날 밤, 한 친구가 축하하는 의미로 대마초를 가져왔다. 처음에 무하마드는 거절했다. 하지만 친구는 이렇게 말했다. "너처럼 똑똑한 애가 중독될 리 없어."

이번 딱 한 번만이야. 무하마드는 생각했다. 그러고 졸업할 때까지 다시는 없는 거야.

월요일이 되자, 졸업할 때까지 다시는 없는 거야는 수업 있는 날에 마리화나는 안 돼가 됐고, 다시 어려운 수업이 있는 날에 마리화나는 안 돼가 됐으며, 다시 시험 있는 날에 마리화나는 안 돼가 됐고, 다시 아침 9시 전에 마리화나는 안 돼가 됐다.

무하마드는 고향에서 수재로 불리던 학생이었다. 힘든 박사 과정을 따라갈만큼 인내력도 갖췄다. 그런 그가 왜 대마초에 한해서는 스스로 정한 규칙을 지키지 못했을까?

아무리 똑똑한 사람이라도 일단 대마를 피우기 시작하면 이성은 마비되고 오롯이 쾌락-고통 저울의 지배를 받게 된다. 마리화나 한 개비조차 이성과 합리를 마비시킬 수 있다. 약에 취하면 장기적인 보상과 흡연이 주는 즉각적인 보상을 더 이상 객관적으로 평가하지 못한다. 지연 가치 폄하가 무하마드의 세상을 통제한 셈이다.

무하마드의 경우, 발생 순서에 따른 자기 구속은 소용이 없었다. 적당량의 대마초는 전혀 선택사항이 될 것 같지 않았다. 그래서 다른 방법을 찾아야 했는데, 다행히 방법을 찾았다(이에 대해서는 맺음말에 다시 언급하겠다).

### 범주적 자기 구속, 넓은 그물을 쳐라

제이콥은 나의 처방에 따라 당일에 쓰레기를 실어 가는 쓰레기통에 기계를 버렸다. 노트북과 태블릿도 치웠다. 그리고 아주 오랜만에 교회에 가서 가족을 위해 기도했다.

일주일 후 제이콥은 이렇게 말했다. “좋은 변화가 생겼어요. 나를 속이는 일도 관뒀고요. 내 사정은 여전히 딱하지만 이제 뭔가를 할 수 있게 됐어요.”

그는 잠시 말을 멈췄다. “그런데 기분이 별로예요.” 이야기를 계속했다. “당신을 월요일에 보고나서, 금요일쯤 되니까 죽어버리고 싶더군요. 물론 그럴 일이 일어나진 않았죠. 지금도 기분이 엉망이에요.”

“의존 습관에서 벗어나서 그래요.” 내가 말했다. “당신의 기분이 당신을 파도처럼 덮치도록 그냥 내버려 두세요. 그걸 참으시고요. 시간이 지나면 기분이 괜찮아질 거예요."

몇 주가 지나고 몇 달이 지나도록 제이콥은 외설물, 채팅방, TENS 기구뿐 아니라 "온갖 성욕"에 대한 접근을 제한함으로써 절제를 유지할 수 있었다.

TV, 영화, 유튜브, 여자 배구 경기 등 자신에게 자극적인 성적 이미지로 나타나는 건 무엇이든 보지 않았다. 특정한 뉴스 기사도 피했다. 예를 들면, 도널드 트럼프와 특별한 관계를 가졌다는 스토미 대니얼스라는 스트리퍼에 관한 기사들을 걸렀다. 그리고 아침에 거울 앞에서 면도를 하기 전에는 반바지를 입었다. 자신의 벌거벗은 모습을 보는 것 자체가 도화선이 될 수 있기 때문이다.

"내 몸을 갖고 오랫동안 놀았죠. 더는 그럴 수 없어요." 그가 말했다. "내 중독자 인격을 즐겁게 할 만한 건 뭐든 피해야 해요."

---

범주적 자기 구속은 도파민을 여러 범주로 나누어 사용을 제한하는 방식이다. 다시 말해 자신에게 허락하는 하위 유형, 그리고 허락하지 않는 하위 유형으로 나누는 것이다. 이는 중독 대상뿐 아니라 그 대상을 갈구하게 만드는 계기도 금지하는 방식이다.

미치라는 내 환자는 스포츠 도박에 중독되어 있었다. 마흔 살이 될 때까지 도박으로 잃은 돈은 백만 달러에 달했다. 하지만 '익명의 도박꾼들Gamblers Anonymous'*에 참여한 일은 그의 회복에 중요한 역할을 했다. 그는 그 모임에 참여하면서 자신이 피해야 하는 대상이 스포츠 도박만이 아님을 깨달았다. TV로 스포츠 경기 보기, 신문에서 스포츠면 읽기, 스포츠 관련 인터넷 사이트 보지 않기, 스포츠 관련 라디오 듣기도 관둬야 했다. 그는 주변의 모든 카지노에 연락해 자신을 '입장 불가' 명단에 올리도록 했다. 그렇게 중독 대상 장소를 피하는 범주적 구속 전략을 펼친 끝에 미치는 스포츠 도박에 빠질 위험을 줄일 수 있었다.

물론 자기 자신을 막아선다는 것은 어딘가 비극적이고 안쓰럽다.

제이콥의 경우, 자신과 남들의 벌거벗은 몸을 감추는 의식적 행동이 회복에 중요한 역할을 했다. 금지된 성적 집단에 엮이는 위험을 최소화하는 방법으로 신체를 숨기는 일은 오랫동안 많은 문화적 전통의 일부로 기능하며 오늘날까지 이어져 왔다. 쿠란에서는 여성의 정숙을 이렇게 논한다. "그리고 믿음을 가진 여자에게 시선을 밑으로 깔고[21], 은밀한 부위를 보호하며, 꾸민 모습을 보이지 말라고 … 머리 덮개(의 일부)로 가슴을 감싸고, 꾸민 모습을 보이지 말라고 이야기하라."

---

* 강박적 도박 문제를 겪는 사람들을 위한 국제단체로 1957년에 설립되었다.

예수그리스도후기성도교회*는 구성원들을 대상으로 단정한 옷차림에 대한 공식 성명을 냈는데, "짧은 반바지와 짧은 치마,[22] 복부를 덮지 않는 셔츠, 어깨를 덮지 않거나 앞이나 뒤가 깊이 파인 옷"을 입지 말라는 내용이 담겨 있다.

---

우리가 허락할 수 있는 행동 목록에 무심코 계기가 되는 요소를 넣으면, 범주적 자기 구속은 실패로 돌아간다. 이런 실수는 경험에 바탕을 둔 정신적 변화 과정을 추적해 바로잡을 수 있다. 하지만 범주 자체가 바뀐다면 어떻게 될까?

미국의 흔한 다이어트 전통은—채식주의, 완전 채식주의, 생채식주의, 글루텐 프리, 황제 다이어트, 존 다이어트, 케톤체 생성성 식사, 구석기 다이어트, 자몽 섭취 식이 등은—범주적 자기 구속의 예에 해당한다. 미국인들은 의학적 이유, 윤리적 이유, 종교적 이유 등 다양한 이유로 이런 다이어트 방법을 따라왔다. 하지만 이유가 뭐든 간에, 범주적 자기 구속 다이어트는 음식이라는 큰 범주에 대한 접근을 줄이고 음식 소비를 제한할 때 효과를 발휘한다.

하지만 음식의 범주에 시장 논리가 개입하면서 이 방법은 위

* 1830년 미국에서 결성된 종교 단체로, '모르몬교'라는 명칭으로 널리 알려져 있다.

협을 받고 있다.

예를 들어보자. 북미에서는 15퍼센트 이상의 가정에서 글루텐 프리 제품을 쓴다. 셀리악병Celiac disease이란 글루텐을 섭취하면 소장에 악영향을 미치는 자기 면역 질환을 가리키는데, 복강 질환을 앓고 있는 사람들에게는 글루텐 프리 제품이 도움이 된다. 그런데 글루텐 프리 제품이 고칼로리 저영양소 탄수화물의 섭취를 제한하는 데 도움이 된다는 사실이 알려지면서 일반인의 소비가 점점 늘어났다. 그런데 이게 뭐가 문제냐고?

2008년부터 2010년까지 미국에서는 약 3000종의 글루텐 프리 상품[23]이 새로 출시되었고, 오늘날 제빵은 글루텐 프리 시장에서 최고 수익을 올리는 시장이 됐다. 2020년에 글루텐 프리 상품의 가치는 미국 내에서만 103억 달러에 달할 것으로 추산된다.

글루텐 프리 다이어트는 한때 케이크, 쿠키, 크래커, 시리얼, 파스타, 피자 같은 고칼로리 가공식품 섭취를 사실상 제한하는 효과적인 방법이었지만 시장이 커지면서 더 이상은 아니다. "글루텐 프리 밀가루로 만든 제품이니 얼마든지 먹어도 돼!"

물론 글루텐을 피하려는 사람들에게 다양한 선택지는 좋은 소식일 수 있다. 하지만 빵, 케이크, 쿠키 섭취를 제한하는 방식(범주적 자기 구속 전략)으로 글루텐 프리에 기대어 덕을 보던 사람들에게는 나쁜 소식이다.

글루텐 프리 다이어트가 변화해온 과정을 보면, 섭취량을 조절하려는 시도가 시장 논리에 따라 얼마나 빠르게 무력화되는지 알

수 있다. 이는 우리의 도파민 소비를 둘러싼 또 하나의 도전 사례라 할 수 있다.

한때 중독 대상으로 금기시되다가 사회적으로 받아들여진 상품의 예는 이것 말고도 많이 있다. 예를 들어 담배는 전자 담배와 진ZYN* 파우치가 되었고, 헤로인은 옥시콘틴OxyContin**이 되었다. 대마초는 '의료용 마리화나'가 되었다. 이처럼 예전에 쓰던 약물이 우리가 마음먹고 끊자마자 어이! 이건 괜찮아. 난 이제 너한테 좋아, 하면서 멋진 포장에 알맞은 가격의 신제품으로 나오고 있다.

## "저는 맥주를 숭배합니다"

악마 취급을 받는 대상을 신격화하는 일은 범주적 자기 구속의 또 다른 변주다.

선사시대부터 인간들은 향정신성 약물을 성스러운 범주로 격상해 종교의식이나 통과 의례에서, 혹은 의약품으로 사용해 왔다. 이러한 맥락에서 성직자나 주술사, 혹은 특별한 훈련을 받거나 특별한 권한을 얻은 선택된 자들만이 약물을 관리할 수 있

* 미국의 구강 니코틴 파우치 브랜드.

** 마약성 진통제. 간혹 마약의 대용으로 사용되어 심각한 부작용을 낳으며 문제시되어 왔다.

었다.

7000년을 훌쩍 넘기는 기간 동안, 환각제(매직 버섯, 아야와스카, 페요테)라고도 알려진 환각 발현 물질은 다양한 문화에서 신성한 용도로 사용되었다. 하지만 1960년대 히피운동을 통과하면서 환각 발현 물질이 기분 전환용 약물로서 유명해지고 널리 퍼지자 피해가 커졌다. 결국 LSD는 세계의 거의 모든 나라에서 불법화되었다.

오늘날 환각 발현 물질을 비롯한 환각제들을 다시 사용하려는 움직임은 크게 두가지 흐름이 있다. 우선, 사이비 종교의 맥락에서 환각제로 정신 치료를 하려는 경우다. 두 번째, 특별 훈련을 받은 정신과 의사와 심리학자가 환각 발현 물질을 비롯한 강력한 향정신성 약제(사일로사이빈, 케타민, 엑스터시)를 정신 건강 치료 목적으로 처방하고 있다. 여러 주에 걸친 상담 치료 시간을 가지며 한정 복용량(1~3회)의 환각제를 함께 처방하는 것은 현대판 샤머니즘이 되었다.

바라건대 이러한 약물들에 대한 접근을 제한하고 정신과 의사들에게 관리자 역할을 맡긴다면, 이 화학 물질들의 신비한 성질들이—일체감, 시간 초월, 긍정적 분위기, 숭배 등이—오용, 과용, 중독적 사용을 야기하지 않으면서도 긍정적 영향력을 행사할 수 있을 것이다.

---

어떤 사람들에겐 자신의 중독 대상을 신성시하는 데 주술사나 정신과 의사의 도움이 필요 없다. 지금은 널리 알려진 스탠퍼드 마시멜로 실험[24]에서 적어도 한 명의 어린이 참가자는 온전히 자기 힘으로 신성한 것, 즉 마시멜로를 챙겼다.

스탠퍼드 마시멜로 실험은 1960년대 후반 스탠퍼드대학교의 심리학자 월터 미셸Walter Mischel이 지휘한 일련의 지연 보상 연구를 말한다.

이 실험에 참여한 3~6세 어린이들은 즉시 주어지는 하나의 작은 보상(마시멜로 한 개), 그리고 첫 번째 마시멜로를 먹지 않고 15분 정도 기다리면 주어지는 두 개의 작은 보상(마시멜로 두 개) 중에 하나를 골라야 했다.

아이들이 고민을 하는 사이에 연구자는 방을 나갔다가 돌아왔다. 마시멜로는 방 안의 테이블 위에 있는 접시에 놓여 있었는데, 그 외에 방 안엔 놀거리라곤 전혀 없었다. 연구의 목적은 아이들에게 지연 보상이 발생하는 시점을 파악하는 데 있었다.

연구 결과에 따르면, 약 100명의 어린이 중에 3분의 1이 15분을 참고 기다려서 두 번째 마시멜로를 얻어냈다. 중요한 결정 요인은 나이였다. 나이가 많을수록 지연 능력이 좋았다. 후속 연구에 따르면, 두 번째 마시멜로를 위해 참고 기다릴 수 있었던 아이들은 성장해서 상대적으로 좋은 SAT 점수와 높은 학업 성취도를 보였고, 대체로 인지적으로나 사회적으로 적응력이 좋은 청소년이 됐다.

이 실험과 관련해서 상대적으로 덜 알려지지 않은 세부적인 사실이 있다. 아이들이 15분 동안 첫 번째 마시멜로를 먹지 않으려고 고심하면서 보인 행동이 그것이다. 아이들의 행동은 말 그대로 자기 구속의 전형을 보여주었다. 아이들은 "양손으로 두 눈을 가리거나[25] 쟁반을 못 보게 등을 돌렸으며… 책상을 차기 시작하거나, 땋은 머리를 잡아당기거나, 마시멜로를 마치 작은 박제 동물인 양 쓰다듬었다."

두 눈을 가리고 뒤돌아서는 행동은 물리적 자기 구속을 연상시킨다. 땋은 머리를 잡아당기는 행동은 기분전환을 위한 신체적 고통을 사용하는 것인데… 이 부분은 뒤에서 자세히 얘기하겠다. 그런데 마시멜로를 쓰다듬는 행동은 어떻게 설명할 수 있을까? 그 아이는 정말 원하는 대상으로부터 등을 돌리는 대신에 그것을 너무나도 소중해서 먹을 수 없거나 적어도 충동적으로 먹을 수 없는 반려동물처럼 취급했다.

재스민은 매일 맥주를 10병까지 마시다가 결국 나를 찾아왔다. 나는 자기 구속 전략으로서 집에 있는 모든 술을 없애라고 말했다. 그녀는 내 권고를 거의 따랐지만, 여기엔 반전이 있었다.

그녀는 맥주 한 병만 빼고 나머지 술은 모두 버렸는데, 그 맥주는 냉장고에 말 그대로 모셔두었다. 그리고 그것을 "토템 맥주"라고 불렀다. 자신의 의지와 자율성에 대한 표현이자 금주 선택에 대한 상징으로 삼은 것이다. 그녀는 이 세상에서 구할 수 있는 어마어마한 양의 맥주 중 일부를 마시지 않는다는 부담스러운 임무보다 그 한 병의 맥주를 마시지 않는 데 집중하기로 했다. 그리고 성공했다.

유혹의 대상을 통제의 상징으로 바꾸는 이러한 초인지적인 기술이 재스민을 절제로 인도한 셈이다.

---

제이콥이 두 번째 회복을 시도한 지 반년이 지난 후, 그를 다시 만날 수 있었다. 그를 보자마자 그가 잘 지내고 있음을 알았다. 옷이 잘 어울리고 몸에 딱 맞았다. 옷만 그런 게 아니었다. 피부도 윤이 났다. 사람이 자기 자신과 세상에 연결되어 있다는 느낌을 받을 때 그런 것처럼 말이다.

이건 정신의학전공서에 나오는 내용은 아니다. 내가 몇십 년 동안 다양한 환자를 만나면서 개인적으로 터득한 사실이다. 사람들은 상황이 나아지면 모든 게 일관성 있고 알맞아진다. 그날 제이콥은 그렇게 알맞은 모습을 하고 있었다.

"아내가 돌아왔어요." 그가 말했다. "여전히 따로 살긴 하지만 내가 시애틀로 아내를 보러 가서 이틀 동안 같이 멋진 시간을 보내곤 합니다. 크리스마스도 함께 보낼 거예요."

"제가 다 기쁘네요, 제이콥."

"난 강박에서 벗어났어요. 어떤 특정한 방식으로 행동해야 한다는 압박이 이제 없어졌습니다. 할 일을 자유롭게 결정할 수 있게 됐습니다. 거의 6개월 동안 별일 없이 지낼 수 있었어요. 지금 상태를 유지하면 더 괜찮아질 거라고 생각해요. 괜찮은 것 이상일 겁니다."

그는 나를 보며 미소 지었다. 나도 함께 미소 지었다.

제이콥이 성적 욕구를 자극할 만한 것은 무엇이든 피하기 위해 들인 노력은 중세의 수도사의 완고한 방식이다. 하지만 그는 자신의 새로운 생활 방식을 전혀 부자연스러워하지 않고 오히려 자유로워진 느낌을 받았다고 했다. 그는 강박적 과용의 늪에서 벗어나 기쁨, 호기심과 함께 다른 사람들, 그리고 세상과 자연스럽게 다시 소통할 수 있었다. 이를 통해 존엄성을 느꼈다.

이마누엘 칸트가 『윤리 형이상학The Metaphysics of Morals』에서 적었듯이, "우리가 이렇게 내면에 법을 만들 수 있음을 깨달을 때, (자연적) 인간은 자기 안에서 도덕적 인간을 존중[26]해야 한다고 느낀다."

제이콥에게는, 자신을 구속하는 것이 곧 자유로워지는 길이었다.

6장

# 처방약의 두 얼굴

"바라는 게 있는데," 내 사무실에서 크리스가 백팩을 정돈하고 눈 앞을 가린 머리를 뒤로 넘기며 무릎을 떨면서 말했다(이후 오랫동안 그를 만나면서 그가 늘 움직이고 있다는 사실을 알게 되었다). "선생님이 부프레노르핀buprenorphine을 처방해 주셨으면 해요. 꽤 도움이 됐거든요. 솔직히 이건 절제된 표현이에요. 그거 없으면 제가 살 수나 있을지 모르겠어요. 선생님이 도와주지 않으면 저한테 그걸 처방해줄 수 있는 다른 의사를 찾을 거예요."

부프레노르핀은 양귀비를 증류해서 얻어진 테바인thebaine이라는 물질에서 나온 반합성 오피오이드다. 다른 오피오이드와 마찬가지로 부프레노르핀은 μ-오피오이드 수용체와 결합하면서 고통과 오피오이드에 대한 욕구를 줄여준다. 아주 간단히 말하면, 쾌락-고통 저울을 수평 위치로 되돌려 놓는 기능을 한다. 그래서 크리스 같은 사람이 더 이상 욕구에 허덕이지 않고 자기 삶을 되찾을 수 있도록 돕는다. 부프레노르핀이 불법 오피오이드의 사용을 줄이고,[1] 과용의 위험을 감소시키며 삶의 질을 높인다는 증거는 많다.

하지만 부프레노르핀이 오용되고, 전용될 수 있으며 길거리에서 팔릴 수 있는 오피오이드라는 사실은 부정할 수 없다. 상대적으로 더 강력한 오피오이드에 의존하지 않는 사람들은 부프레노르핀으로부터 기막힌 황홀감을 얻을 수 있다. 부프레노르핀을 계속 쓰다가 끊거나 복용량을 줄인 사람들은 오피오이드 금단 증상을 겪게 된다. 어떤 환자들은 부프레노르핀 금단 증상이 헤로인이나 옥시콘틴 때문에 겪는 그 무엇보다 훨씬 더 안 좋다고 말했다.

"당신 이야기를 해주세요." 난 크리스에게 말했다. "그러면 내 생각을 말해줄게요."

## 어느 스탠퍼드 대학생의 중독 연대기

크리스는 2003년에 스탠퍼드대학교에 도착했다. 그의 의붓아버지가 오래된 쉐보레 서버번 모델 차량을 빌려서 그를 태우고 아칸소주부터 운전해 왔다. 기숙사 정문 앞에 빼곡히 들어선 BMW와 렉서스 사이로 크리스의 물품을 가득 실은 낡은 SUV가 들어섰다.

크리스에게 시간 낭비란 없었다. 그는 자신이 모은 CD들을 알파벳 순으로 정리하는 것을 시작으로 기숙사방을 꼼꼼히, 정확하게 정리했다. 강의 카탈로그를 열심히 보고는 문예 창작, 그리스 철학, '독일 문화 속 신화와 모더니티' 등의 과목을 선택했다. 그는 작곡가, 영화감독, 작가가 되고 싶었다. 학교 친구들과 마찬가지로 그의 계획은 원대했다. 스탠퍼드 생활의 시작은 그렇게 눈부셨다.

학기가 시작하자 크리스는 모든 면에서 좋은 자질을 보였다. 열심히 공부했고 학점은 잘 나왔다. 하지만 다른 측면에서 보면 잘 지내지 못했다. 혼자 수업을 듣고, 방이나 도서관에서 혼자 공부를 하고, 기숙사 휴게실에서 홀로 피아노를 쳤다. 교류라는 캠퍼스의 인기 유행어는 그를 피해 다녔다.

대학 초기 시절을 돌아보면 누구나 친한 사람을 만드는 데 어려움을 겪은 기억이 있을 것이다. 그런데 크리스는 정도가 심했다. 지금도 그 이유를 정확히 말하기는 어렵다. 그는 수려한 외모를 가진 젊은이였다. 배려심 있고, 서글서글하며, 비위를 맞출 줄도 알았다. 아칸소주 시골에서 온 가난한 아이라서 그랬을 수도 있다.

혼자만의 캠퍼스 생활은 2학년 때에도 계속되었다. 하지만 캠퍼스에서 아르바이트를 하다가 한 소녀를 만나면서 모든 게 바뀌었다. 그의 뚜렷한 이목구비, 부드러운 갈색 머리, 단단한 근육질 몸매는 언제나 사람들의 관심을 집중시켰다. 크리스는 동년배 학부생인 그 소녀와 키스를 나눈 순간 사랑에 빠졌다. 그녀가 남자친구가 있다고 말했지만, 상관하지 않기로 했다. 그녀와 함께하길 바랐고, 계속 그녀를 찾았다. 그렇게 그가 포기하지 않자, 그녀는 그를 스토커로 몰아세웠고 이를 아르바이트 관리자에게 알렸다. 결국 그는 일을 잃었고 교무처에서도 징계를 받았다. 일도 없어지고 여자친구까지 잃자, 해결책이 하나밖에 없다고 생각했다. 바로 자살이었다.

크리스는 어머니에게 작별의 이메일을 보냈다. "엄마, 나 깨끗한 속옷 입었어요." 그는 칼을 빌리고 CD플레이어를 꺼내 들었다. 그리고 신중하게 CD를 골라 로블 필드*로 향했다. 때는 해질녘. 약을 통째로 삼키고 손목을 그어서 해가 지는 타이밍에 죽는 것이 그의 계획이었다.

음악은 크리스에게 중요했다. 그는 마지막 노래를 신중하게 골랐다. 뉴욕의 포스트 펑크 리바이벌 인디 밴드인 인터폴Interpol의 〈PDA〉. 리듬감 있고 비트가 강렬한 곡이었다. 가사는 이해하기 어려웠다. 마지막 절은 이렇게 진행되었다. "오늘 밤에 잠들라, 오늘 밤에 잠들라, 오늘 밤에 잠들라, 오늘 밤에 잠들라. 할 말이

---

* Roble Field. 스탠퍼드대학교 메인 캠퍼스에 위치한 녹지대.

있어, 할 말이 있어, 할 말이 없어, 할 일이 없어."

크리스는 노래가 끝날 때까지 기다렸다가 칼의 날카로운 날로 양 손목을 그었다.

하지만 열린 공간에서 손목을 그어 목숨을 끊으려는 시도는 효과적인 전략이 아니었다. 30분 후 손목의 피는 굳어 버렸고 크리스는 다른 사람들이 걸어 다니는 모습을 지켜보며 어둠 속에 홀로 앉아 있어야 했다. 그러다 기숙사방으로 돌아가 알약을 토해내고 911에 전화를 걸었다. 전문 응급 구조사가 와서 그를 스탠퍼드대학교병원으로 데려갔고, 그는 곧바로 정신 병동에 입원했다.

그를 처음 보러온 사람은 의붓아버지였다. 어머니도 오려고 했지만 비행기를 탈 수 없었다. 오랫동안 비행 공포증을 앓고 있었기 때문이다. 1년에 몇 번 정도만 크리스와 만나는 친아버지도 모습을 드러냈다. 크리스의 팔목에 붉게 부어오른 상처를 보고 친아버지는 충격을 받은 듯했다.

크리스는 총 2주 동안 정신 병동에 머물렀다. 그 기간에 그는 공간적으로 한정되어 있고, 관리가 철저하며, 예측 가능한 환경 속에서 큰 안도감을 얻었다.

스탠퍼드대학교의 대리인은 병원으로 그를 찾아와 대학의 결정과 재량에 따라 그에게 병가를 부여할 예정이라고 말했다. 기간은 그가 충분히 회복하여 복귀할 수 있을 때까지였다.

크리스는 아칸소주로 돌아가 어머니와 의붓아버지와 함께 지냈다. 그곳에서 웨이터 일을 하면서 불행히도 약물에 눈을 뜨고 말았다.

2007년 가을, 크리스는 스탠퍼드로 돌아갔다. 가을 학기에 등록하려면 학생들의 정신 건강을 관리하는 책임자와 학생처장을 만나서 자신의 상황을 얘기하고 재등록을 위한 확실한 증거를 제시해야 했다. 인터뷰 전날, 그는 스탠퍼드에서 알고 지냈던 여자아이와 함께 시간을 보냈다. 그는 그녀를 잘 몰랐지만 그녀 "역시 문제를 겪고" 있었다. 크리스는 대학과 문제를 정리하는 동안 하루 이틀 그녀의 숙소에서 지낼 수 있게 해달라고 맘 편하게 부탁했다.

그날 밤, 크리스는 "코카인을 하고" 프로이트의 『문명 속의 불만Civilization and It's Discontents』을 읽으면서 밤을 새웠다. 아침이 되었을 때 그는 자기 상태가 너무 안 좋아서 대학교 관리자들을 만날 수 없다는 결론을 내렸다. 그날 바로 집으로 돌아갔다.

이듬해 크리스는 아칸소대학에서 38도가 넘는 무더위 속에 흙을 삽으로 퍼 옮기거나 잔디를 깎으면서 지냈다. 온갖 생각들에서 벗어나게 해주는 신체적 활동이 좋았다. 열심히 일한 덕에 수목재배자 직위까지 올랐다. 그는 하루 종일 줄기와 가지를 톱밥제조기에 밀어 넣으며 보냈다. 일을 하지 않을 땐 음악을 한 곡씩 만들었다. 그러면서 대마초를 피웠는데, 대마초 흡연은 이내 습관이 됐다.

크리스는 다음 가을에 스탠퍼드로 돌아갔다. 이번에는 대면 미팅이 필요 없었다. 그는 주머니에 칫솔 하나, 한 손에 노트북만 챙긴 채 잭 리처Jack Reacher* 스타일로 기숙사에 들어갔다. 매트리스에 시트도 씌우지 않고 옷을 입은 채로 잠을 잤다.

마음가짐을 새롭게 하는 차원에서 전공도 바꿨다. 화학을 공부하기로 했다. 대마초도 끊으리라 맹세했다. 하지만 그 결심은 3일밖에 못 갔고, 매일 대마초를 피우는 일상으로 돌아갔다. 자기 방에서 숨어서 "어떤 인도 남자애"라고만 기억하고 있는 룸메이트가 없을 때에 맞춰서 피우려고 노력했다.

중간고사 기간이 됐을 때, 크리스는 자신이 보통 약에 취한 상태에서 공부를 했기 때문에 시험도 취한 상태에서 봐야겠다고 생각했다. 이게 바로 심리학 수업에서 읽은 상태의존학습state-dependent learning이라고 믿었다. 하지만 막상 시험을 보니 자신이 내용도 모르고 시험 자체도 제대로 볼 수 없음을 깨달았다. 그는 그 자리에서 일어나 걸어 나가면서 시험지를 쓰레기통에 버렸다. 그다음 날 집으로 가는 비행기에 몸을 실었다.

세 번째로 스탠퍼드를 떠나는 느낌은 확실히 달랐다. 이번엔 절망이 더해졌다. 집에 돌아갔을 땐 야망이라곤 완전히 사라져버렸다. 작곡을 계속할 생각도 들지 않았다. 과음을 시작했고, 대마초를 같이 피웠다. 그러다가 처음으로 오피오이드에 손을 댔다.

---

* 영국 작가 리 차일드(Lee Child)의 범죄 스릴러 소설 시리즈에 등장하는 가상의 캐릭터이자 주인공. 소지품이 거의 없는 상태로 미국 전역을 돌아다니며 사건들을 해결한다.

2009년 당시 아칸소주에선 그렇게 하기가 수월했다. 당시 오피오이드 제조업자들과 유통업자들이 아칸소주에 오피오이드 진통제를 퍼나르고 있었기 때문이다. 그해 아칸소주 의사들은 아칸소 주민 100명당 116장의 오피오이드 처방전을 썼다.[2]

오피오이드를 쓰는 동안, 크리스는 자신이 찾고 있었다고 생각한 모든 것이 갑자기 가까운 곳에 있는 듯한 느낌을 받았다. 그렇다. 그는 행복한 기분을 느꼈는데, 중요한 건 그게 아니었다. 중요한 건 유대감이었다.

그는 친척들과 다른 지인들과 연락하고, 대화하고, 이야깃거리를 공유하고, 서슴없이 털어놓기 시작했다. 그러나 약에 취해 있을 땐 그 관계가 진짜처럼 느껴졌지만, 없을 때는 그 느낌이 사라졌다. 결국 그는 약물이 만들어낸 친밀감은 오래 가지 못한다는 것을 깨달았다.

오피오이드를 간헐적으로 사용하면서 크리스는 다시 한 번 스탠퍼드의 문을 두드렸다. 이렇게 이뤄진 네 번째 시도는 2009년 가을 복학으로 이어졌는데, 이제 그는 시기상으로나 거리상으로나 동료 학부생들에게 멀디먼 존재가 되어 있었다. 그는 2학년 평균보다 다섯 살이 더 많았다.

그는 대학원 숙소를 배정받았는데, 입자물리학을 공부하는 대학원생과 침실 두 개짜리 아파트를 같이 썼다. 두 사람은 공통점이 거의 없었고, 서로 방해가 되지 않으려고 노력했다.

그의 일상은 공부와 약물 사용을 오갔다. 약물을 끊으려는 생각을 아예 접었다. 그리고 자신을 확고부동한 "약물 중독자"로 인식하게 되었다. 매일 침실에서 혼자 대마초를 피웠다. 매주 금요일 밤에는 헤로인을 얻으러 혼자 샌프란시스코에 갔다. 길거리에서 헤로인 한 대를 구하는 데 15달러가 들었는데 한 대를 맞으면 5~15초간 약발이 확 온 다음 몇 시간 동안 여운이 이어졌다. 이후에 오는 실망감을 달래려고 대마초를 더 피웠다. 곧 노트북을 팔아 헤로인을 샀다. 그러고는 코트까지 팔았다.

한번은 언어 수업에서 두 명의 영국 학생들과 친구가 돼 보려고 했다. 자신이 영화를 만들고 싶은데 두 사람과 함께하고 싶다고 말했다. 그가 사진에 흥미를 갖기 시작하고, 가끔은 사진을 찍으면서 캠퍼스를 돌아다니던 때였다. 처음에 두 사람은 그 제안에 매력을 느낀 듯했다. 하지만 그의 영화에 대한 아이디어를—두 사람이 음식을 먹으면서 미국식 억양으로 말하는 모습을 촬영하려 한다는 것을—듣고는 흥미를 잃었고 이후엔 그를 피했다.

"저는 늘 그렇게 특이했던 것 같아요. 생각이 특이했죠. 그래서 제 생각을 다른 사람들한테 말하고 싶지 않았어요."

그러면서도 크리스는 여러 과목에서 A학점을 받았다. '이상 행동의 대인 관계적 근거' 과목에서만 B를 받았다. 성탄절에 집으로 돌아간 그는 그곳에 쭉 머물렀다.

2010년 가을, 크리스는 마음에 내키진 않지만 마지막으로 스탠퍼드 복학을 시도했다. 이번엔 캠퍼스에서 나와 멘로 파크*에서 방을 세냈고, 또 한 번 전공을 바꿨다. 이번엔 인간 생물학이었다. 하지만 며칠 지나지 않아 집주인의 진통제를 훔쳤다. 그렇게 비참한 다섯 달을 보낸 후, 이번엔 돌아올 거라는 희망 없이 스탠퍼드를 떠났다.

고향으로 돌아온 크리스는 매일 약에 취해 지냈다. 아침에 약을 하고 나서 몇 시간이 지나 약 기운이 떨어지면, 침대에 누워서 시간이 가기만 기다렸다. 그러한 생활 방식에서 영원히 벗어날 수 없어 보였다.

2011년 봄, 크리스는 약에 취한 상태에서 아이스크림을 훔치다가 경찰에게 붙잡혔다. 교도소 수감 아니면 중독 치료를 선택해야 했다. 그는 중독 치료를 선택했다. 2011년 4월 1일, 치료의 일환으로 크리스는 서복손Suboxone이라는 상품명으로 잘 알려진 부프레노르핀이라는 약을 먹기 시작했다.

크리스는 부프레노르핀이 자신의 삶을 구했다고 믿는다.

부프레노르핀으로 안정을 되찾은 2년 후, 크리스는 스탠퍼드에 마지막으로 복학을 해보기로 결심했다. 2013년, 그는 나이 든 중국인으로부터 트레일러 주택의 침대 하나를 빌렸다. 그런데 그 외에는 무엇도 할 수 없는 형편이었다. 결국 그는 캠퍼스에 돌아오고 1달 만에 내게 도움을 요청했다. 나는 크리스에게 부프레노르핀을 처방해주었다.

3년 후, 그는 학교를 우등으로 졸업하고 박사 과정을 밟았다.

---

* Menlo Park. 미국 캘리포니아주 샌머테이오 카운티에 위치한 도시.

그의 '특이한' 아이디어는 결과적으로 연구실에 잘 맞았다.

2017년, 그는 여자친구와 결혼했다. 그녀는 그의 과거를 알고 있었고, 부프레노르핀에 기댄 이유도 이해했다. 때로는 그의 "로봇 같은 감정 결핍"을 애석하게 느꼈다. 자신이 느끼기에 화를 낼 만한 상황에서도 그가 화를 내지 않을 땐 특히 그랬다.

하지만 기본적인 삶은 만족스러웠다. 크리스는 더 이상 욕구, 분노를 비롯한 참기 힘든 감정에 휘둘리지 않았다. 실험실에서 하루를 보내고 일을 마치면 바로 집으로 돌아와 아내와 함께했다. 그들은 머지않아 첫 아이를 낳을 예정이었다.

2019년 어느 날, 나는 월간 상담 치료 시간에 그에게 이렇게 말했다. "아주 잘 지내고 있네요. 그렇게 지낸 지 오래됐는데, 부프레노르핀을 끊어볼 생각은 안 해봤나요?"

그의 대답은 명확했다. "부프레노르핀을 끊고 싶지 않아요. 나한테 빛을 밝혀준 스위치나 다름없으니까요. 그 약은 헤로인만 끊게 해준 게 아니에요. 제가 필요로 하고 다른 데서는 찾아볼 수 없는 뭔가를 제게 주었죠."

## 약이 해결책이 될까

난 그날 크리스가 했던 말을 종종 떠올린다. "자신이 다른 데서 찾지 못했던 무언가를 부프레노르핀이 선물했습니다."

혹시 장기적인 약물 사용이 크리스의 쾌락-고통 저울을 고장 낸 것은 아닐까? '정상'이라는 느낌을 얻기 위해 앞으로 죽을 때까지 오피오이드가 필요하게 된 것은 아닐까? 아마 어떤 사람의 뇌는 긴 절제기를 거치더라도 항상성 회복에 필요한 적응력을 되찾지 못할 수 있다. 그 사람의 저울은 그렘린들이 거기서 내려왔다고 해도 고통 쪽으로 영원히 무게가 실려 있게 된다.

아니면 크리스의 사례는 오피오이드가 타고난 화학적 불균형을 고칠 수 있다는 의미일까?

1990년대에 내가 의대를 다니고 레지던트로 일하면서 배운 바로는 우울감, 불안감, 주의력 결핍, 인지 왜곡, 수면 장애 등을 앓는 사람들의 뇌는 응당 활동해야 하는 방식대로 활동하지 않는다는 것이었다. 당뇨병을 앓는 사람의 췌장이 충분한 인슐린을 분비하지 않는 것처럼 말이다. 이 이론에 따르면 내가 의사로서 할 일은 부족한 화학 물질을 대체해서 사람들이 '정상적으로' 기능할 수 있게 만드는 것이었다. 이런 관점은 제약 회사들을 통해 적극적으로 홍보되었고, 의사와 환자 누구 할 것 없이 이를 받아들였다.

아니면 크리스는 또 다른 의미로 말했을 수도 있다. 부프레노르핀이 자신의 뇌가 아니라 세상에서 부족한 부분을 채워줬다는 의미일 수도 있다. 세상이 크리스의 기대를 저버린 상황에서 부프레노르핀이 그가 취할 수 있는 가장 좋은 방법이었을지도 모른다.

문제는 크리스의 뇌에 있을 수도 있고 세상에 있을 수도 있다. 아니면 장기적인 약물 사용에 있을 수도 있고 그가 태생적으로 갖고 있던 문제에 있을 수도 있다. 정답이 뭐든 간에 저울의 쾌락 쪽을 누르기 위해 약물을 사용하는 데엔 몇 가지 우려되는 부분이 있다.

첫째, 쾌락 쪽을 누르는 모든 약물은 중독의 가능성을 갖고 있다.

앞에서 소개한 처방 각성제에 빠진 데이비드의 사례는 의사로부터 질환을 진단받아 각성제를 받는다고 해서 의존과 중독 문제에 면역성이 생기지 않는다는 사실을 보여준다. 처방 각성제는 길거리에 돌아다니는 메스암페타민(아이스, 스피드, 크리스티나, 노도즈, 스쿠비 스낵스)의 분자형 물질이라고 보면 된다. 이 물질은 뇌의 보상 경로에 도파민을 급증시킨다. 그리고 애더럴에 대한 식약청의 경고문을 직접 인용하자면 "남용의 가능성이 높다."

둘째, 약물들이 실제로는 응당 작용해야 하는 방식으로 작용하지 않거나, 길게 봤을 때 정신 질환을 악화시킨다면? 부프레노르핀이 크리스에게는 제대로 작용했다고 해도, 향정신성 약물이라는 큰 범주의 효과는 (특히 장기 복용할 때는) 주의해야 한다.[3]

부유한 국가 네 곳(호주, 캐나다, 영국, 미국)의 경우 항우울제(프로작), 항불안제(재낵스), 최면제(암비엔) 같은 정신 질환 치료제에 대한 재정적 지원이 실질적으로 늘었지만,[4] 감정과 불안 관련 증상의 유병률은 줄지 않았다(1990~2015년). 이런 상황이라면 정신 질환과 관련이 있는 가난, 트라우마 같은 위험 요소를 억제하고 조현병 같은 중증 정신 질환을 연구한다고 해도 결과는 달라지지 않을 것이다.

불안과 불면증을 앓는 환자가 벤조디아제핀(재낵스, 클로노핀)과 다른 진정제-최면제를 한 달 이상 매일 복용하면 더 심각한 불안과 불면증을 겪게 된다. 고통 때문에 오피오이드를 한 달 이상 매일 복용하는 환자들은 오피오이드 중독뿐 아니라 고통을 악화시킬 위험도 크다. 앞서 언급한 대로 이 과정은 **오피오이드 유발성 통각과민증**opioid-induced hyperalgesia[5]이라 불리는데, 오피오이드를 반복적으로 복용함으로써 고통을 악화시킬 수 있다.

주의력결핍장애에 처방되는 애더럴이나 리탈린 같은 약제는 단기 기억력과 주의력을 향상시킨다. 하지만 장기적·복합적 인지, 학업, 성적 등이 향상되었다는 증거는 없다.

공중 보건 심리학자인 그레첸 르피버 왓슨Gretchen LeFever Watson

과 동료 연구자들이 함께 쓴 「미국 대학 캠퍼스의 ADHD 약물 남용 위기The ADHD Drug Abuse Crisis on American College Campuses」를 보면 이런 얘기가 나온다. "ADHD 약물 치료가 학업적·사회정서적 기능의 저하와 관련 있다[6]는 새롭고 설득력 있는 증거가 있다."

최근 데이터에 따르면, 한때 '습관성'과 거리가 멀다고 여겨졌던 항우울제도 내성과 의존성을 일으켜서 장기간에 걸친 우울증을 야기할 수 있다. 이 현상을 **지발성 불쾌감**tardive dysphoria[7]이라고 한다.

나는 중독 문제와 약물의 효과 여부에 관한 의문을 넘어서서 더 심오한 질문과 씨름해 왔다. 향정신성 약물이 인간성의 본질적인 부분을 없애버리는 것은 아닐까?

1993년, 정신의학 박사 피터 크레이머Peter Kramer는 『프로작에게 듣는다Listening to Prozac』라는 획기적인 책을 출간했다. 이 책에서 그는 항우울제가 사람들을 "보통 좋은 것보다 더 좋게" 만든다[8]고 주장했다. 하지만 크레이머가 틀렸다면? 치료를 위해 처방받은 향정신성 약물이 우리를 보통 좋은 것보다 더 좋게 만드는 게 아니라 보통 좋은 것이 아닌 무언가 다른 존재로 만든다면 어떨까?

수년 동안 만난 다양한 환자의 이야기에 따르면, 향정신성 약물은 고통스러운 감정을 단기적으로 완화하는 것을 넘어서 감정 자체를 제한한다. 비탄과 경외심 같은 강렬한 감정을 특히 무디게 한다.

어떤 환자는 항우울제 덕분에 조울증의 고통에서 해방됐다고 기뻐했지만 한편으론 자신이 올림픽 광고를 보고도 더 이상 울지 않게 됐다고 말했다. 그리고 그 이야기를 하면서 웃음을 보였다. 그녀는 우울과 불안에서 벗어나기 위해 성격 중 감성적인 부분을 기꺼이 희생하고 있었다. 하지만 어머니의 장례식에서도 울 수 없자 나를 다시 찾아왔다. 내 처방에 따라 그녀는 항우울제를 끊었고, 얼마 지나지 않아 더 많은 우울과 불안을 비롯해 상대적으로 더 넓은 폭의 감정을 받아들이게 됐다. 그녀는 바닥에 가까운 감정도 인간다움을 느끼게 하기에 가치가 있다고 말했다.

내가 담당한 또 다른 환자는 만성 통증 때문에 옥시콘틴을 10년 넘게 다량 복용해 왔다. 상담을 통해 양을 점점 줄여나갔는데 어느 날 남편과 함께 나를 찾아왔다. 내가 그녀의 남편을 본 건 이때가 처음이었다. "내 아내는 옥시콘틴을 먹으면," 남편이 말했다. "음악을 안 들었어요. 그 약을 끊은 지금은 다시 음악을 즐깁니다. 저로서는 제가 결혼했던 바로 그 사람을 되찾은 기분이에요."

나 역시 향정신성 약물에 관한 경험이 있다. 지금부터 그 이야기를 하겠다.

## 나는 우울증을 가진 정신과 의사다

어렸을 때부터 가만히 있질 못하고 짜증을 잘 냈던 나는 엄마에겐 키우기 힘든 아이였다. 엄마는 내 기분을 누그러뜨리느라 애를 먹었고, 그 과정에서 자신이 부모로서 적합하지 않다고 느꼈다. 내가 이해한 유년 시절은 적어도 그랬다. 엄마는 순하고 말 잘 듣는 아들(내 오빠)을 더 좋아했다. 엄마도 인정한 사실이다. 나도 엄마보다 오빠가 더 좋았다. 엄마가 좌절한 나머지 두 손을 다 들었을 땐 실질적으로 오빠가 나를 키웠다.

20대 때 나는 만성적으로 낮은 수준의 자극 감수성과 불안감을 보여 '비전형적 우울증atypical depression'이라는 진단을 받았다. 그때부터 프로작에 기대기 시작했다. 그러자 기분이 나아졌다. 무엇보다 프로작은 내 머릿속을 가득 채우던 거대한 질문을 멈추게 했다. '우리의 목표는 뭘까? 우리에겐 자유 의지가 있을까? 우리는 왜 고통받을까? 신은 존재할까?'

생전 처음으로 엄마와도 잘 지낼 수 있었다. 엄마는 나와 함께하는 시간의 즐거움을 깨달았고, 나는 더 즐거운 시간을 만끽했다. 난 그녀와 잘 맞았다.

하지만 몇 년 후에 아이를 가져보려고 프로작을 끊었더니 옛날의 나로 돌아갔다. 짜증을 잘 내고, 의심을 일삼았으며, 가만히 있질 못했다. 엄마와의 사이는 다시 나빠졌다. 둘이 한 공간에 같이 있으면 분위기가 살벌해졌다.

몇십 년이 지난 지금, 우리의 관계는 아주 조금 나아졌다. 우린 적어도 소통할 땐 최선을 다한다. 내가 엄마를 사랑하고 그녀도 그렇다는 사실을 알기 때문에, 이건 슬픈 현실이다.

하지만 난 프로작을 끊은 걸 후회하지 않는다. 프로작을 끊었을 때 나의 성격은 엄마한테는 잘 맞지 않았지만 내가 안 그랬으면 절대 하지 않았을 일들을 할 수 있게 됐다.

지금의 나는 다소 불안하고 살짝 의기소침한 회의론자로 지내는 데 적응했다. 나는 마찰이나 도전, 아니면 일할 거리나 싸워서 이겨낼 거리가 필요한 사람이다. 난 세상에 맞추려고 나 자신을 깎아내리지 않을 것이다. 그래야 할 사람이 누가 있을까?

우리는 약물에 기대어 세상에 적응할 때 과연 어떤 세상에 만족하는 걸까? 고통과 정신 질환을 치료한다는 핑계로 참기 힘든 상황에 대해 생화학적으로 무감각한 인구를 양산해내고 있는 건 아닐까? 설상가상으로 향정신성 약물은 가난하고 직업이 없으며 선거권을 박탈당한 사람들을 사회적으로 통제하기 위한 수단이 되고 있다.

정신 치료제는 가난한 아이들을 비롯한 빈곤층에게 상대적으로 더 자주 다량으로 처방되고 있다. 미국 질병관리본부의 보건통계센터에서 진행한 2011년 국민건강인터뷰조사National Health Interview Survey 자료에 따르면, 미국의 6~17세 어린이 가운데 7.5퍼센트[9]가 "감정적·행동적 문제"로 약을 처방받았다. 가난한 아이들이 가난하지 않은 아이들보다 향정신성 약물을 복용할 가능성이 더 컸다(9.2퍼센트 대 6.6퍼센트). 남자아이들은 여자아이들보다, 비非히스패닉계 백인들은 유색인들보다 복용 가능성이 더 컸다.

조지아주의 메디케이드Medicaid* 데이터를 기반으로 나머지 지역의 실태를 추정해 보면, 무려 1만 명에 달하는 유아들[10]이 리탈린 같은 정신 자극 약물을 처방받고 있다.

## 약물 처방의 그림자

이러한 현상은 미국에만 국한된 게 아니다. 스웨덴에서 전국 단위로 벌어진 한 연구는 "지역 결핍neighborhood deprivation"이라는 지수(교육, 수입, 실업, 복지 지원에 관한 지수)에 근거해 다양한 정신 치료제의 처방률을 분석했다. 그 결과 지역의 사회경제적 지위가 낮을수록 정신 치료제의 처방 횟수가 늘었다. 연구의 결론은 이렇다. "이러한 결과들은 지역 결핍이 정신 치료제 처방과 관련이 있음[11]을 보여준다."

오피오이드 역시 빈곤층에게 불균형적으로 처방되고 있다.

미국 보건복지부는 이렇게 밝혔다. "가난, 실업률, 고용률은 처방 오피오이드의 횡행과 약물 사용 조치와 높은 연관성이 있다. 평균적으로 경제적 전망이 상대적으로 어두운 군 단위 지역[12]은 오피오이드 처방률, 오피오이드 관련 입원율, 약물 과용으로 인

* 미국의 국민 의료 보험 제도. 수입이 제한된 사람들을 돕기 위해 연방과 주 단위로 진행되는 프로그램이다.

한 사망률이 높다."

메디케이드는 극빈층과 최고 취약 계층을 대상으로 연방 차원에서 자금을 지원하는 건강 보험 제도인데, 메디케이드 지원을 받는 미국인들이 오피오이드를 진통제로 처방받는 비율은 메디케이드와 무관한 환자들의 경우보다 두 배 더 높다. 또한 메디케이드 지원을 받는 환자들이 오피오이드 남용으로 사망할 확률[13]은 메디케이드와 무관한 환자들의 경우보다 3~6배 더 높다.

건강에 대한 심리사회적 결정 요인이 동일하게 주어지지 않으면, 내가 크리스의 오피오이드 중독에 처방한 부프레노르핀 유지 치료buprenorphine maintenance treatment, BMT와 같은 약물 치료도 '임상적 포기clinical abandonment' 형태가 될지 모른다.

알렉샌드리아 해처Alexandrea Hatcher와 그의 동료들은 『약물 사용과 오용Substance Use and Misuse』이라는 학술지에 이렇게 기술했다. "인종·계급적 특권이 없는 환자들의 기본적 욕구에 주목하지 않으면, 약물 치료만으로서의 BMT는 해결책이 아니라[14] 기관의 방치와 구조적 폭력의 형태가 된다."

---

조스 웨던Joss Whedon 감독의 공상과학 영화 《세레니티Serenity》는 국가 지도자들이 대규모 실험을 진행하는 미래 세계를 그린다. 지도자들은 평화와 조화의 문명을 이루려는 희망으로 행성

전체의 인구에게 탐욕, 슬픔, 불안, 분노, 절망에 대한 예방 주사를 놓는다.

영화의 주인공인 맬은 범죄자 신분의 비행사이자 우주선 세레니티의 선장이다. 그는 자신의 선원들과 함께 문제의 그 행성을 탐험한다. 그들이 발견한 것은 지상 낙원이 아니라 사인을 정확히 알 수 없는 시체들이다. 행성 인구 전체가 침대에 누워 있거나, 침상에서 쉬고 있거나, 책상 위에 쓰러진 자세로 평온하게 죽어 있었다. 맬과 선원들이 찾아낸 이유는 이랬다. 그 사람들은 유전적 변이로 인해 아무것도 갈구하지 않게 됐고 아무런 욕구 없이 앉아서 누워서 죽어갔다. 도파민이 격감한 쥐들이 힘들게 몇 발짝 가서 음식을 구하는 대신 굶어 죽듯이.

오해는 없길 바란다. 약물 치료는 구명 도구가 될 수 있고, 나 또한 약물을 환자 치료에 활용할 수 있어서 감사하다. 하지만 인간의 온갖 고통을 약물로 없애려면 댓가를 치러야 한다.

앞으로 함께 보겠지만 더 효과적인 대안이 있다. 바로 고통 받아들이기다.

3부

# 탐닉의 시대에서 균형 찾기

The Pursuit of Pain

7장

# 고통 마주보기

내 맞은편에 마이클이 앉았다. 청바지와 티셔츠 차림의 그는 여유 있어 보였다. 소년처럼 준수한 외모에 그냥 있어도 멋진 자연스러운 매력은 그에겐 선물이기도 했지만 짐이기도 했다.

"저는 관종이에요." 그가 말했다. "제 친구라면 다들 그렇게 말할 거예요."

마이클의 인생은 옛날 옛적 실리콘밸리의 동화 같았다. 대학을 졸업한 후, 부동산 사업으로 큰돈을 벌었다. 서른다섯 살이 됐을 때 이미 엄청나게 부유했고, 누가 봐도 부러울 만큼 잘생긴 외모를 갖췄으며, 사랑하는 여성과 행복한 결혼 생활을 하고 있었다.

하지만 그에겐 머지않아 자신이 일하면서 목표한 모든 것을 무너뜨리기 시작한 또 다른 삶이 있었다.

"저는 항상 에너지남男이었어요. 저한테 활력을 줄 만한 건 뭐든 찾아다녔죠. 코카인이 그랬고, 술도 저한테 그런 도구였어요. 처음 손을 댔을 때부터 저한테 엄청난 황홀감과 큰 에너지를 줬죠. 저는 제 자신이 코카인을 재미로 하면서 문제를 일으키지 않을 수 있는 그런 사람이라고 생각했어요. 그땐 정말 그렇게 믿었죠." 그는 말을 잠시 멈추고 미소 지었다. "제대로 알았어야 했는데. 아내가 우리의 결혼을 지킬 수 있는 유일한 방법이 저의 중독을 막는 일이라고 말했을 때 저는 망설이지 않았어요. 그녀를 원했거든요. 결혼을 지키고 싶었어요. 회복만이 유일한 길이었죠."

마이클에게 약물을 끊는 일은 어렵지 않았다. 그다음에 할 일을 고민하는 게 더 어려웠다. 약물을 끊은 후, 그는 한동안 약물로 감추고 있던 온갖 부정적인 감정에 휩쓸렸다. 슬프고, 화나고, 수치스러운 느낌이 들지 않을 땐 아무런 느낌이 없었는데, 이게 더 나빴을 수도 있다. 그러다가 그는 자신에게 희망을 주는 무언가를 우연히 발견했다.

"처음에 그 일은," 그가 내게 말했다. "우연이었어요. 아침에 일어나서 테니스 레슨을 받곤 했는데 … 약을 끊은 초기에 주의를 딴 데로 돌리려고 쓴 방법이었죠. 하지만 테니스를 치고 샤워를 한 지 한 시간이 지나도 땀을 계속 흘렸어요. 이 이야기를 테니스 코치한테 했더니, 찬물로 샤워를 해보라는 거예요. 찬물 샤워는 조금 고통스럽긴 했지만 이내 몸이 적응했어요. 그렇게 샤워하고 나오면 기분이 엄청 좋았죠. 맛이 기막힌 커피 한 잔을 마신 듯했죠.

찬물 샤워 후에는 기분이 더 좋아진다는 걸 알게 됐죠. 그래서 온라인에서 찬물 요법을 검색했고, 얼음 목욕을 하는 사람들의 커뮤니티를 찾아냈습니다. 좀 미친 것 같았지만 저는 간절했어요. 그 사람들의 안내에 따라 욕조에 찬물을 채우고 그 안에 몸을 담그는 수준까지 갔죠. 그랬더니 훨씬 더 좋아서 강도를 높였어요. 욕조 물에 얼음을 더해서 온도를 훨씬 더 낮췄죠. 그렇게 하니까 온도가 10도까지 내려갔어요. 아침마다 얼음물에 5분에서 10분 정도 들어가 있다 나오고, 자기 전에 그걸 또 하는 습관이 생겼어요. 3년 동안 매일 그렇게 했죠. 제가 회복한 비결이었어요."

"찬물에 몸을 담그면," 내가 물었다. "어떤 기분이 들어요?" 난 찬물이 질색이다. 그리고 그 정도의 온도에서는 몇 초도 견딜 수 없었다.

"처음 5초에서 10초 동안엔 온몸이 비명을 지르죠. '그만해, 이건 자살 행위야.' 그 정도로 고통스러워요."

"상상이 가요."

"그래도 시간이 정해져 있는 거라고 속으로 생각해요. 그만한 가치가 있죠. 처음 그렇게 충격을 받고 나면 피부가 무감각해져요. 그러고 있다가 나온 직후엔 기분이 정말 끝내줘요. 약을 했을 때와 똑같아요. 엑스터시나 재미로 비코딘을 했을 때의 느낌처럼 말이죠. 몇 시간 동안 기분이 참 좋아요."

## 찬물 목욕은 왜 짜릿할까

인류는 오랫동안 찬물 목욕을 당연한 것으로 여겼다. 천연 온천 근처에서 사는 사람들만 규칙적으로 온욕을 즐길 수 있었다. 고대 그리스인들은 공중 목욕을 위한 방편으로 난방 시스템을 개발했지만 다양한 질병을 치료하려는 방편으로 찬물 사용을 고집했다. 1920년대, 빈센츠 프리스니츠Vincenz Priessnitz라는 한 독일인 농부는 각종 신체적·심리적 장애를 치료하기 위한 방편으로 아주 차가운 물을 사용할 것을 권장했다. 심지어 자신의 집을 얼음물 치료를 위한 요양원으로 바꾸기까지 했다.

현대식 배관과 난방이 등장한 이래로 뜨거운 물로 하는 목욕과 샤워는 상식이 되었다. 하지만 얼음물 입욕은 최근에 다시 인기를 얻고 있다.

지구성持久性 운동선수들은 얼음물 입욕이 근육을 빠르게 회복시킨다고 주장한다. 새롭게 인기를 얻고 있는 '스코틀랜드식 샤워'는 최소 1분간의 찬물 샤워를 뜻한다. 이언 플레밍Ian Fleming의 007 소설 시리즈에서 제임스 본드가 했다고 해서 '제임스 본드 샤워'라고도 불린다.

네덜란드인 빔 호프Wim Hof 같은 얼음물 입욕 전문가들은 빙점에 가까운 온도의 물에 들어가서 몇 시간 있다가 나오는 능력으로 유명인의 지위를 꿰찼다. 프라하의 카렐대학교 과학자들은 10명의 남자 지원자가 (얼굴은 밖에 내놓고) 한 시간 동안 찬물 속에 잠겨 있는[1] 실험을 진행해 『유럽 응용 생리학 저널European Journal of Applied Physiology』에 게재했다. 실험에 사용된 물의 온도는 섭씨 14도였다. 연구자들이 혈액 샘플을 살펴본 결과, 찬물 입욕은 혈장의 도파민 농도를 250퍼센트, 혈장의 노르에피네프린norepinephrine 농도를 530퍼센트 증가시켰다.

도파민은 찬물 목욕 중에 꾸준히 증가했고, 목욕을 끝낸 후에도 한 시간 동안 증가 상태를 유지했다. 노르에피네프린은 처음 30분 동안 가파르게 증가한 다음 나머지 30분 동안 정체 상태를 유지했는데, 목욕이 끝난 한 시간 동안 약 3분의 1로 줄었지만 두 시간이 지나서도 기준치를 넘어선 상태를 유지했다. 도파민과 노르에피네프린의 수치는 고통 자극 자체를 잊어먹을 만큼 잘 유지되었다. 이는 마이클이 "나온 직후엔 … 몇 시간 동안 기분이 참 좋아요"라고 한 발언을 뒷받침한다.

찬물 입욕이 인간과 동물의 뇌에 미치는 영향을 살펴본 다른 연구들에서도 모노아민monoamine 신경전달물질의 증가를 확인할 수 있다. 모노아민 역시 쾌락, 동기 부여, 기분, 식욕, 수면, 각성 정도 등을 조절하는 신경전달물질이다.

극한 추위는 신경전달물질의 범위를 넘어서 뉴런의 성장까지 촉진하는 것으로 밝혀졌다. 뉴런이 제한된 상황에만 반응해 미세 조직을 바꾼다고 알려진 만큼, 이는 정말 주목할 만한 발견이다.

크리스티나 G. 폰데어오헤Christina G. von der Ohe와 그녀의 동료들은 동면하는 들다람쥐의 뇌[2]를 연구했다. 동면 기간에 들다람쥐의 심부와 뇌의 온도는 섭씨 0.5~3도까지 떨어진다. 이 때 쥐의 뉴런은 가지(가지돌기)가 거의 없고 잎(미세 가지돌기)도 훨씬 더 적은 가늘고 긴 나무처럼 보인다.

하지만 몸이 따뜻해지면, 뉴런은 봄이 한창일 때의 낙엽수림 형태로 아주 빠르게 재생한다. 이러한 재생 속도와 성장은 배아의 발달 과정에서만 보이는 뉴런의 가소성 못지않다.

연구에 참여한 저자들은 이렇게 결론 내렸다. "우리가 동면하는 동물의 뇌에서 입증한 구조적 변화는 자연에서 발견한 가장 극적인 현상 중 하나다. … 붉은털원숭이의 발달 중인 배아 해마에서는 가지돌기가 매일 114마이크로미터까지 늘어날 수 있는데, 동면하는 성인 동물은 겨우 2시간 안에 같은 변화를 보인다."

---

얼음물 입욕의 이점을 우연히 발견한 마이클의 사례는 저울의 고통 쪽을 누르는 게 어떻게 반대쪽의 결과를 이끌어내는지를 보여준다. 쾌락 쪽을 누르는 것과 다르게, 고통이 야기한 도파민은 간접적이고 어쩌면 더 오래 지속될지도 모른다. 그렇다면 이건 어떻게 작동하는 것일까?

고통은 몸 자체의 조절 항상성 메커니즘을 건드려 쾌락을 이끌어낸다. 위의 그림처럼 그렘린들이 저울의 쾌락 쪽에서 깡충깡충 뛸 때 초기 통증 자극이 나타난다.

우리가 느끼는 쾌락은 고통에 대한 우리 몸의 자연스럽고 반사적인 생리 반응이다. 마르틴 루터Martin Luther*가 절식과 자학으로 육체의 고행을 자처한 일은 아무리 종교적인 이유라고 해도 그에게 약간 쾌감을 선물했을 지 모른다.

고통에 간헐적으로 노출되면 본연의 쾌락 설정값은 쾌락 쪽에 무게가 더 실린다. 그렇게 되면 인간은 시간이 갈수록 고통에 덜 취약해지고, 쾌락은 더 잘 느낄 수 있게 된다.

1960년대 말, 과학자들은 개를 대상으로 일련의 실험[3]을 진행했다. 이 실험은 워낙 잔인해서 지금 같으면 허용이 안 됐겠지만,

---

* 로마 가톨릭교회의 부패에 맞섰던 독일의 종교 개혁자(1483~1546).

뇌의 항상성(혹은 균형 맞추기)에 대한 중요한 정보를 제공한 건 사실이다.

연구자들은 개의 뒷발에 전류가 통하게 하고 관찰에 들어갔다. "개는 처음 몇 번 충격을 받으면서 공포에 질린듯했다. 비명을 지르며 몸부림쳤고, 동공은 팽창했고, 눈은 튀어나왔고, 털은 곤두섰고, 두 귀는 뒤로 젖혀졌고, 꼬리는 다리 사이로 꼬여 들어갔다. 자율신경계의 격렬한 활성을 가리키는 여러가지 징후와 더불어 배변과 배뇨까지 관찰되었다."

첫 번째 충격이 가해진 후 목줄에서 풀려난 개는 "방 안을 천천히 돌아다녔는데, 조심스럽고 망설이며 쌀쌀맞아 보였다." 첫 번째 충격이 가해지는 동안, 개의 심박수는 분당 150까지 올라갔다. 그리고 충격이 끝났을 때, 개의 심박수는 1분 이내에 30까지 내려갔다.

다시 전기 충격을 가하자 "개의 행동은 점점 변했다. 충격을 받는 동안 두려움의 징후는 사라졌다. 대신에 개는 아프고 짜증나고 불안해 보였지만 겁을 먹은 것 같진 않았다. 예를 들어 비명을 지르는 대신 낑낑댔고 배뇨, 배변, 몸부림 증상은 더 이상 보이지 않았다. 개는 실험이 끝나고 풀려나자 미친 듯이 날뛰었고, 사람들에게 달려들었으며, 꼬리를 흔들었다. 당시 우리는 이것을 '발작적 기쁨'이라고 표현했다."

실험이 계속 될수록 전기 충격에도 개의 심박수는 휴식 기준치보다 살짝만 올랐고, 그 후 몇 초 동안만 상승했다. 충격이 끝

난 후, 심박수는 휴식 기준치 아래인 분당 60까지 확 떨어졌다. 이후 심박수가 휴식 기준치로 돌아가기까지는 딱 5분이 걸렸다.

고통 자극이 반복적으로 주어지자, 개의 기분과 심박수는 거기에 맞춰 적응했다. 초기 반응(고통)은 더 짧고 약해졌다. 사후 반응(쾌락)은 더 길고 강해졌다. 과잉 각성으로 변한 고통은 '발작적 기쁨'으로 변했다. 투쟁 도피 반응fight-or-flight reaction과 마찬가지로 상승한 심박수는 상승 정도가 뚝 떨어진 다음 기나긴 서맥徐脈, bradycardia 상태로 이어진다. 즉 깊은 휴식 상태에서 나타나는 느려진 심장 박동을 보이는 것이다.

고문을 받은 동물들에게 동정심을 느끼지 않고 이 실험 내용을 읽기란 불가능하다. 하지만 '발작적 기쁨'은 뭔가 아슬아슬한 가능성을 시사한다. 혹시 우리가 저울의 고통 쪽을 누르면 더 오래 지속되는 쾌락의 원천을 얻어낼 수 있을까?

이런 생각은 예전에도 있었다. 고대 철학자들은 비슷한 현상을 관찰했다. (플라톤이 「소크라테스가 죽음을 두려워하지 않는 이유Socrates' Reasons for Not Fearing Death」에 남긴 기록에 따르면) 소크라테스는 2천여

년 전에 고통과 쾌락의 관계를 곰곰이 생각했다.

사람들이 쾌락이라 부르는 이건[4] 어쩜 이렇게 이상해 보이는지! 그와 반대로 여겨지는 고통과는 정말 묘하게 연결되어 있지 않은가! 그 두 가지는 절대로 한 사람 안에서 동시에 발견되진 않을 것이다. 그러나 그대가 그중 하나를 얻는다면, 둘 다 같은 머리에 하나로 붙어 있었던 것처럼 나머지 하나를 얻을 가능성도 크다. … 어디서든 하나를 찾으면 다른 하나는 뒤따르기 마련. 그래서 나 같은 경우엔 족쇄 때문에 다리에 고통이 생기다 보니 쾌락이 뒤따라온 듯하다.

심장병 전문의 헬렌 타우시그Helen Taussig는 1969년 『아메리칸 사이언티스트American Scientist』 지에 기사를 실었는데, 여기서 벼락을 맞고도 살아남은 사람들의 경험담을 소개했다. "내 이웃의 아들은 골프장에서 돌아오는 길에 벼락을 맞았다.[5] 그 순간 그는 땅바닥에 내동댕이쳐졌다. 반바지는 너덜너덜해졌고, 허벅지엔 화상을 입었다. 그의 동료가 그를 일으켜 앉히자, 그는 '난 죽었어, 난 죽었어' 하며 소리를 질렀다. 두 다리는 감각이 없어지고 새파래졌으며, 움직일 수 없었다. 가장 가까운 병원으로 옮겨졌을 때, 그는 쾌감에 빠져 있었다. 맥박은 아주 느려져 있었다." 이 이야기는 개의 느려진 맥박과 더불어 '발작적 기쁨'을 연상시킨다.

누구나 한번쯤은 고통이 쾌락으로 바뀐 경험이 있을 것이다.

소크라테스와 마찬가지로 한동안 아팠다가 기분이 나아진 걸 느꼈거나, 운동 후 러너스 하이를 느꼈거나, 무서운 영화를 보고 설명할 수 없는 카타르시스를 느꼈을 수 있다. 고통이 우리가 쾌락에 지불하는 대가인 것처럼, 쾌락 역시 우리가 고통을 통해 얻는 보상이다.

### 호르메시스의 과학

호르메시스는 추위, 열기, 중력 변화, 방사선, 음식 제한, 운동 등 해롭거나 고통스러운 자극이 조금 혹은 적당하게 주어졌을 때의 긍정적인 효과를 연구하는 과학의 한 분야다. 호르메시스Hormesis는 실행하다, 압박하다, 강권하다 라는 뜻을 가진 고대 그리스어 hormáin에서 유래했다.

미국의 독물학자이자 호르메시스 분야의 선도자인 에드워드 J. 캘러브리즈Edward J. Calabrese는 이 현상을 "주변 환경이나 자신이 야기한 저항[6]을 누그러뜨리는 생체 시스템의 적응적 반응으로서, 이를 통해 생체 시스템은 더 심한 저항에 대한 기능성 그리고/혹은 내성을 향상시킨다"고 설명한다.

벌레들은 그들에게 익숙한 섭씨 20도를 넘어서는 온도(2시간 동안 섭씨 35도)에 노출되었을 때[7] 25퍼센트 더 오래 살았다. 그리고 노출되지 않은 벌레들과 비교했을 때, 이후에 이어진 높은 온도에서 살아남을 가능성이 25퍼센트 더 높았다. 하지만 너무 강한 열기는 좋지 않았다. 2시간이 아닌 4시간 동안 열기에 노출되었을 경우, 수명이 4분의 1로 줄었다.

2~4주간 원심분리기에 돌려진 초파리들[8]은 그렇지 않은 초파리들에 비해 더 오래 살았을 뿐 아니라 나이가 들어서도 더 날렵했다. 그래서 일반적인 초파리에 비해 더 높이, 더 오래 날 수 있었다. 하지만 그보다 더 오래 원심분리기에 돌려진 초파리들은 제대로 자라지 못했다.

1945년 일본 핵 투하 당시, 피해 지역 바깥에서 지내던 일본인 중 방사선에 소량 피폭된 이들은 방사선 피폭이 없었던 이들에 비해 수명이 아주 조금 더 길고 암 발병률도 더 낮았다. 반면 폭발 바로 인근에서 있었던 이들 가운데 약 20만 명은 그 자리에서 숨졌다.

호르메시스 과학의 관점에서 보자면, "DNA 손상 복구를 위한 저선량 자극, 유도 아포토시스(세포 자연사)를 통한 이상 세포 제거, 유도 항암 면역[9]을 통한 암세포 제거 등"은 방사선 호르메시스의 유익한 효과라고 할 수 있다.

주류 의학계에서 호르메시스 관점의 연구는 여전히 논란의 대상[10]이다. 명망 높은 학술지 『랜싯Lancet』에 이들의 주장을 정면으로 반박하는 논문이 실리기도 했다.

그러나 설치류와 원숭이를 대상으로 한 실험에서 간헐적 단식과 칼로리 제한은 혈압을 줄이고 심박 변이를 높였을 뿐 아니라 수명을 늘리고[11] 노화와 질병에 대한 저항력까지 높인 것으로 관찰됐다.

대중적으로 간헐적 단식은 체중을 줄이고 삶의 질을 높이는 방법으로서 인기를 모으고 있다. 단식의 종류로는 격일 단식, 1주당 1일 단식, 기상 후 8시간 단식, 1일 1식 단식, 16 대 8 단식(매일 16시간 동안 단식하고 나머지 8시간의 기회 안에 모든 식사하기) 등이 있다.

미국의 토크쇼 진행자 지미 키멜Jimmy Kimmel은 간헐적 단식의 추종자다. "저는 최근 몇 년 동안 한 주에 이틀 굶기[12]를 꾸준히 하고 있습니다. … 월요일과 목요일에 하루 500칼로리 미만으로 먹고, 다른 5일 동안 돼지처럼 먹는 거죠. 이는 몸을 '놀래고' 계속 집중하게 합니다."

얼마 전까지만 해도 이런 단식 행위는 '식이 장애'를 일으킨다고 비난받았을 것이다. 너무 적은 양의 칼로리가 유해하다는 데는 분명한 이유가 있기 때문이다. 하지만 현재 이런 단식은 일부 사람들에게 평범하고 건강하기까지 한 치료법으로 받아들여지고 있다.

---

그렇다면 운동은 어떨까?

운동은 세포에 유독한 영향을 미쳐서 체온 상승, 유해 산화제 생성, 산소 및 포도당 부족을 일으킨다. 하지만 운동이 건강을 좋게 만든다는 증거는 차고 넘친다. 운동 부족이 건강에 치명적이라는 증거는 반박 불가하다.

운동은 도파민, 세로토닌, 노르에피네프린, 에피네프린, 엔도카나비노이드, 내인성 오피오이드 펩티드(엔돌핀) 등 긍정적인 기분 조절과 관련된 다수의 신경전달 물질을 증가시킨다.[13] 또한 새로운 뉴런을 만들고 신경아교세포를 유지하는 역할도 한다. 더 나아가 약물에 중독될 가능성을 낮추기까지 한다.

6주 동안 쳇바퀴를 돌린 쥐들에게 코카인을 주었더니, 쳇바퀴를 돌지 않은 쥐들에 비해 코카인 사용을 자율적으로 조절했고 코카인 사용 빈도가 줄었다. 이는 헤로인, 메스암페타민, 알코올을 가지고 진행한 실험에서도 동일하게 관찰됐다. 동물에게 강제적으로 운동을 시키자, 자발적인 약물 사용 빈도는 더 줄어들었다.

인간의 경우 중학교, 고등학교, 성인 초기에 하게 되는 고도의 신체 활동이 상대적으로 약물 의존도를 낮추는 것으로 보고됐다. 운동은 약물에 중독된 이들이 의존을 멈추거나 줄이는 데도 도움을 준다.

도파민이 운동 회로에 미치는 중요성은 조사가 이루어진 모든 동물 실험에서 보고되고 있다. 가장 단순한 실험동물 중 하나인 예쁜꼬마선충은 그 지역의 영양물이 풍부함을 알려주는 환경적 자극에 반응해 도파민을 분비한다. 연구를 종합해보면 도파민은 '저걸 원해'라는 동기 부여 신호를 주어 신체를 움직이게 만드는 역할[14]을 한다.

그런데 오늘날은 도파민에 쉽게 접근할 수 있기 때문에 굳이 몸을 움직일 필요가 없어졌다. 조사 보고서에 따르면, 오늘날 전형적인 미국인은 깨어 있는 시간의 절반을 앉아서[15] 보내는데, 이는 50년에 비해 50퍼센트 증가한 수치다. 세계의 다른 부유 국가들도 이와 비슷하다. 우리가 공급량이 제한적인 식량을 두고 경쟁하기 위해 매일 10킬로미터를 횡단[16]하도록 진화되었음을 고려하면, 현재 우리가 영위하고 있는 좌식 생활 습관의 역효과는 굉장히 충격적이다.

난 뭔가에 중독되고자 하는 현대인의 기호에 대해 가끔 궁금해지는 부분이 있다. 우리가 중독에 빠지는 이유는 혹시 신체가 살아 있음을 느끼기 위해서는 아닐까 하고 말이다. 가장 인기 있는 비디오 게임은 주로 뛰고, 점프하고, 기어오르고, 총을 쏘고, 날아다니는 아바타가 주인공이다. 스마트폰은 우리가 페이지를 스크롤하고 화면을 가볍게 탭 하게 만드는데, 우리가 수 세기에 걸쳐서 밀을 갈고 열매를 따면서 얻었을 반복 동작에 대한 아주 오래된 습관을 현명하게 적용한 결과물이다. 우리가 최근에 섹스에 집착하는 이유는 그것이 널리 실천되고 있는 최후의 신체 활동이기 때문일지 모른다.

웰빙을 위해선 침상에서 벗어나 가상의 몸이 아닌 진짜 몸을 움직여야 한다. 내가 내 환자들에게 늘 얘기하지만, 하루에 30분 동네를 걷는 것만으로도 차이를 만들 수 있다. 여기에는 의학적으로 반론의 여지가 없다. 즉, 운동은 내가 처방할 수 있는 그 어떤 알약보다 기분, 불안, 인지, 활기, 수면에 더 깊고 일관성 있는 긍정적인 효과를 낳는다.[17]

---

하지만 고통 추구는 쾌락 추구보다 어렵다. 고통을 피하고 쾌락을 좇는 것은 인간의 천성이다. 우리는 고통 후에 쾌락이 온다는 것을 배워도 이를 아주 쉽게 잊는다. 나는 억지로 침대에서 빠져나와 운동하러 가는 아침마다 고통의 교훈을 되새기려한다(고통 끝에 쾌락이 온다!). 하지만 이것은 매일의 도전이지 결코 기쁨은 못된다.

쾌락 대신 고통을 좇는 것은 반문화적인 행동이기도 하다. 현대 생활의 수많은 측면에 만연해 있는 기분 좋은 메시지에 반하는 일이다. 부처는 고통과 쾌락 사이에 중도를 찾으라고 가르쳤지만, 중도조차 "편익의 횡포"[18] 탓에 퇴색하고 말았다. 따라서 우리는 고통을 찾아내어 삶에 끌어들여야 한다.

### 영웅 요법, 고통을 다스리기 위한 고통

고통을 다스리기 위해 고통을 의도적으로 활용하는 전략은 적어도 히포크라테스 시절부터 있었다. 그는 기원전 400년 자신의 『격언집Aphorisms』에 이렇게 적었다. "두 가지 고통이 신체의 다른 부위에서 동시에 일어나면,[19] 상대적으로 강한 고통이 다른 고통을 약화시킨다."

고통스러운 질병 상태를 다스리기 위해 고통스럽거나 해로운 자극을 사용한 예는 치료의 역사에 수없이 많다. 부항, 수포, 소작술, 뜸질 등의 '영웅 요법heroic therapies'이라 불리는 고통스러운 치료법은 20세기 전에 널리 활용되었다. 영웅 요법의 인기는 의료 종사자들이 약물 요법을 발견한 20세기에 들어서면서 떨어지기 시작했다.

약리 치료의 출현으로 고통으로 고통을 다스리는 방법은 일종의 돌팔이 수법으로 폄하됐다. 하지만 약리 치료의 한계와 폐해가 최근에 부각되면서, 고통스러운 치료법을 포함한 비약리 치료에 대한 관심이 다시 높아지고 있다.

2011년 한 주요 의학 저널에 실린 논문에서, 독일의 크리스티안 슈프렝어Christian Sprenger와 그의 동료들은 그 옛날 히포크라테스가 생각한 고통에 대해 실증적 증거를 내놨다. 그들은 건강한 20명의 젊은 남성들의 팔과 다리에 열기를 비롯한 고통 자극이 주는 효과를 신경촬영법(실시간 뇌 영상)을 통해 추적했다. 그 결과 처음의 고통 자극으로 인한 고통 경험은 두 번째 고통 자극과 함께[20] 완화되었다.

2001년 중국전통의학연구원 교수 류샹Liu Xiang은 『중국과학회

보Chinese Science Bulletin』에 논문을 게재했다. 여기서 그는 수 세기의 역사를 가진 침술을 재조명하면서 현대 과학의 눈으로 그 원리를 살폈다. 그의 주장에 따르면, 침술의 효험은 침 삽입과 함께 일어나는 고통을 통해서 나타난다. "조직에 상처를 입힐 수 있는 바늘 찌르기[21]는 고통을 불러일으키는 유해 자극인데 … 작은 고통으로 큰 고통을 억제한다."

오피오이드 수용체 차단제인 날트렉손은 최근 만성 통증에 대한 의학적 치료법으로 활용되고 있다. 이 치료법은 신체에서 자체 생성하는 물질(대표적으로 엔돌핀)에서 일어나는 오피오이드의 효과를 인위적으로 차단하면 신체가 거기에 속아서 적응적 대응을 함으로써 오피오이드를 더 많이 만들게 한다는 아이디어에서 비롯됐다.

섬유근육통을 앓는 28명의 여성이 소량의 날트렉손(4.5밀리그램)이 함유된 알약 하나를 12주 동안, 그리고 이어서 설탕 알약(위약)을 4주 동안 매일 복용했다. 섬유근육통은 알려지지 않은 병인으로 인한 만성 통증 상태를 뜻하는데, 그 병인은 통증을 참아내는 개인의 한계점이 선천적으로 낮은 경우와 관련이 있을 것으로 추측된다.

이 연구에는 이중맹검법이 쓰였다. 연구에 참여한 여성들과 건강 관리팀 모두가 참여자들이 어떤 알약을 복용하고 있는지 몰랐다. 각각의 여성은 휴대용 컴퓨터를 지급받아 자신의 통증, 피로 등의 증상을 매일 기록했고, 알약 섭취를 멈춘 후에도 4주 동안 증상 기록을 계속했다.

연구 저자들은 이렇게 보고했다. "참여자들은 위약이 아닌 LDN low-dose naltrexone(소량의 날트렉손)을 복용하는 동안 통증 점수가 훨씬 더 많이 감소[22]하는 경험을 했다. 또한 그들은 LDN을 복용하는 동안 일반적인 생활 만족도가 높아지고 기분도 더 좋아졌다고 밝혔다."

---

전기 충격을 뇌에 적용해 정신 질환을 다스리는 방법은 20세기 초부터 활용되었다. 1938년 4월, 우고 세를레티Ugo Cerletti와 루치노 비니Lucino Bini는 세계 최초로 ECT electroconvulsive shock therapy(전기경련충격치료요법)를 치료법으로 썼는데, 그 대상이 된 40대 환자의 증상을 이렇게 설명했다.

"그는 이상한 신조어를 활용한 이해할 수 없는 횡설수설[23]만으로 자신을 표현했다. 승차권 없이 기차를 타고 밀라노에서 온 탓에 그의 신분을 확인할 방법이 없었다."

세를레티와 비니가 그의 뇌에 처음으로 전기를 흘려보냈을 때 "환자의 모든 근육이 아주 짧게 긴장하면서 침대에서 갑자기 튀어오르는 모습"이 관찰되었다. "그러더니 그는 의식을 유지한 상태에서 바로 침대 위로 쓰러졌다. 곧 목청껏 노래를 부르기 시작했고, 그러고 나서는 조용해졌다. 우리가 개들에게 실험했던 경험에서 미루어봤을 때, 전압을 너무 낮게 줬던 게 분명했다."

세를레티와 비니는 이어서 더 높은 전압으로 충격을 줘야 할지를 두고 논의했다. 그들이 이야기를 나누는 사이에 환자는 "다신 안 돼! 나 죽어!" 하고 소리쳤다. 그러한 항의에도 그들은 두 번째 충격을 가했다(여기에는 1938년에 기차표나 "확인할 수 있는 신분" 없이 밀라노에 가면 안 되었다는 교훈적인 이야기가 담겨 있다).

'환자'가 두 번째 충격에서 회복하자, 세를레티와 비니는 "그가 스스로 자리에 앉아 마치 자기에게 무엇을 바랐냐고 묻는 듯 희미한 미소를 띠고 주변을 침착하게 둘러보았다"고 밝혔다. "나는 그에게 '당신에게 무슨 일이 생겼나요?' 하고 물었다. 그는 더 이상 횡설수설하지 않고 '모르겠어요. 잠들었던 것 같아요' 하고 대답했다. 그 환자는 ECT 치료를 두 달 동안 13번 더 받았고, 보고에 따르면 완전히 회복한 상태로 퇴원했다."

ECT는 오늘날에도 여전히 의학적으로 쓰이고 있는데 훨씬 더 인도적인 방식으로 사용되고 있다. 먼저 근육 이완제와 신경근 차단제로 고통스러운 근육 위축을 막는다. 그리고 마취제로 환자들이 시술받는 동안 수면 상태에서 의식이 거의 없도록 조치한다. 그래서 오늘날에는 이 치료에서 고통 자체가 매개 요인이라고 말하긴 어렵다.

그럼에도 ECT는 뇌에 호르메시스성 충격을 가해 항상성이 다시 효력을 발휘하도록 광범위한 보상적 반응을 이끌어낸다. "ECT는 뇌의 거시·미시 환경에서 다양한 신경 화학적·생리적 변화를 일으킨다."[24] 유전자 발현, 기능적 연결성, 신경화학물질, 혈액뇌관문의 투과성, 면역 체계 변경을 포함한 다양한 변화는 ECT의 치료 효과에 대한 원인으로 언급되었다.

—

다들 데이비드를 기억할 것이다. 처방 각성제에 중독되어 병원 신세를 졌던 수줍음 많은 컴퓨터광 말이다.

퇴원 후 그는 우리 팀의 유능하고 젊은 치료사로부터 매주 노출 치료를 받기 시작했다. 노출 치료는 환자를 군중 속에 있기, 다리를 가로질러 운전하기, 비행기 타고 가기 등 여러 불편한 상황 속에 의도적 노출하는 방식이다. 이렇게 하면 그 상황에서 벗어나려고 하는 불편한 감정이 생기고, 그럼으로써 그 행위를 견디는 능력이 향상된다. 이를 통해 환자들은 그런 상황을 즐기게 될 수도 있다.

"나를 해하지 않는 것은 나를 더 강하게 만든다." 철학자 프리드리히 니체가 남긴 이 유명한 경구는 심리 치료에서도 참이다. 데이비드의 가장 큰 두려움은 낯선 이들과의 대화였다. 그래서 직장 동료들과 담소 나누기가 그에게 주어진 첫 번째 임무였다.

"저의 치료 과제는," 그가 몇 달 후에 내게 말했다. "회사의 탕비실, 휴게실, 아니면 구내식당에 가서 아무나 붙잡고 얘기하는 것이었습니다. 대본이 있었죠. '안녕하세요, 저는 데이비드라고

합니다. 소프트웨어 개발 쪽 업무를 하고 있습니다. 당신은 어떤 일을 하나요?' 점심 전, 점심시간, 점심 후로 일정을 짰습니다. 그리고 대화 전, 대화 중, 대화 후에 받는 고통을 측정해야 했어요. 1부터 100까지 점수가 있는데, 100이 제가 생각할 수 있는 최악의 고통 수준을 가리켰고요."

현대인은 자신을 걸음걸이, 호흡, 심장 박동 등을 숫자로 표현하는 데 익숙하다. 무언가에 숫자를 부여하는 일이 경험을 익히고 표현하는 방식이 되었다. 숫자로 자기 인식을 하는 방법은 실리콘밸리에서 흔히 볼 수 있는 과학에 밝은 컴퓨터·엔지니어링 쪽 사람들에게 특히 잘 맞는 듯하다.

"대화하기 전에 기분은 어땠어요? 음, 숫자가 몇이었죠?" 내가 물었다.

"대화 전에는 100이었죠. 정말 두려웠어요. 얼굴은 시뻘게지고, 땀도 났죠."

"어떤 일이 생길까 봐 두려웠나요?"

"사람들이 저를 보고 비웃을까 봐 두려웠어요. 아니면 제가 이상해 보인다고 HR팀이나 경비한테 얘기할까 봐 두려웠죠."

"그래서 어떻게 됐나요?"

"제가 일어날까 봐 두려워했던 일들은 전혀 안 일어났어요. HR팀이나 경비한테 연락하는 사람도 없었죠. 저는 불안감을 떨쳐내면서, 그리고 상대방의 시간을 존중하면서 그 순간에 최대한 오래 머물렀어요. 대화는 아마 4분 정도 이어졌을 거예요."

"대화 후에는 숫자가 어떻게 됐죠?"

"40 정도였어요. 불안감이 확 줄었죠. 몇 주 동안 하루에 세 번씩 스케줄에 맞춰서 그렇게 했는데, 시간이 갈수록 점점 더 쉬워졌어요. 그러고 나서 회사 밖의 사람들한테도 도전해봤죠."

"얘기해 주세요."

"스타벅스에서 바리스타랑 일부러 이야기를 나눴어요. 전에는 그랬던 적이 전혀 없었거든요. 대화 자체를 피하려고 늘 앱으로 주문했어요. 하지만 이번에는 바로 카운터로 가서 커피를 주문했죠. 뭔가 바보 같은 말을 하거나 행동을 할까 봐 정말 두려웠어요. 카운터 위에 커피를 조금 흘리기 전까지는 괜찮았어요. 이 얘기를 저의 치료사한테 했더니, 그 사람이 저한테 이번에는 일부러 커피를 흘려보라고 하더라고요. 그래서 그다음에 스타벅스에 갔을 땐 일부러 커피를 흘렸죠. 불안했지만 적응이 됐어요."

"지금 왜 웃는 거죠?"

"지금 저의 인생이 얼마나 달라졌는지 모르실 거예요. 경계심도 줄었고요. 사람들과 대화하는 일을 피하려고 미리 열심히 계획을 짤 필요도 없게 됐어요. 사람으로 가득 찬 열차를 피하려고 다음 열차, 그다음 열차를 기다렸다가 지각하는 일도 없어졌어요. 사람들을 만나는 게 정말 즐거워요."

—

요세미티의 엘캐피탠* 암벽을 로프 없이 등반해 세계적인 명성을 얻은 알렉스 호널드Alex Honnold의 뇌를 찍어보니 편도체 활성화 정도가 평균 수준보다 낮게 나왔다. 우리가 무서운 그림을 볼 때 뇌를 자기공명영상 장치로 찍어보면 빛을 발하는 한 부위가 바로 편도체다.

호널드의 뇌를 살펴본 연구자들은 그가 다른 사람들에 비해 선천적으로 겁이 적다고 추측했다. 그래서 그가 초인적인 등반을 할 수 있다는 가설을 세웠다.

하지만 호널드 본인은 그들의 분석에 동의하지 않았다. "저는 솔로solo 등반을 정말 많이 했어요.[25] 등반 기술 연습도 정말 많이 해서 익숙한 영역이 꽤 넓고요. 그래서 제가 하는 일이 정말 터무니없어 보여도 저한테는 평범한 일입니다."

호널드의 뇌가 보이는 차이에 대해선, '신경 적응을 통해 두려움에 대한 내성이 발달했다'는 설명이 가장 그럴듯하다. 내 추측에 공포 민감도 측면에서 호널드의 뇌는 처음에는 일반인의 뇌와 별 차이가 없었을 것이다. 그러나 수년간 암벽을 오르면서 자신의 뇌를 공포에 반응하지 않도록 자기도 모르게 단련했을 것이다.

---

* 미국 캘리포니아주 요세미티 국립공원에 위치한 암반 성산.

흥미로운 점은, 호널드가 '두려움을 모르는 뇌'의 모습을 촬영하고자 기능적 자기공명영상 기계 안에 들어갔을 때 공황 발작에 가까운 반응을 일으켰다는 사실이다. 이처럼 두려움에 대한 내성은 모든 자극에 동일하게 통하지는 않는다.

알렉스 호널드와 나의 환자 데이비드는 똑같은 공포의 산에서 서로 다른 지역을 올랐다. 호널드의 뇌가 로프 없이 암벽을 타는 데 적응했듯이, 데이비드는 불안을 견디게 하는 정신적 굳은살을 만들어서 세상과 소통하는 방법을 터득했다.

고통을 다스리는 고통. 불안을 다스리는 불안. 이러한 접근법은 반직관적이고 우리가 질병, 고통, 불편을 다스리는 법에 대해 지난 150년 동안 배운 것과는 완전히 대치된다. 그러나 여기에는 진실이 숨겨져 있다.

## 고통이 선물하는 쾌락

"찬물이 주는 충격 때문에 느끼는 고통이 초반에 클수록," 마이클이 말했다. "이후에 느끼는 황홀감도 더 커진다는 걸 시간이 가면서 깨달았어요. 그래서 자극을 높일 방법을 찾기 시작했죠. 그래서 육류 냉동고를 샀어요. 냉각 코일이 내장된 뚜껑 달린 큰 통 말이죠. 거기에 밤마다 물을 채웠어요. 아침이 되면 영하 30도에 표면에는 얇은 얼음 막이 생겨요. 거기에 들어가기 전에 얼음을 깨야 합니다. 그런데 물이 월풀 욕조처럼 움직이지 않으면 몇 분 뒤에 몸이 물을 데운다는 사실을 알게 됐어요. 그래서 물이 섞이도록 전동기를 샀죠. 그렇게 해서 제가 그 안에 있는 동안 빙점에 가까운 온도를 유지할 수 있었어요. 수력을 이용한 매트리스 패드도 사서 침대에 놨는데, 그 패드는 섭씨 13도 정도의 최저 온도를 유지해요."

마이클은 갑자기 말을 멈추더니 입 한쪽이 처지게 씩 웃으며 나를 바라봤다. "와아, 이 얘기를 하면서 느낀 건데… 제가 중독자 같네요."

---

2019년 4월, 메인대학교의 앨런 로젠바서Alan Rosenwasser 교수가 내게 이메일을 보냈다. 최근에 내가 동료와 함께 중독 치료에 관한 운동의 역할을 주제로 책에 게재했던 글의 사본을 구하고 싶어했다. 그와 나는 만난 적이 한 번도 없어서 출판사의 허락을 받고 그에게 해당 원고를 보냈다. 약 한 주 뒤에 그가 다시 메일을 보냈는데, 다음과 같은 내용이었다.

> 글을 공유해 주셔서 감사합니다. 그런데 당신이 한 가지 이슈를 논하지 않았다는 사실을 알았습니다. 생쥐와 쥐의 쳇바퀴 뛰기가 자발적 운동의 사례인지, 아니면 병으로 인한 운동(운동 중독)의 사

레인지를 따지지 않았다는 점입니다. 쳇바퀴에 갇힌 어떤 동물들은 과할 정도로 뛰는 모습을 보이고, 어떤 연구는 야생 설치류들이 밖에 남겨진 쳇바퀴를 이용하곤 한다고 밝힌 바 있습니다.

흥미를 느낀 나는 바로 답장을 보냈다. 이후 몇 차례 이메일 대화가 오갔다. '시계 필드clocks field'라고도 알려진 생체리듬을 연구하는 데 40년을 바친 로젠바서 박사는 내게 쳇바퀴에 대해 새로운 사실을 알려줬다.

"사람들이 이 연구를 처음 시작했을 때," 로젠바서가 내게 말했다. "쳇바퀴는 동물의 자발적인 활동을 지켜보기 위한 방법으로 잘못 이해됐습니다. 휴식의 반대가 운동이라는 식이었죠. 그러다가 사람들은 쳇바퀴를 타는 게 타성적인 행위가 아니라는 사실을 예민하게 받아들이게 됐습니다. 쳇바퀴는 그 자체로 재미있는 놀이였던 것이죠. 하나의 단초가 된 것이 바로 성인 해마의 신경 발생이었습니다."

이는 중장년층도 뇌에 새로운 신경세포를 만들 수 있다는 가능성을 시사한다. "새로운 뉴런이 생겨서 신경회로에 결합된다는 사실을 사람들은 인정했고," 로젠바서가 이야기를 이어갔다. "이러한 상황에서 신경 발생을 자극할 수 있는 가장 쉬운 방법 중 하나로 (예를 들면 복잡한 미로처럼) 강화된 환경 조건보다 훨씬 더 강력한 자극을 주는 쳇바퀴가 주목을 받았습니다. 이로써 쳇바퀴 연구가 한 시대 전체를 풍미하게 됐습니다."

"연구 결과," 로젠바서가 말했다. "쳇바퀴는 엔도-오피오이드, 도파민, 엔도-카나비노이드와 동일한 효과를 냈습니다. 모두 뇌에 중독을 일으키는 물질들이죠. 쳇바퀴가 반드시 건강한 생활 방식의 모델은 아니라는 점을 알아두는 게 중요합니다."

간단히 말하면, 쳇바퀴는 생쥐에게 중독의 대상이자 쾌락의 원천이다.

쳇바퀴를 비롯해 물, 음식, 구멍 파기 재료, 보금자리 등을 포함한 230미터 터널의 복잡한 미로가—다시 말해 재밌게 할 거리가 많은 거대한 영역이—있다고 가정하자. 여기에 생쥐들을 풀어두면 쥐들은 대부분의 시간을 쳇바퀴에서 보낸다. 설치류는 평평한 트레드밀이나 미로에 있을 때보다, 쳇바퀴에서 훨씬 더 긴 거리를 뛴다.

쳇바퀴와 함께 갇힌 설치류는 꼬리가 쳇바퀴 모양처럼 위로 갔다가 자기 머리 쪽으로 향하면서 완벽한 곡선을 이룰 때까지 뛴다. 바퀴가 작을수록 꼬리의 곡선은 더 예리해진다. 어떤 경우에는 죽을 때까지 뛴다.[26]

쳇바퀴의 위치는 물론 참신한 정도나 복잡한 정도 역시 영향을 미친다. 야생 생쥐들은 둥근 바퀴나 허들이 있는 바퀴를 더 좋아한다. 또한 쳇바퀴를 돌리며 엄청난 조정력과 곡예와 같은 기술을 선보이기도 한다. 스케이트보드 공원의 10대들처럼 "앞뒤 모든 방향으로 바퀴의 거의 꼭대기까지 반복해서 실려가거나, 바퀴 윗면의 바깥쪽에서 달리거나, 꼬리로 균형을 잡으면서 바퀴

바깥쪽에서 '벌떡' 일어서길 주저하지 않는다."

C. M. 셔윈C. M. Sherwin은 쳇바퀴에 관한 1997년도 리뷰에서 쳇바퀴의 내적 강화 성질을 이야기했다.

> 쳇바퀴 뛰기의 3차원적 속성은 동물에게 강화될 수 있다. 바퀴를 뛰는 동안 동물은 움직임의 속도와 방향 측면에서 빠른 변화를 경험한다. 여기엔 바퀴의 가속도와 관성이라는 외생적 요인도 일부 영향을 미친다. 이러한 경험은 강화될 수 있는데, 이는 놀이공원에서 놀이기구를, 특히 수직적인 움직임을 즐기는 (일부!) 인간들과 유사하다. … 동물의 이와 같은 움직임 변화는 '자연적인' 환경에서는 발견하기 어렵다.

네덜란드의 레이던대학교의료센터 소속의 요한나 마이어Johanna Meijer와 유리 로버스Yuri Robbers는 야생 생쥐가 사는 도시 지역과 사람들의 접근이 어려운 모래 언덕에 쳇바퀴를 하나씩 설치했다. 그리고 각각의 장소에 비디오 카메라를 설치해 두고 2년 동안 이곳에 들른 모든 동물을 촬영했다.

그 결과 동물이 쳇바퀴를 이용하는 사례가 수백 건 발견되었다. "야생 생쥐들은 1년 내내 바퀴를 뛰었다.[27] 그 횟수는 도시 녹지에서는 늦봄에 서서히 증가해 여름에 절정을 이루었고, 모래 언덕에서는 한여름과 늦여름에 증가해 가을에 절정에 달했다."

야생 생쥐들만 바퀴를 좋아하는 게 아니었다. 뒤쥐, 쥐, 달팽이,

민달팽이, 개구리도 썼는데, 대부분 목적을 갖고 의도적으로 바퀴와 관계를 맺는 모습을 보였다.

저자들은 이렇게 결론을 내렸다. “쳇바퀴 뛰기는 별도의 먹이 보상이 없더라도 보상의 경험을 줄 수 있다. 이는 먹이 찾기와 무관한 동기 부여 시스템의 중요성을 시사한다.”

---

스카이다이빙, 카이트서핑, 행글라이딩, 봅슬레이, 활강 스키, 스노보드, 폭포카약, 빙벽등반, 산악자전거, 캐넌스윙, 번지점프, 베이스점핑, 윙슈트플라잉 같은 익스트림 스포츠는 쾌락-고통 저울의 고통 쪽을 아주 세고 빠르게 내리친다. 아드레날린 한 방을 곁들인 강력한 고통/두려움은 뇌에 강한 마약을 만들어낸다.

연구에 따르면, 스트레스만으로도 뇌의 보상 경로에 도파민 분비가 증가할 수 있다.[28] 이때 나타나는 뇌의 변화는 코카인과 메스암페타민 같은 중독성 약물에 노출되었을 때와 유사하다.

우리의 뇌는 쾌락 자극에 반복적으로 노출되면 내성을 갖는다. 이와 마찬가지로 고통 자극에 반복적으로 노출되면 뇌는 고통 쪽에 내성을 갖게 된다. 스카이다이버들을 대조군(뱃사공들)과 비교한 연구에 따르면, 스카이다이빙을 반복적으로 즐긴 이들이 기쁨을 제대로 느끼지 못하는 무쾌감증을 경험할 가능성이 상대적으로 높았다.

연구진은 이렇게 적었다. "스카이다이빙은 중독성 있는 행동과 비슷하고,[29] '자연적 도취감' 경험에 자주 노출되는 일은 무쾌감증과 관련이 있다." 개인적으로 4킬로미터 높이의 비행기에서 뛰어내리는 걸 '자연적 도취감'이라고 부르긴 참 어렵지만, 전체 결론에 대해선 매우 동의한다. 스카이다이빙은 중독을 야기할 수 있고, 반복할 경우 집요한 불쾌감을 일으킬 수 있다.

우리는 인간이 느끼는 고통의 한계를 기술을 통해 끌어올렸다. 2015년 7월 12일, 울트라마라톤 선수 스콧 주렉Scott Jurek은 애팔래치안 자연 산책로에서 새로운 기록을 세웠다. 조지아주부터 메인주까지(3,523킬로미터) 그가 달린 시간은 46일 8시간 7분이었다. 이 위업을 달성하기 위해 그는 다음과 같은 기술과 장비들을 활용했다. 경량 방수 내열복, "에어-메시" 러닝화, GPS 위성추적기, GPS 시계, 아이폰, 수화水和 시스템, 전해질 정제, 접이식 알루미늄 등산 스틱, 안개비를 가장하기 위한 공업용 분무기, 코어 부위를 식히기 위한 아이스쿨러[30], 하루 6천~7천 칼로리 정도의 음식, 그의 아내와 동료가 운전하는 지원용 밴 차량과 태양열 전지판으로 작동하는 공기 압축 다리 마사지 기계.

2017년 11월 남극 대륙 근처에서 루이스 퓨Lewis Pugh는 섭씨 영하 3도(화씨 26도)의 물 1킬로미터를 수영복만 입고 수영했다. 퓨가 태어난 남아공에서 영국령 사우스조지아섬까지 가려면 하늘길과 바닷길을 이용해야 했다. 퓨의 수영이 끝나자마자, 그의 동료들은 그를 바로 낚아채어다가 근처의 배로 옮겼고, 퓨는 코어 부위의 온도를 평상시 온도로 되돌리기 위해 뜨거운 물에 45분 동안 몸을 담갔다. 이러한 조치가 없었다면 죽었을 것이다.

알렉스 호널드의 엘캐피탠 등반은 궁극적으로 기술을 버린 인간적 성취처럼 보인다. 로프도 없고, 기어도 없었다. 중력을 거스르며 용기와 전문적 기술을 아슬아슬하게 드러낸 한 남자만 있을 뿐이다. 하지만 누가 봐도 호널드의 위업은 "그가 밧줄에 매달린 채 프리라이더(그가 택한 경로의 이름)에서 보낸 수백 시간, 각 구획에 맞게 정확하게 리허설된 연출 작업, 수천 개의 복잡한 손발 순서에 대한 암기[31]가 없었다면 불가능했을 것이다."

호널드의 등반은 전문 촬영팀의 기록으로 남았다. 영화*로도 나와 수백만 명이 관람했다. 이는 그에게 어마어마한 소셜 미디어 팔로워 수와 세계적인 명성을 안겼다. 우리의 도파민 질서의 또 다른 차원이라고 할 수 있는 부와 명성도 이러한 익스트림 스포츠의 중독성에 영향을 미친다.

**과훈련 증후군**overtraining syndrome[32]은 지구성 운동선수들 사이에서 널리 알려져 있지만 제대로 연구되지 않은 증상이다. 지구성 선수들은 훈련량이 너무 과한 나머지 한때 넘쳐났던 엔돌핀이 운동으로는 더 이상 나오지 않는 지경에 이른다. 대신에 보상 저울이 한계에 다다라 작동을 멈춘 듯이, 고갈된 느낌과 불쾌감만 느끼게 된다. 이는 내 환자인 크리스와 오피오이드의 사례에서 확

* 2018년에 공개된 다큐멘터리 영화《프리 솔로(Free Solo)》를 가리킨다.

인한 것과 비슷하다.

오해는 마시라. 익스트림 그리고 지구성 스포츠를 하는 모든 이가 중독되었다는 의미가 아니다. 어떤 물질이나 행위에 대한 중독의 위험성이 그것의 효력, 양, 지속성의 증가에 따라 늘어난다는 점을 강조하고자 한 것이다. 저울의 고통 쪽에 너무 많이, 너무 오래 기댄 사람들 역시 오랫동안 도파민 부족 상태에 시달릴 수 있다.

고통이 너무 심하거나 너무 강력한 형태를 띨 경우, 고통에 중독될 위험은 커진다. 나는 이를 치료 중에 여러 번 목격했다. 내가 맡은 어떤 환자는 너무 많이 달리다가 다리뼈가 골절됐는데, 그렇게 되고도 달리기를 계속했다. 또 어떤 환자는 쾌감을 느끼고 자기 마음속에 계속되는 생각을 없애기 위해 팔뚝과 허벅지 안쪽을 면도날로 벴다. 그녀는 심각한 흉터와 감염의 위험에도 굴하지 않고 베기를 멈추지 않았다.

내가 그들의 행동을 중독으로 개념화하고 그들을 중독 환자처럼 대하며 치료하자, 경과가 좋아졌다.

---

'워커홀릭'은 실리콘밸리 어디서나 만날 수 있다. 이곳에선 보통 주당 100시간씩 연중무휴로 일을 할 수 있어야 한다. 나도 그랬다.

한때 나는 매달 다른 곳으로 출근해 업무를 봤다. 그렇게 3년이 지난 2019년, 나는 일과 가정의 균형을 되찾기 위해 이런 식으로 일하기를 그만두기로 했다. 우선 나는 솔직하게 그 이유를 사람들에게 알렸다. 가족과 더 많은 시간을 함께하고 싶다고 말이다. 하지만 동료들은 내가 '가족과의 시간' 같은 히피스러운 이유로 자기와의 협업을 거절하는 데 짜증을 내고 화를 냈다. 결국 나는 다른 업무가 있다고 말하는 방식을 썼다. 내가 다른 곳에서 업무를 보는 건 용납이 되는 듯했다.

보너스와 스톡옵션 가능성부터 승진 약속에 이르는 다양한 무형의 장려책은 이제 사무직의 일반 제도가 됐다. 의학계 쪽에서도 의료인들은 더 많은 환자를 만나고, 더 많은 처방을 내리고, 더 많은 수술을 진행한다. 그렇게 해야 인센티브를 받을 수 있다. 내가 매달 보고받는 나의 생산성도 내가 소속 기관을 대신해 청구한 비용에 따라 측정된다.

이와 대조적으로 생산직은 갈수록 기계화되는 것은 물론 업무 자체의 의미로부터 단절되고 있다. 생산직 노동자들은 자율성을 제한받고, 경제적 이득도 그저 그런 수준이며, 공동의 사명감도 거의 느끼지 못한다. 성취감과 최종 제품 소비자와의 접촉은 모두 내적 동기에 중요한데, 단편적인 조립라인 노동은 이 두 가지와 거리가 멀다. 그래서 '적당히 일하고 열심히 놀자'는 심리가 생기는데, 이러한 심리에서 술, 도박, 약물 같은 강박적 과용이 고된 하루의 끝에 주어지는 보상이 된다. 그럴만도 한 게, 현재 저

소득 직종에 종사하는 고등학교 교육 비이수자들이 일을 가장 적게 하는 반면, 고학력 임금 노동자들은 더 많이 일하고 있다.[33]

2002년 당시 소득 상위 20퍼센트가 하위 20퍼센트보다 두 배 더 오래 일할 가능성이 크다고 보고됐는데, 그 흐름은 지금도 이어지고 있다. 경제 먹이 사슬의 꼭대기에 있는 사람들에게 더 큰 보상이 주어지기 때문에 이러한 변화가 나타난다는 게 경제학자들의 추측이다.

개인적으로 가끔은 한 번 일을 시작하면 그만두기 어려울 때가 있다. 깊은 몰입의 '흐름'은 그 자체가 마약과 같다. 몰입은 도파민을 분비하고 특유의 도취감을 낳는다. 이러한 무아지경은 부자 나라에서는 큰 보상을 보장한다. 하지만 이것이 우리가 친구와 가족과 맺는 밀접한 관계를 가로막는다면 인생에서 덫이 될 수 있다.

---

마이클은 자신이 찬물 입욕에 중독되었는지에 대해 자문자답하듯 말했다. "정도를 넘은 적은 없어요. 2, 3년 동안 매일 아침 10분 동안 얼음 욕조를 썼고, 지금은 그때만큼 쓰진 않아요. 주당 평균 3번을 쓰죠."

"정말 좋은 건," 그가 이야기를 계속했다. "그게 가족 활동이 되고, 친구들과 함께하는 무언가가 됐다는 사실이에요. 마약은 늘 친목용으로 했었어요. 대학 때는 파티를 열심히 다녔죠. 항상 다 같이 빙 둘러앉아서 술을 마시거나 코카인을 하는 식이었어요. 그런데 지금은 더 이상 안 그래요. 대신에 친구 몇몇이 집에 들르죠. 각자 아이들을 데리고 와요. 우리끼리 찬물 파티를 하죠. 저한테 섭씨 7도로 세팅된 맞춤 수조가 있는데, 다들 거기에 온수 욕조와 번갈아 가면서 교대로 들어가요. 타이머가 있고, 아이들까지 모여서 서로 응원도 해주고요. 친구들 사이에서도 이게 유행이 됐어요. 우리 친구 무리 중에 여자들만 있는 그룹은 매주 한 번씩 베이Bay에 가서 들어갔다 나와요. 목까지 몸을 담그죠. 섭씨 10도 정도 되는 물에요."

"그러고 나서는요?"

"모르겠어요." 그는 웃었다. "나가서 또 파티하겠죠."

우리는 함께 미소 지었다.

"당신은 그게 살아있는 기분을 주기 때문에 하는 거라고 여러 번 말했었죠. 이 부분을 설명해 줄 수 있나요?"

"저는 사실 살아있다는 느낌을 정말 싫어해요. 그런데 마약과 알코올은 그걸 좋아하게 하는 방법이었죠. 지금은 더 이상 그렇게 못하죠. 사람들이 파티하는 모습을 보면 여전히 그 사람들이 누리고 있는 현실 도피가 약간 부럽긴 해요. 하지만 그런 도피는 일시적인 자유라는 걸 알고 있습니다. 저한테 찬물은 살아 있다는 게 기분 좋은 일일 수 있음을 일깨워줘요."

정도가 심하거나, 강력한 형태를 띤 고통에 사로잡히면 강박적이고 해로운 과용에 빠질 위험이 있다. 하지만 그 정도가 적절해 '큰 고통을 작은 고통으로 억제'할 수 있다면 건강을 도모하는 치유법을 발견하고 때로는 '발작적 기쁨'까지 얻을 수 있다. 마이클처럼 말이다.

8장

# 있는 그대로 말하라

모든 종교와 윤리 규범에서 솔직함honesty은 도덕적 교리의 필수 요소다. 심리 치료에도 솔직함은 큰 힘을 발휘한다. 장기적인 회복에 성공한 나의 모든 환자는 정신적·육체적 건강 유지의 핵심 요소로서 '있는 그대로 말하기'에 힘쓰고 있다. 나 역시 근본적인 솔직함이 강박적 과용을 제한할 뿐 아니라 인생에도 도움이 된다고 믿는다.

질문은 여기에 있다. 사실대로 얘기하면 우리의 삶이 얼마나 나아질까?

있는 그대로 말하기는 고통스러운 일이다. 인간은 누구나 예외 없이 아주 어렸을 때부터 거짓말을 한다. 거짓말을 하면 본능적으로 초조해지지만 그래도 거짓말을 한다.

## 호모 거짓말쟁이

아이들은 두 살 때부터 거짓말을 시작한다. 영리할수록 거짓말을 할 가능성이 크고, 거짓말도 더 잘한다. 거짓말은 3~14세 사이에 줄어드는 경향을 보이는데, 거짓말이 다른 사람한테 얼마나 해를 끼치는지를 의식하게 되기 때문이다. 반면에 성인이 되면 계획하고 기억하는 능력이 발달하면서 어릴 때보다 더 정교하고 반사회적인 거짓말을 할 수 있게 된다.

평균적인 성인은 하루에 0.59~1.56번 거짓말을 한다.[1] 거짓말쟁이, 거짓말쟁이, 바지에 불이 붙었네.* 우리 반바지에는 지금도 연기가 조금씩 난다.

속임수를 쓰는 동물은 인간만이 아니다. 동물계는 속임수를 무기와 방패로 쓰는 예시로 가득하다. 예를 들어 로메추사 푸비콜리스Lomechusa pubicollis 딱정벌레는 개미인 척하면서 개미 군락을 뚫고 들어간다. 개미와 같은 냄새를 내는 화학 물질을 내뿜을 수 있기에 가능한 일이다. 한번 그곳에 들어간 딱정벌레는 개미의

---

* liar, liar, pants on fire. '거짓말을 하는 사람이 혼쭐난다'는 의미를 가진 관용적 표현이다.

알과 유충을 게걸스럽게 먹어 치운다.

하지만 거짓말에 관한 한 인간에 비할 동물은 그 어디에도 없다. 진화생물학자들은 인간의 언어 때문에 우리가 거짓말하는 경향을 띠고 거짓말도 매우 잘한다고 추측한다. 그 논리는 이렇게 연결된다. 호모 사피엔스의 진화는 거대한 사회 집단의 형성으로 막을 내렸다. 거대한 사회 집단은 의사소통 형태의 정교한 발달로 존재할 수 있었고, 그러한 발전은 상호 협동을 이끌었다. 그러나 협동에 쓰인 말들은 상대를 속이고 잘못된 방향으로 이끄는 데 쓰일 수도 있다. 언어가 발전할수록 거짓말은 정교해진다.

거짓말은 희소한 자원을 두고 경쟁하는 경우에는 분명 뛰어난 전략일 수 있다. 하지만 풍족한 세상에서 거짓말은 고립, 갈구, 병적인 과소비 등의 위험을 낳는다. 지금부터 설명해 보겠다.

---

"좋아 보이네요." 2019년 4월, 나는 마리아와 마주 앉아 말문을 열었다. 그녀의 짙은 갈색 머리는 전문적이고 돋보이는 스타일로 손질되어 있었다. 카라 달린 셔츠와 바지는 단정했다. 얼굴엔 미소가 서려 있었고, 행동은 기민했으며, 어디 하나 어긋난 곳이 없어 보였다. 나와 치료를 함께한 5년 동안 그녀는 늘 그런 모습이었다.

마리아는 나와 상담하는 동안 알코올 중독에서 서서히 벗어나고 있었다. 그녀는 이미 회복 중일 때 나를 찾아왔다. 회복은 AA 모임에 참여하고 그곳의 후원자와 소통하면서 얻은 성과였다. 그녀는 가끔 나한테 와서 진찰을 받고 약을 타갔다. 단언컨대 그녀가 내게 배운 것보다 내가 그녀에게 배운 게 더 많다. '있는 그대로 말하기'가 그녀의 회복에 중요한 역할을 했다는 것도 그녀가 내게 가르쳐준 교훈이었다.

하지만 그녀는 자라면서 이와 반대의 삶을 살았다. 그녀의 어머니는 상습적으로 음주를 했는데, 필름이 끊기도록 술을 마시고는 마리아를 태운 채로 운전을 하기도 했다. 그녀의 아버지는 몇 년 동안 가족들 누구도 함부로 말할 수 없는 장소로 갔다. 지금도 그녀는 이 부분을 함구하고 있다. 그녀는 겉으로는 집안에 아무 일도 없는 척하면서 동생들을 돌봐야 했다. 20대 중반 술에 절어 있을 때에도 서로 다른 모습의 현실들을 그럭저럭 대처해 나가며 지낼 수 있었다.

그녀는 솔직함의 중요성을 보여주기 위해 내게 다음의 이야기를 들려줬다.

"퇴근하고 집에 오니 마리오에게 온 소포가 있었어요."

마리오는 마리아의 남동생이다. 마리아와 그녀의 남편 디에고는 마리오와 함께 살고 있었다.

"저한테 온 건 아니었지만 열어 보기로 마음먹었죠. 마음 한편에선 그래선 안 된다는 걸 알고 있었어요. 전에 걔한테 온 소포를 열었을 때, 걔가 미친 듯이 화를 냈었거든요. 하지만 지난번에 썼던 핑계를 똑같이 써도 된다는 걸 알고 있었어요. 둘이 이름이 비슷해서 헷갈렸다고 말이죠. 일하느라 길고 힘든 하루를 보냈으니 그런 소소한 즐거움 하나쯤은 괜찮다고 생각했어요. 지금은 그 안에 뭐가 있었는지 기억도 안 나요.

소포를 열어 본 다음 다시 봉해서 다른 우편들이랑 같이 놔뒀어요. 솔직히 말하면 까맣게 잊었죠. 몇 시간 있다가 마리오가 집에 와서는 소포를 열어봤다고 저를 비난했어요. 저는 내가 한 게 아니라고 거짓말을 했죠. 다시 묻길래 또 거짓말을 했어요. 마리오는 계속 '누가 열어본 것 같은데' 하고 말하더라고요. 저는 계속 '나는 아닌데' 하고 말했죠. 그러니까 걔는 엄청 열이 받아서는 자기 우편이랑 소포를 챙겨서 자기 방으로 가서 문을 쾅 닫아 버렸어요.

저는 그날 밤 잠을 설쳤어요. 다음 날 아침, 제가 해야 할 일을 알고 있었죠. 마리오와 디에고가 주방에서 아침 식사를 하고 있었어요. 거기 가서 말했어요. '마리오, 네 소포 내가 열어봤어. 네 건 줄 알았는데 어쨌든 내가 열어봤어. 그러고는 숨기려고 했고, 그래서 거짓말을 했어. 진짜 미안해. 용서해 줘.'"

"당신의 회복에 정직이 왜 그렇게 중요한 부분인지 알고 싶어요." 내가 말했다.

"술에 빠져 살 때는 진실을 절대 인정하지 않았어요. 그때는 습관처럼 거짓말을 했고 제가 한 일을 절대 책임지지 않았죠. 거짓말을 정말 많이 했는데, 그중 절반은 중요한 일도 아니었어요."

한번은 마리아의 남편인 디에고가 마리아가 어떻게 화장실에 숨어서 술을 마시곤 했는지 내게 들려주었다. 마리아는 디에고가 맥주병 따는 소리를 들을 수 없도록 샤워기를 틀어놨다. 하지만 병따개를 화장실 문 뒤의 은폐 장소에 숨길 때 남편이 병따개의 땡그랑 하는 소리를 들을 수 있다는 사실은 미처 깨닫지 못했다. 디에고는 마리아가 한 번에 여섯 병 들이 맥주 한 팩을 전부 마시고는 맥주 대신 물을 채워서 뚜껑을 접착제로 다시 붙여두었다고 이야기했다. "마리아는 정말 제가 접착제 냄새를 못 맡거나 물과 술의 맛 차이를 못 느낄 거로 생각했을까요?"

마리아는 말했다. "술 마시는 걸 숨기려고 거짓말을 했어요. 하지만 다른 것도 거짓말을 했죠. 제가 어디를 가는지, 언제 돌아오는지, 왜 늦었는지, 아침에 뭘 먹었는지 등 별로 중요하지 않은 것도 속였어요."

마리아에게 거짓말은 습관이었다. 어머니의 음주와 아버지의 부재, 그리고 나중에는 자기 자신의 중독을 숨기려고 시작한 행동이 거짓말을 위한 거짓말로 바뀌어 버렸다.

거짓말은 습관이 되기 정말 쉽다. 우리는 모두 어느 정도 거짓말을 하지만 그 사실을 인식하는 경우는 별로 없다. 우리의 거짓말이 너무 소소하고 느끼기조차 어려워서 우리는 자신이 진실을 말한다고 믿는다. 아니면 거짓말을 하고 있다는 걸 알아도 대수롭지 않게 여긴다.

"그날 마리오에게 사실을 얘기했을 때, 걔가 열이 받을 거라는 건 알았지만 제 안에서, 제 인생에서 뭔가 정말 바뀌었다는 걸 깨달았어요. 다른 방식으로, 더 나은 방식으로 인생을 살려고 한다는 걸 깨달았죠. 제 마음속을 가득 채우던 죄책감과 두려움들 … 거짓말을 한다는 죄책감과 누군가에게 들킬 수 있다는 두려움을 주던 그 작은 거짓말들은 모두 끝이었어요. 사실대로 얘기하는 이상 아무것도 걱정할 필요가 없다는 걸 깨달았죠. 거기서 벗어나는 거예요. 제 남동생한테 소포에 대해 사실대로 말한 게 우리의 관계가 가까워지는 데 밑거름이 됐어요. 그렇게 말하고 위층으로 돌아갔는데 기분이 정말 좋았죠."

근본적인 솔직함은—크고 작은 일들에 대해, 특히 자신의 결점을 노출하고 어떠한 결과를 감수하면서 있는 그대로 말하기는—중독에서 벗어나는 데 필수적일 뿐 아니라 균형 잡힌 인생을 살아가려는 이들에게 중요한 전략이다. 사실대로 말하기는 여러모로 삶에 중요한 영향을 미친다.

근본적인 솔직함은 첫째, 우리의 행동을 확실하게 의식하도록 한다. 둘째, 친밀한 인간관계를 형성한다. 셋째, 진실한 삶을 이끌어 현재의 자신뿐 아니라 미래의 자신에 대해서도 책임을 묻는다. 더 나아가 사실대로 말하기는 전염성이 있기 때문에 중독을 막을 수 있다.

## 솔직함이 뇌를 치유한다

앞서 그리스 신화의 오디세우스를 이야기하면서 물리적 자기 구속을 소개했다. 이 신화의 결말은 잘 알려지지 않았지만 시사하는 바가 있다.

오디세우스가 세이렌의 유혹을 피하고자 자신을 범선의 돛대에 묶어달라고 선원들에게 요청한 일을 다들 기억할 것이다. 하지만 잘 생각해 보면, 그는 자기 선원들에게 명령한 것처럼 자기 귀에도 밀랍을 바르는 것으로 그 상황을 모면할 수 있었다. 오디세우스는 왜 기둥에 몸을 묶고 세이렌의 노래를 들었을까? 세이렌은 그들의 노래를 들은 누군가가 살아남아서 그 이야기를 했을 때만 목숨을 잃는다고 한다. 오디세우스는 죽음 근처까지 갔던 자신의 여행을 이야기함으로써 세이렌들을 물리쳤다. 말로써 죽음을 이끈 셈이다.

오디세우스 신화는 행동 변화의 중요한 부분을 보여준다. 경험을 언어로 표현하면 그 경험에 숙달할 수 있다. 정신 치료의 맥락에서든, AA 후원자에게 털어놓든, 신부에게 고해성사를 하든, 친구에게 비밀을 얘기하든, 일기를 쓰든, 솔직하게 이야기를 털어놓으면 행동이 정리되고, 그 행동을 이해하게 된다. 행동이 의식적 인식 밖에서 자동적으로 이루어질 땐 특히 그렇다.

나는 강박적으로 로맨스 소설을 읽을 때 소설에 중독됐다는 사실을 일부만 인식했다. 다시 말해 그 행동을 의식했지만 제대로 의식하지 못했다. 이는 중독에서 흔히 볼 수 있는 현상인데, 백일몽과 유사한 일종의 반半의식적 상태로서 **부인**否認이라고 표현된다.

부인은 우리 뇌의 보상 경로 부위와 고위 대뇌 피질 영역의 단절로부터 영향을 받기 쉽다. 고위 대뇌 피질 영역은 우리가 인생의 사건들을 이야기하고, 결과를 인정하며, 미래의 계획을 세우도록 하는 부위다. 중독 치료의 여러 형태는 뇌에서 이 두 부분 사이의 관계를 강화하고 다시 새롭게 하는 과정과 관련이 있다.

신경과학자인 크리스티안 러프Christian Ruff와 그의 동료들은 솔직함의 신경생물학적 메커니즘[2]을 연구했다. 연구자들은 참가자들(총 145명)을 모아 게임을 시켰는데, 컴퓨터 인터페이스를 사용해 돈을 걸고 주사위를 굴리는 방식을 썼다. 주사위를 던질 때마다 컴퓨터 화면에는 어떤 결과에 돈이 지급될지 표시되었다. 최고 금액은 90 스위스 프랑(100 미국 달러)이었다.

카지노 도박과 다르게 참가자들은 승률을 높이기 위해 자신이 굴린 주사위의 결과를 두고 거짓말을 할 수 있었다. 연구자들은 완전히 솔직한 보고를 의미하는 50퍼센트 기준에 대해 이긴 것으로 보고받은 경우의 평균 백분율을 비교하여 부정행위 정도를 파악했다. 실험 결과, 참가자들은 거짓말을 자주 했다. 정직함을 의미하는 50퍼센트 기준과 비교했을 때, 참가자들은 자신이 던진 주사위들 중 68퍼센트가 자신이 바라던 결과라고 보고했다.

이후 연구자들은 '경두개 직류자극법transcranial direct current

stimulation'이라는 방법을 활용해 전기로 참가자들의 전두엽 대뇌 피질의 신경 흥분성을 높였다. 전두엽 피질은 우리 뇌의 앞쪽, 이마 바로 뒤쪽에 있는데 의사 결정, 감정 조절, 미래 계획에 관여한다. 스토리텔링에 관여하는 부위이기도 하다.

연구자들은 전두엽 피질의 신경 흥분성이 높아지면 거짓말 빈도가 반으로 줄어드는 현상을 확인했다. 놀랍게도 정직의 증가는 "물질적인 사리사욕이나 도덕적 신념의 변화로 설명될 수 없었고, 참가자들의 충동성, 자발적 위험 감수, 기분과도 무관했다."

연구진은 전두엽 피질을 자극하면 정직의 정도가 강해질 수 있다고 결론을 내렸다. 이는 "인간의 뇌가 복잡한 사회적 행동을 적극적으로 조절하는 메커니즘을 진화시켜 왔다"는 생각과 일치한다.

이 실험을 보고 나는 '역으로' 솔직함을 실천하면 전두엽이 활성화될 지 궁금해졌다. 그래서 스위스에 있는 크리스티안 러프에게 이메일을 보내 그의 의견을 물었다.

"전두엽 피질을 자극하는 것이 사람들을 더 솔직하게 만든다면, 더 솔직해지는 것이 전두엽 피질을 자극할 수도 있을까요? 사실대로 말하기를 훈련하면 우리가 미래 계획, 감정 조절, 지연 보상에 활용하는 뇌 부위의 활동성과 흥분성을 강화할 수 있을까요?"

그는 이렇게 답했다. "당신의 질문은 일리가 있습니다. 확실한 대답은 드릴 수 없지만, (솔직함과 관련된 전두엽의 작용처럼) 특정 목적을 위한 신경 작용이 반복적인 사용을 통해 강화된다는 당신의 직관에 공감합니다. '함께 점화하는 세포들은 연결된다'는 도널드 헵Donald Hebb*의 오래된 이론에 따르면, 거의 모든 유형의 학습에서 이러한 현상이 발생합니다."

그의 답변이 마음에 들었다. 솔직함을 훈련하면 특정 목적을 위한 신경 회로가 강화될 수 있음을 암시했기 때문이다. 이는 외국어 배우기, 피아노 연주하기, 혹은 스도쿠 잘하기가 다른 회로를 강화하는 방식과 동일하다.

사실대로 말하기는 뇌를 변화시킨다. 그렇게 되면 우리는 쾌락-고통 균형과 강박적 과용을 이끄는 정신적 작용을 더 확실히 의식할 수 있게 된다. 이를 통해 우리의 행동도 바꿀 수 있을 것이다.

---

로맨스 소설과 관련해서 내게 문제가 있음을 의식하기 시작한 것은 2011년부터였다. 당시 나는 샌마티오에서 정신의학과 레지던트들을 대상으로 중독 행위에 대해 환자들에게 말하는 법을 지도하고 있었다. 뜻밖의 경험이 나를 일깨웠다.

나는 샌마티오 의료 센터의 1층 교실에서 9명의 정신의학과

* 캐나다의 심리학자(1904~1985). 신경 심리학 분야에 지대한 영향을 미쳤다.

수련의들을 대상으로 강의를 하고 있었다. 어떻게 하면 약물과 알코올 사용을 주제로 환자들과 어려운 대화를 나눌 수 있을지 가르치고 있었다. 그러다가 강의를 중간에 끊고 학생끼리 서로 대화하도록 했다. "두 사람씩 짝을 지어서 자신이 바꾸고 싶은 습관을 논의하고, 그 변화를 위해 자신이 취할 법한 조치에 대해 이야기하세요."

이 실습에서 학생들이 나누는 이야기의 일반적인 예를 들자면 "운동을 더 하고 싶어요"나 "설탕을 더 적게 먹고 싶어요"가 있다. 다시 말해 비교적 안전한 주제가 주로 다뤄진다. 심각한 중독이 있어도 보통은 꺼내놓지 않는다. 그럼에도 자신이 바꾸고 싶어 하는 행동을 얘기함으로써, 학생들은 의료인으로서 이런 대화를 환자들과 하면 어떨지 통찰하게 된다.

당시 학생들 수가 홀수여서 나도 학생 한 명과 짝이 되어야 했다. 강의를 줄곧 주의 깊게 듣고 있었던 부드러운 목소리의 사려 깊은 남학생과 짝을 이뤘다. 그가 상담 기술을 연습해 볼 수 있도록 내가 환자 역할을 맡았다.

그는 내게 바꾸고 싶은 행동이 무엇인지 물었다. 그의 온화한 태도는 내 마음의 문을 열게 했다. 놀랍게도 나는 늦은 밤 소설을 읽는 이야기를 감정을 누그러뜨린 채 말하기 시작했다. 다만 내가 읽는 책이나 문제의 크기에 대해선 자세히 밝히지 않았다.

"저는 밤늦게까지 책을 읽어요. 그게 수면을 방해하죠. 그 부분을 바꾸고 싶어요."

말하자마자 내가 밤늦게까지 책을 읽고 그 행동을 바꾸고 싶어 한다는 게 모두 사실임을 깨달았다. 그 순간까지도 무엇 하나 확실하게 의식하지 못하고 있었는데 말이다.

"왜 바꾸고 싶으시죠?" 그는 동기 강화 상담법motivational interviewing의 표준 질문을 활용해 질문했다. 동기 강화 상담법은 임상 심리학자인 윌리엄 R. 밀러William R. Miller와 스티븐 롤닉Stephen Rollnick이 내적 동기를 살피고 모순을 해결하기 위해 개발한 상담 접근법이다.

"저는 일과 자녀 양육을 잘하고 싶은데, 그걸 방해하거든요." 내가 말했다.

그는 고개를 끄덕였다. "좋은 이유 같네요."

그가 맞았다. 좋은 이유들이었다. 나는 그 이유들을 소리 내어 말하면서 내 행동이 내 생활과 내가 관심을 가진 사람들에게 얼마나 부정적인 영향을 미치는지 처음 깨달았다.

이어서 그가 물었다. "그 행동을 멈춘다면 무엇을 포기하게 되나요?"

"독서를 통해 얻는 즐거움을 포기하게 될 거예요. 제가 현실에서 벗어나기를 좋아하거든요." 나는 바로 대답했다. "하지만 그 느낌이 저의 가족과 일만큼 중요하진 않아요."

다시금 나는 소리 내어 말하면서 그것이 사실임을 깨달았다. 나는 나를 위한 즐거움보다 내 가족과 내 일에 더 큰 가치를 두고 있고, 내 가치관에 따라 살기 위해선 강박적이고 현실 도피적인 독서를 멈출 필요가 있었다.

"그 행동을 바꾸기 위해 당신이 취할 수 있는 조치는 무엇인가요?"

"전자책 단말기를 없앨 수 있어요. 책을 싼 가격으로 쉽게 볼 수 있다 보니 밤늦게까지 책을 읽기 쉽거든요."

"좋은 생각 같네요." 그는 이렇게 말하고 미소를 지었다. 내 환자 역할은 그렇게 마무리되었다.

다음 날, 나는 어제의 대화를 계속 생각했다. 그리고 다음 달에 로맨스 소설 읽기를 멈추기로 마음먹었다. 가장 먼저 전자책 단말기를 없앴다. 그러고는 2주 동안 불안과 불면을 비롯한 금단 증상을 겪었다. 내가 보통 책을 읽는 시간인 취침 전 밤 시간에 특히 그랬다. 알아서 잠드는 방법을 잊고 있었던 것이다.

하지만 그달 말이 되니 기분이 괜찮아졌고, 상대적으로 적당량의 독서를 계획하면서 적절한 로맨스 소설을 읽어 보았다. 그러자 예전의 나쁜 습관이 힘을 발휘해 이틀 연속으로 밤늦도록 성애물에 탐닉했다. 하지만 이제는 나의 행동을 있는 그대로—강박적이고 자기 파괴적인 패턴으로—바라볼 수 있었다. 그 행동을 완전히 멈춰야겠다는 결의가 점차 커졌고 마침내 행동으로 옮겼다. 나의 백일몽은 그렇게 막을 내렸다.

## 솔직함이 관계를 개선한다

있는 그대로 말하기는 주변 사람들을 끌어당기는 힘이 있다. 자신의 약점을 서슴없이 드러낼 때 특히 그렇다. 이는 반직관적이다. 우리는 자신의 바람직하지 못한 면을 드러내면 사람들이 떠나갈 거라고 생각한다. 사람들이 내 성격적 결함이나 일탈 행위를 알면 거리를 둔다는 게 논리적으로는 타당해 보인다.

하지만 실제로는 반대다. 솔직할수록 사람들은 더 가까이 다가온다. 당신의 엉망인 모습을 통해 자신의 약점과 됨됨이를 돌아보고 의심, 두려움, 나약함이 자신만의 약점이 아님을 알게 되면 안심하고 마음의 문을 열게 된다.

---

제이콥의 강박적 자위 행동이 재발한 후, 그와 나는 몇 달, 몇 년 동안 주기적으로 만났다. 그 기간에 그는 자신의 중독 행동을 계속해서 멀리했다. 근본적인 솔직함을 부인에게 보이는 일은 그의 회복에 큰 도움이 됐다. 언젠가 그는 한 가지 일화를 들려줬다. 그와 아내가 재결합하고 얼마 지나지 않아서 있었던 일이다.

둘이 다시 한 집에 살게 된 이튿날이었다. 부인은 화장실을 정리하다가 샤워 커튼 고리 하나가 빠진 것을 발견했다. 그래서 제이콥에게 그 고리가 어디 갔는지 물었다.

"그때 저는 완전히 얼어붙습니다." 제이콥이 말했다. "그 샤워 커튼 고리에 얽힌 일을 알고 있지만, 아내한테 밝히고 싶진 않았거든요. 좋은 핑곗거리는 많습니다. 오래전 일이기도 하고요. 진실을 말하면 아내가 화를 낼 것 같았습니다. 지금 우리 사이는 너무 좋은데, 그렇게 되면 사이가 틀어질지도 몰랐죠. 두려웠습니다."

하지만 그때 그는 자신의 거짓말과 몰래 한 행동이 과거에 두 사람의 관계를 얼마나 좀먹었는지를 떠올렸다. 아내가 다시 돌아오기 전에 그는 앞으로 무슨 일이든 솔직하겠다고 약속했었다.

"그래서 이렇게 말했어요. '내 기계를 하나 만드는 데 썼었어. 거의 1년 전 일이고, 당신이 떠나고 없을 때였어. 최근 일이 아니야. 하지만 당신한테 솔직하겠다고 약속해서 이렇게 말하는 거야.'"

"아내분이 뭐라고 하던가요?" 내가 물었다.

"다 끝이라고, 다시 떠나겠다고 얘기할 거라고 예상했어요. 하지만 소리 지르지 않더군요. 떠나지도 않고요. 자기 손을 내 어깨에 올리고는 '사실대로 얘기해줘서 고마워'라고 말했습니다. 그러고는 날 안아줬습니다."

---

친밀함은 그 자체가 도파민의 원천이다. 타인과의 사랑, 엄마-

자식 간의 유대감, 성적 파트너와 평생토록 갖는 유대감 등과 관련이 있는 옥시토신이라는 호르몬은 뇌의 보상 경로에서 도파민 분비 뉴런에 있는 수용기들을 옭아매고, 보상-회로관을 강화한다. 간단히 말해 옥시토신은 뇌의 도파민을 증가시킨다.[3] 이는 린 홍Lin Hung, 롭 말렌카 등 스탠퍼드대학의 신경과학자들이 최근에 밝혀냈다.

제이콥은 아내에게 솔직한 이야기로 다정함과 공감의 반응을 얻어냈다. 이후 그의 보상 경로에서는 옥시토신과 도파민이 급증하고, 그는 다시 솔직하게 말할 용기를 얻었을 것이다.

있는 그대로 말하기는 관계의 애착을 강화한다. 반면 도파민의 강박적 과용(중독)은 관계를 멀어지게 만든다. 중독은 고립과 무관심을 낳는다.

여러 실험에 따르면, 자유로운 쥐는 플라스틱병에 갇힌 다른 쥐[4]를 풀어주기 위해 노력한다. 이는 쥐의 본능이다. 하지만 자유로운 쥐가 헤로인을 자율적으로 쓸 수 있게 되면, 우리에 갇힌 쥐를 돕는 데는 더 이상 관심을 두지 않는다. 오피오이드의 몽롱한 효과에 너무 취해서 동류의 친구를 신경 쓰지 못한 탓이다.

---

그러나 도파민 증가를 유발하는 솔직한 고백은 때로 악용되기도 한다. 주의가 필요하다.

2018년 중독을 주제로 한 의학 컨퍼런스에서 나는 중독으로부터 긴 회복기를 가졌다고 자신을 소개한 한 남성 옆에 앉았다. 그는 자신의 회복 과정을 청중들에게 이야기하러 그곳에 나와 있었다. 무대로 올라가기 직전에 그는 나를 보고 "울 준비하세요"라고 얘기했다. 나는 그 말에 정나미가 뚝 떨어졌다. 자기 이야기에 내가 어떻게 반응할지 기대한다는 사실에 당황스러웠다.

정말로 그는 중독과 회복에 얽힌 끔찍한 이야기를 들려주었다. 하지만 나는 감동해서 울지는 않았다. 웬만하면 고통과 구원에 관한 이야기에 크게 감명을 받기 때문에, 개인적으로는 놀라운 경험이었다. 그의 이야기는 진실일지 몰라도 거짓처럼 들렸다. 그가 사용한 단어들은 그 뒤에 놓인 감정들과 맞지 않았다. 그가 자기 인생의 고통스러웠던 시절에 접근할 수 있는 영광스러운 기회를 우리에게 준다는 느낌 대신, 과시를 심하게 하고 이야기를 꾸민다는 느낌을 받았다. 같은 이야기를 이미 너무 많이 해서 그런 것일 수도 있었다. 반복하다 보니 진부해졌을 수도 있다. 이유가 무엇이든, 내겐 별로였다.

AA 모임에는 **취중담**drunkalogues이라는 유명한 현상이 있다. 가르치고 배우기 위한 목적이 아닌 재미를 주고 자랑하려는 목적으로 공유되는 대담한 취중 행위에 대한 이야기를 가리킨다. 취중담은 회복을 장려하기보다는 욕구를 유발하는 경향이 있다. 솔직한 자기 고백과 꾸며진 취중담은 그 내용, 말투, 억양, 감정 등의 미묘한 차이로 알 수 있다.

나의 개인적인 이야기와 내 환자들이 공유를 허락한 이야기를 이 책에서 공개하는 것이 취중담으로 받아들여지지 않길 바란다.

## 나는 어떻게 엄마와 화해했는가

20여 년 동안 정신과 의사로서 수많은 환자에게 이야기를 들으면서 나는 우리가 개인적인 이야기들을 말하는 방식이 정신 건강의 표식이자 예측 변수라고 확신하게 되었다.

자신이 주로 피해자이며 나쁜 결과는 남탓이라고 하는 환자들은 보통 상태가 더 나빠지거나 계속 그 상태로 남는 경우가 많았다. 그런 사람들은 남을 비난하기 바빠서 자신의 회복에는 제대로 신경 쓰지 못한다. 이와 대조적으로 자신의 책임을 정확히 표현하는 이야기들을 하기 시작하면 호전되고 있다는 의미다.

'피해자 서사'는 보통 우리가 자신을 특정한 상황에 대한 피해자로 보고 자신의 고통에 대한 보상이나 사례를 받아 마땅하다고 여기는 광범위한 사회적 경향을 말한다. 정말로 피해를 당한 경우에도 그 서사가 피해자 의식을 넘어서지 못하면 치료가 진행되기 어렵다.

좋은 심리치료는 사람들이 치유적인 이야기를 하도록 이끈다. 자전적 서사가 강이라면, 심리치료는 강을 지도로 나타내고 어떤 경우에는 다른 길로 바꾸는 수단이다.

치유적인 이야기는 실생활에서 일어나는 사건과 밀접하게 연결되어 있다. 주변 자료로 이끌어낼 수 있는 최고의 근사치나 진실을 찾고 발견해내는 일은 우리에게 현실적으로 통찰하고 이해할 기회가 되고, 이는 정보에 기반한 선택을 가능케 한다.

내가 앞서 암시한 것처럼, 최근의 심리치료 관행은 높은 목표에 미치지 못하는 경우가 간혹 있다. 의료인들은 공감의 관행에 너무 얽매여 버린 나머지 책임 없는 공감이 고통을 누그러뜨리기 위한 근시안적 시도라는 사실을 종종 잊고 만다. 치료자와 환자가 재구성한 이야기에서 환자가 통제 불가능한 힘의 피해자로 계속 남는다면, 그 환자는 계속 희생만 당하게 된다.

치료자의 도움으로 환자가 사건 자체가 아닌 바로 지금 상황에서의 사건에 대한 반응에 책임감을 갖는다면, 환자는 자기 인생을 끌고 나갈 권한을 부여받게 된다.

이와 관련해서 AA의 철학과 지침[5]은 시사하는 바가 크다. 이들의 탁월한 모토 중 하나가 바로 "나는 책임감을 갖는다"이다. 이 문구는 모임의 팸플릿에 종종 굵은 글씨로 인쇄되어 있다.

AA는 책임감과 더불어 "엄격한 솔직함"을 강조한다. 이 두 가지 요인은 동시에 역할을 한다. AA의 12단계 중 4번째는 회원들에게 "면밀하고 과감한 도덕성 목록 작성"을 요구한다. 그 안에서 개개인은 자기 성격의 단점을 고려하고 그 단점이 어떻게 문제를 일으켰는지를 고려하게 된다. 제5단계는 "고백 단계"다. 여기서 AA 회원들은 "우리가 저지른 잘못의 정확한 본질을 신, 자신, 다른 사람 앞에서 인정한다." 이 간단하고 현실적이며 체계적인 접근법은 강력한 변화를 이끌어 낸다.

나는 30대 때 스탠퍼드대학에서 정신과 레지던트 교육을 받는 과정에서 이를 직접 경험했다.

내가 책 초반에 페도라를 즐겨 쓴다고 언급했던 나의 심리치료 지도교수이자 스승은 내게 AA의 12단계를 활용해 엄마를 향한 분노를 없애 보라고 권유했다. 내가 심사숙고하고 습관적인 방법으로 내 분노에 매달려 있었다는 사실을 그는 이미 알고 있었다. 나는 이전에도 수년 동안 엄마와의 관계를 해결하려고 노력했다. 하지만 엄마는 내가 바란 어머니상이 아니었고 내가 필요하다고 생각한 엄마가 아니었기 때문에 노력하면 할수록 나의 분노는 커지기만 했던 것 같다.

나의 지도교수는 내 치료를 위해 자신의 이야기를 솔직히 들려 주었다. 자기 노출을 실천한 것이다. 자신이 알코올 중독에서 수십 년 동안 회복기를 거쳤고, AA와 12단계가 자신의 회복에 도움이 되었다는 이야기를 해줬다. 내 문제가 중독 자체는 아니지만, 그는 12단계가 내게 도움이 될 것이라고 확신했다.

나는 그와 함께 12단계를 밟아 나갔다. 그 경험은 정말로 극적이었는데 특히 4, 5단계에서 그랬다. 생전 처음으로 나는 엄마가 나를 실망시켰다고 여긴 방식에 초점을 맞추지 않았다. 대신 내가 원인 제공자일 수 있다는 점을 직시했다. 어린 시절에는 내 책임은 적었기 때문에, 나는 어린 시절 사건보다 최근 사례에 집중했다.

처음에는 내가 엄마와의 갈등에 어떤 영향을 미쳤는지 파악하기 어려웠다. 아무리 봐도 나는 힘없는 피해자 같았다. 그러나 차분히 내 마음을 들여다보자 다른 그림이 펼쳐졌다. 다른 형제자매나 손주들과는 친밀한 관계를 유지하는 데 비해, 내가 사는 집으로 나를 보러 오거나 내 남편이나 아이들과 친해지길 꺼리는 엄마의 태도에만 집착했다. 그녀가 무능력해서 나를 있는 그대로 받아들이지 못한다는 나의 인식, 그리고 그녀가 나를 다른 누군가이길—더 다정하고, 더 고분고분하며, 더 겸손하고, 고집이 덜하며, 더 재미있는 누군가이길—바란다는 내 느낌이 나를 화나게 했다.

다음으로 나의 성격적 단점과 그 단점들이 엄마와 나와의 껄끄러운 관계에 어떻게 영향을 주었는지를 종이 위에 적어보았다. 고통스러운 과정이었지만 이제껏 보지 못했던 진실이 눈에 들어왔다. 아이스킬로스의 말처럼 "우리는 고통받아야 한다, 진실로부터 고통받아야 한다."

나를 보고 그런 모습들을 짐작하는 이는 별로 없겠지만, 사실 나는 늘 불안하고 두렵다. 불안을 다스리기 위해 엄격한 스케줄, 예측 가능한 루틴을 따르고 할 일 목록을 맹목적으로 고수한다. 가끔은 다른 사람들이 내 의지와 목표에 따르도록 강요한다.

모성은 내 인생에서 가장 보람 있는 경험이지만 한편으로는 불안을 부추기는 요인이기도 했다. 그래서 내 아이들이 어렸을 때,

나는 더욱 엄격하게 굴었다. 돌이켜보면 그 시절에 우리 집을 방문한 사람이라면 나의 어머니까지 포함해 그 누구도 즐거울 리가 없었다. 나는 집안을 쥐 잡듯 돌봤고, 뭔가 잘못됐다고 느끼면 몹시 불안해했다. 그리고 악착같이 일을 하다 보니 나 자신, 친구들, 가족, 혹은 여가에 쓸 시간이 거의 없었다.

엄마가 현실과 다른 나의 모습을 바란다고 내가 분개한 일에 대해 말하자면, 나도 그녀에게 똑같이 잘못했다는 사실을 갑자기 충격적일 만큼 명확히 깨달았다. 나는 엄마를 있는 그대로 받아들이길 거부했다. 테레사 수녀처럼 갑자기 우리 집에 나타나 내 남편과 아이들을 포함한 우리 모두를 내가 원하는 방식대로 보살펴 주기를 바랐다.

나는 엄마와 할머니라면 꼭 갖춰야 한다고 생각한 이상적인 모습으로 엄마가 살길 바랐다. 그러다 보니 그녀의 단점만 보았지 엄마의 좋은 특징은 전혀 보지 못했다. 그녀는 재능있는 예술가다. 매력적이다. 재미있고 엉뚱한 면이 있다. 비판받거나 외면당한다고 느끼지 않는 이상 따뜻한 마음씨와 베풀 줄 아는 본성을 갖고 있다.

각 단계를 거친 후, 나는 나와 엄마의 관계를 더 정확히 이해할 수 있었다. 그러자 화가 사라졌다. 나는 엄마를 향한 분노라는 무거운 짐을 내려놨다. 이 얼마나 다행인가!

마음이 치유되면서 나와 엄마의 관계는 예전보다 좋아졌다. 나는 그녀에게 덜 바라고, 더 관대하며, 덜 비판적인 모습으로 변했다. 또한 나는 우리의 마찰을 통해 긍정적인 부분을 많이 알게 되었다. 말하자면 나는 그녀와 더 사이좋게 지냈더라면 겪지 않았을 법한 상황에서 회복력과 자립심을 배울 수 있었다.

나는 모든 인간관계에서 있는 그대로 말하기를 계속 실천해 보고 있다. 물론 항상 성공하진 못하고, 본능적으로 남 탓을 하고 싶을 때도 있다. 하지만 부지런히 시도하고 있다.

---

정신분석가 도널드 위니컷Donald Winnicott은 1960년대에 '거짓 자기the false self'라는 개념[6]을 도입했다. 위니컷에 따르면, 거짓 자기는 참기 힘든 외적 요구와 스트레스 요인을 막기 위해 스스로 만든 페르소나다. 위니컷은 거짓 자기를 만들면 깊은 공허감에 빠지게 된다고 말했다. 그곳엔 그곳이 없는 셈이다.

소셜 미디어는 거짓 자아가 넘쳐나는 곳이다. 우리로 하여금 거짓 자기를 훨씬 더 쉽게 만들 수 있게 했고, 우리 삶을 현실과 동떨어진 서사로 관리하도록 부추기고 있다.

토니라는 내 20대 환자는 온라인 상에서는 매일 아침 해돋이를 맞이하러 달리기를 했고, 건설적이고 야심 가득한 예술적 시도에 매진했으며, 많은 수상 기록을 갖고 있었다. 하지만 현실에서는 침대에서 제대로 빠져나오지도 못했고, 외설물을 충동적으로 봤으며, 일자리를 찾는 데 힘들어했다. 고립된 채 생활하면서 우울증을 앓았고, 자살 충동까지 느꼈다. 페이스북 페이지엔 그의 실제 일상생활이 거의 드러나지 않았다.

실제 생활이 기대한 이미지와 맞지 않을 때, 우리는 자신이 만들어낸 그릇된 이미지만큼이나 거짓된 소외감과 비현실감을 느끼게 된다. 정신의학자들은 이 느낌을 **현실감 소실**derealization과 **이인증**depersonalization이라고 부른다. 이는 자살을 생각하게 할 만큼 무서운 증상이다. 우리가 현실을 제대로 느끼지 못하면 생을 마감하는 것도 대수롭지 않게 느껴진다.

거짓 자아의 해결책은 진정한 자아를 발견하고 인정하는 것이다. 이를 위해서는 근본적인 솔직함이 필요하다. 근본적인 솔직함은 우리를 자신의 존재에 붙들어 놓고 세상의 현실을 느끼게 한다. 또한 온갖 거짓말을 고집하는 데 필요한 인지 부하를 줄이고, 매 순간을 더 진심으로 살도록 하는 정신적 에너지를 만든다.

우리가 더 이상 골머리를 썩여가며 거짓 자아를 내세우지 않을 때, 자신과 다른 사람들을 더 열린 태도로 대할 수 있다. 정신의학자 마크 엡스타인Mark Epstein은 『지속의 존재Going on Being』에서 진정성을 탐구하며 이렇게 썼다. "내 주변 환경을 신경 쓰는 데 더 이상 얽매이지 않으니 활기가 생기고, 균형이 잡혔으며, 실제 세상의 자연성과 나만의 타고난 본성에 유대감[7]을 갖게 되었다."

## 솔직함은 전염된다

2013년, 마리아는 음주 문제로 고생하고 있었다. 법적 제한 수치의 4배나 되는 혈중알코올농도 때문에 응급실을 자주 찾았다. 보호자 역할은 그녀의 남편인 디에고가 주로 했다.

그러나 디에고 또한 음식 중독 문제를 겪고 있었다. 그는 키 155센티미터에 몸무게가 152킬로그램이 넘었다. 마리아가 음주를 멈추고 나서야 디에고도 음식 중독에서 벗어나겠다고 마음먹었다.

"마리아가 회복되는 모습을 보고," 디에고가 말했다. "제 생활도 바꿔야겠다는 생각이 들었어요. 마리아가 술을 마실 때 저도 엄청 먹었거든요. 안 좋은 쪽으로 가고 있다는 걸 알고 있었죠. 하지만 마리아가 술을 끊고 나서야 저도 움직이기 시작했어요. 확실히 마리아가 좋은 쪽으로 변화하는 걸 보니 저도 그대로 남아 있기 싫었어요.

그래서 핏비트Fitbit*를 장만했어요. 헬스클럽도 가기 시작했죠. 칼로리 측정도 시작했는데 … 그렇게 칼로리를 재는 것만으로도 제가 얼마나 많이 먹는지 알 수 있었죠. 식이요법과 간헐적 단식도 시작했어요. 밤늦게나 운동 전 아침에 먹는 것도 삼갔고요. 달

---

* 웨어러블 테크놀로지에 기반한 건강 관련 제품을 생산하는 미국 기업. 같은 이름의 스마트 밴드형 건강 측정 제품으로 널리 알려졌다.

리기도 하고 웨이트도 했어요. 배고프다는 신호는 무시할 수 있겠더라고요. 올해(2019년) 몸무게는 88킬로그램가 됐어요. 혈압도 아주 오랜만에 정상으로 돌아왔죠."

임상 업무를 하다 보면 가족 구성원 한 사람이 중독에서 회복하면, 이내 다른 구성원도 긍정적으로 변화하는 경우를 종종 본다. 남편이 술을 끊으니까 부인이 외도를 멈춘 경우, 부모가 대마를 그만 피우니까 자녀도 똑같이 그만하는 경우도 있었다.

---

앞서 1968년 스탠퍼드대학교에서 있었던 마시멜로 실험을 언급한 적이 있다. 당시 실험은 3~6세 나이의 어린이들을 대상으로 더 큰 보상을 위해 당장의 욕구를 참는 능력을 관찰했다. 아이들은 접시 위에 놓인 마시멜로와 함께 빈방에 남겨졌는데, 마시멜로를 먹지 않고 15분을 버티면 마시멜로를 한 개 더 얻을 수 있다는 얘기를 들었다. "잠깐만 기다리면 두 개를 줄게."

2012년, 로체스터대학교 소속 연구자들은 1968년 스탠퍼드 마시멜로 실험을 비틀었다. 한 어린이 그룹은 마시멜로 테스트가 진행되기 전에 약속이 깨지는 경험을 했다. 연구자들이 방을 떠나면서 아이가 벨을 울리면 돌아오겠다고 약속하고는 돌아오지 않았던 것이다. 반면에 다른 어린이 그룹한테는 똑같이 말하고는 그들이 벨을 울렸을 때 돌아왔다.

연구자가 다시 돌아왔던 두 번째 어린이 그룹은 약속이 깨진 경험을 한 어린이[8] 그룹보다 흔쾌히 4배 더 오래(12분간) 기다렸다.

마리아의 회복이 디에고에게 음식 문제를 해결하도록 영향을 미친 이유, 혹은 어른들이 아이들과의 약속을 지켰을 때 그 어린이들이 충동을 더 잘 조절할 수 있는 이유를 어떻게 이해할 수 있을까?

나는 이것을 **여유 대 결핍의 사고방식**이라고 부른다. 있는 그대로 말하기는 여유 있는 사고방식으로 이어진다. 반면에 거짓말은 결핍의 사고방식으로 이어진다. 지금부터 설명해 보겠다.

주변 사람들이 나와의 약속을 지키고, 있는 그대로를 이야기할 때, 우리는 세상과 미래에 대해 긍정적인 기대를 갖게 된다. 세상이 질서 있고 예측 가능하며 안전한 곳이 될 수 있다는 믿음이 생긴다. 무언가 부족하더라도 상황이 괜찮아질 거라고 확신하게 된다. 이것이 바로 여유 있는 사고방식이다.

반면에 주변 사람들이 거짓말하고 약속도 안 지킬 때, 우리는 미래에 대해 믿음을 잃게 된다. 세상은 질서 있거나, 예측 가능하거나, 안전한 곳이 될 거라고 기대할 수 없는 위험한 곳이 된다. 우리는 경쟁적인 생존 모드로 들어가 장기간의 이득보다 당장의 이득을 선택하게 된다. 이것이 결핍의 사고방식이다.

신경과학자 워런 비클과 그의 동료들은 참가자들에게 각각 여유 있는 상태와 결핍의 상태를 보여주는 이야기를 읽게 하고 이 경험이 금전적 보상을 선택하는 데 어떤 영향을 미치는지 살펴봤다.

여유 있는 이야기는 이런 내용이다. "당신은 직장에서 승진했습니다. 그리고 항상 살고 싶어 했던 지역으로 이사를 갈 기회를 얻을 것이고, 아니면 지낼 곳을 선택할 수도 있습니다. 무엇을 선택하건, 회사는 이사 비용으로 쓰도록 당신에게 거액의 돈을 주고 남은 돈은 가지라고 제안합니다. 수입은 이전보다 100퍼센트 이상 더 받을 것입니다."

결핍의 이야기는 이런 내용이다. "당신은 직장에서 막 해고됐습니다.[9] 이제 당신이 싫어하는 지역에서 사는 친척의 집으로 들어가야 할 것이고, 그동안 모은 모든 돈을 그곳으로 이사할 때 써야 할 것입니다. 당신은 실업 자격을 얻지 못했기 때문에 다른 직업을 구할 때까지 아무런 수입이 없을 것입니다."

연구자들이 어느 정도 예상한 대로, 결핍의 이야기를 읽은 참가자들은 먼 미래의 이득 보다는 당장의 보상을 선택했다. 반면에 여유 있는 이야기를 읽은 참가자들은 미래의 보상을 자진해서 선택했다.

자원이 부족할 때 사람들이 즉각적인 이득에 더 끌리고 그런 보상이 어느 정도 먼 미래에도 계속 있을 것이라고 확신하지 못한다는 점은 직관적으로도 이해할 수 있다.

질문은 여기 있다. 왜 수많은 이들이 부유한 국가에서 풍요로운 물질 자원과 함께 살면서도 결핍의 마음가짐을 갖고 매일을 살아가는 걸까?

앞서 확인한 것처럼 너무 많은 부는 문제의 원인이 되기도 한다. 도파민 과부하는 보상을 미루는 능력을 저하시킨다. 소셜 미디어의 과장과 '탈진실'의 정치(있는 그대로 표현하자면 거짓말하기)는 우리의 결핍감을 키운다. 그 결과 우리는 풍요 속에 있으면서도 빈곤함을 느낀다.

여유 속에서 결핍의 마음가짐이 생겨나는 것처럼, 결핍 속에서도 여유 있는 마음가짐을 가질 수 있다. 심리적 여유는 물질세계 너머의 원천에서 비롯된다. 우리 바깥의 무언가를 믿거나 그것을 위해 매진하는 자세, 그리고 인간적인 유대감과 의미로 가득한 삶을 만드려는 노력은 비록 가난에 처해 있더라도 우리에게 여유 있는 마음가짐을 갖게 한다.

---

"우선 제 역할을 설명해 드릴게요." 나는 드레이크에게 말했다. 그는 내가 일하는 병원의 전문 복지위원회에서 내게 평가를 요청했던 내과의사였다.

"당신한테 의사 일을 하는 능력에 불리한 영향을 주는 정신 질환은 없는지, 당신이 자기 일을 하는 데 적절한 도움이 필요하진 않은지 판단하기 위해 저는 이 자리에 있습니다. 하지만 오늘의 평가를 넘어서 저를 하나의 수단으로도 봐줬으면 해요. 더 넓게 보면 정신 건강 치료나 정서적 지지가 필요할 테니까요."

"감사합니다." 그가 안심하며 말했다.

"DUI 경력이 있다고 들었어요."

DUI driving under the influence, 혹은 음주운전은 술에 취한 상태에서 차량을 운전하여 법률을 위반한 경우를 가리킨다. 미국에서는 운전자가 0.08퍼센트 이상의 혈중알코올농도를 보이면 위법이다.

"네, 10년도 더 전에 의과대학에 다니던 시절이었어요."

"음, 좀 당황스럽네요. 그럼 저를 지금 볼 필요가 없을 텐데. 저는 보통 DUI 직후에 대한 평가를 요청받거든요."

"저는 여기 교수진에 새로 들어왔습니다. 신청서에 DUI 기록을 적었고요. 그쪽(복지 위원회)에서 모든 게 괜찮은지 확인하길 바란 것 같아요."

"그러면 이해가 될 것 같네요." 내가 말했다. "그렇다면 당신의 이야기를 들려주세요."

2007년, 드레이크는 의대 1학년 첫 학기를 다니고 있었다. 차를 타고 캘리포니아를 벗어나 북동쪽으로 향했다. 태평양 연안의 햇볕 쨍쨍한 초원은 가을의 장관 속에 화려하게 펼쳐진 뉴잉글랜드의 구불구불한 언덕으로 바뀌어 있었다.

그는 캘리포니아의 날씨만큼 자유로운 학부 시절을 보낸 후에야 의학 공부에 매진하기로 결심했다. 캘리포니아에서의 전공은 사실상 서핑이었고, 캠퍼스 뒤편의 숲속에서 "형편없는 시를 쓰며" 시간을 보냈었다.

의대에서의 빡빡한 첫 시험이 끝나자 의대 동기 몇몇이 시골에 있는 자택에서 파티를 벌였다. 한 친구가 운전을 할 계획이었지만 막판에 그 친구의 차에 문제가 생기면서 드레이크가 운전대를 잡았다.

"9월의 아름다운 초가을날이었던 걸로 기억해요. 그 집은 시골길 아래쪽에 있었는데, 제가 사는 곳에서 멀지 않았죠."

파티는 드레이크의 기대보다 더 재미있게 돌아갔다. 의대에 입학한 후 이렇게 마음 편히 지내기는 처음이었다. 맥주 몇 병을 마시는 것으로 시작해 조니워커 블루라벨로 판이 커졌다. 밤 11시 30분, 이웃이 소음 문제로 경찰을 불렀을 때 드레이크는 취해 있었다. 그의 친구도 마찬가지였다.

"제 친구와 저는 너무 취해서 운전을 할 수 없다는 걸 알았어요. 그래서 그 집에 계속 있었죠. 경찰들이랑 다른 손님들 대부분은 떠나서 없었고요. 소파가 있길래 거기서 눈을 붙이고 술을 좀 깨려고 했죠. 새벽 2시 30분에 깼어요. 여전히 취기가 약간 있었지만 심각한 정도는 아니라고 느꼈고요. 텅 빈 시골길을 쭉 내려가기만 하면 저의 집이 있었어요. 길어 봐야 3~5킬로미터. 우린 그냥 가기로 했어요."

드레이크와 친구는 시골길에 들어서자마자 길 한쪽에 대기 중인 경찰차를 발견했다. 경찰은 그들 뒤에 붙어서 그들만 계속 기다렸다는 듯이 쫓아오기 시작했다. 그들은 교차로에 다다랐다.

전선 하나에 매달린 신호등이 바람에 휘날리며 비틀댔다.

"제 쪽으로 노란불, 반대쪽으로 빨간불이 들어왔다고 생각했어요. 하지만 신호등이 그렇게 흔들리니 판단하기 어려웠죠. 게다가 제 뒤에 경찰이 있어서 신경 쓰였고요. 그렇게 교차로를 천천히 지났는데, 아무 일이 없었어요. 그래서 노란불일 때 지나간 게 맞았다고 판단하고는 계속 갔죠. 그러다가 교차로가 하나 더 나왔는데, 왼쪽으로 가면 바로 저의 집이 있었어요. 그렇게 좌회전을 하는데 깜빡이 켜는 걸 까먹고 말았죠. 바로 그때 경찰이 저를 멈춰 세웠어요."

경찰은 드레이크 나이 또래였다.

"신입인 것 같았어요. 저를 멈춰 세우는 게 영 내키지 않지만 어쩔 수 없다는 느낌이었어요."

그는 드레이크를 길가로 나오게 해서 음주 측정을 하고 음주 측정기를 불게 했다. 0.10퍼센트, 법정 한도를 살짝 넘는 수치였다. 경관은 드레이크를 경찰서로 데려갔다. 그곳에서 드레이크는 다량의 서류를 작성했고, 운전면허가 일시 정지됐다. 경찰서의 누군가가 그를 집으로 데려다 주었다.

"다음 날, 저랑 같이 자랐던 한 친구가 응급 진료 쪽에서 레지던트로 있다가 DUI 처분을 받았다는 소문이 떠올랐어요. 제가 정말 존경하던 친구였죠. 우리 과 대표였어요. 그 친구한테 전화를 했어요.

연락이 닿으니 그 친구가 이렇게 말하더라고요. '어찌 됐든 간에 DUI 기록이 남으면 안 돼. 의사로서는 더 그렇고. 지금 바로 변호사를 구해. 그 사람들이 그걸 '취중 부주의'로 처벌 수위를 낮추거나 완전히 없애 줄 거야. 내가 그렇게 했어.'"

드레이크는 지역 변호사를 구했고, 학자금 대출에서 빼낸 5천 달러를 선금으로 지불했다.

변호사는 이렇게 말했다. "곧 재판일을 배정받을 겁니다. 잘 차려입으세요. 보기 좋아야 합니다. 판사가 당신을 증인석에 세워서 변론을 요청할 텐데, '결백합니다'라고 말하세요. 그게 끝입니다. 그것만 말하면 돼요. 그 한마디, '결백합니다.' 그러면 다 끝납니다."

공판 당일, 드레이크는 들은 이야기대로 격식을 갖춰 입었다. 법원 청사는 집에서 몇 블록 밖에 떨어져 있지 않았다. 그는 걸어가면서 생각했다. 네바다에 살던 사촌은 음주운전을 하다가 맞은편에서 오던 18살 소녀가 몰던 차와 정면충돌했다. 두 사람 모두 사망했다. 사고 직전에 바에서 사촌을 봤던 사람들은 그가 죽고 싶은 것처럼 술을 마시고 있었다고 말했다.

"법원 청사에서 내 또래 남자애들을 여럿 봤어요. 그 애들한텐, 그러니까 저만큼의 특권이 없어 보였죠. 나처럼 변호사를 두고 있는 사람은 없겠다 싶었죠. 저 자신이 조금 추잡하게 느껴졌어요."

법정에 들어가서 차례를 기다리는 동안, 드레이크는 변호사가 얘기해준 대로 계획을 머릿속으로 계속 복기했다. "판사가 당신을 증인석에 세워서 변론을 요청할 텐데, '결백합니다'라고 말하세요. 그게 끝입니다. 그것만 말하면 돼요. 그 한마디, '결백합니다.'"

판사는 드레이크를 증인석으로 불렀다. 드레이크는 판사석 바로 밑 오른쪽에 있는 딱딱한 나무 의자에 앉았다. 그리고 오른손을 들고 진실을 말할 것을 약속하라는 요청을 받았다. 그는 약속했다.

그는 법정 안의 사람들을 둘러봤다. 그리고 판사를 바라봤다. 판사는 그에게 몸을 돌려 말했다. "어떻게 답변하시겠습니까?"

드레이크는 자기가 할 얘기를 알고 있었다. 그렇게 말하려고 했다. 그 한마디, 결백합니다. 그 말이 거의 입술까지 왔다. 거의 다 왔다.

"하지만 이번에는 다섯 살 때 일이 생각났어요. 아버지한테 아이스크림을 사달라고 했더니 점심을 먹을 때까지 기다려야 한다고 말씀하셨죠. 그래서 말씀드렸어요. '저 점심 먹었어요. 옆집에 사는 마이클네에 갔더니 걔가 저한테 핫도그 줬어요.' 그런데 저는 마이클네 집에 가본 적이 한 번도 없었어요. 마이클과 저는 친구라고 하기도 어려웠고, 아버지는 그 사실을 알고 계셨죠. 음, 아버지는 망설이지 않으셨어요. 바로 전화를 걸어서 마이클에게 물으셨죠. '네가 드레이크한테 핫도그 줬니?' 그러고 나서 아버지는 아주 차분하게 저를 앉히시더니 거짓말은 항상 안 좋다고 말씀하셨어요. 결과의 가치가 전혀 없다고 말이죠. 그 순간이 저한테 깊은 인상을 남겼어요.

변호사가 말한 대로 '결백합니다'라고 말할 계획을 계속하고 있었어요. 증언대에 서기 전에 다른 결심을 한 것도 아니었고요. 하지만 판사의 질문을 받은 순간 아무 말도 할 수 없었어요. 그 한마디를 못 했죠. 저는 제가 유죄란 걸 알고 있었어요. 술을 마시고 운전을 했으니까요."

"유죄입니다." 드레이크가 말했다.

판사는 그날 아침 처음 잠에서 깬 것처럼 의자를 당겨 앉았다. 그리고 천천히 고개를 돌렸다. 그러더니 가늘게 뜬 눈으로 드레이크를 바라보며 단도직입적으로 물었다. "최종 답변이 확실합니까? 그 결과는 알고 있나요? 돌이킬 순 없습니다."

"그때 판사가 고개를 돌리면서 나를 바라본 모습은 절대 잊지 못할 거예요." 드레이크가 말했다. "판사가 그걸 물어본다는 게 좀 이상하다고 생각했어요. 제가 실수하고 있는 건지 아주 잠깐 의아했고요. 그러고는 판사한테 확실하다고 말했어요."

이후 드레이크는 변호사에게 전화해 있었던 일을 이야기했다. "정말 놀라더라고요."

드레이크의 변호사는 이렇게 말했다. "당신의 솔직함을 존중합니다. 보통 이런 일은 없는데, 5천 달러 돌려줄게요."

변호사는 그 말을 지켰다. 전액 환불.

이듬해 드레이크는 DUI 의무교육을 받아야 했다. 교육은 먼 곳에서 진행되었다. 운전은 불가능했기 때문에 버스를 타야 했고, 그렇게 하면 한 번에 몇 시간이 걸릴 수 있었다. 의무적인 모임에서는 평소에 만나지 않았을 사람들과 빙 둘러앉았다. "의대에서 어울리던 사람들과는 정말 달랐죠." 그가 기억하기에, 다른 사람들은 대부분 다수의 DUI 기록이 있는 나이 든 백인 남성이었다.

벌금 1천 달러를 내고 오랫동안 DUI 의무교육을 받은 후, 드레이크는 다시 운전면허를 받았다. 그러나 그건 시작에 불과했다.

그는 의대 공부를 마치고 레지던트에 지원했다. 모든 레지던트 지원서에 DUI로 유죄 판결을 받은 사실을 기록했다. 의사 면허를 신청할 때도 똑같이 했다. 전공시험자격증을 신청할 때도 마찬가지였다. 마지막으로 샌프란시스코 베이에서 레지던트 자리를 얻었을 때, 버몬트에서 받은 DUI 교육이 캘리포니아에서는 인정되지 않는다는 사실을 알았다. 그래서 모든 교육을 다시 받아야 했다.

"종일 일하다가 밤이 되면, 버스를 타고 DUI 교육에 참석하려고 병원을 급히 빠져나가야 했어요. 1분이라도 늦으면 벌금을 내야 했죠. 거짓말을 하는 게 더 나았으려나 하는 생각이 들 때가 있어요. 하지만 지금 돌이켜 보면 사실대로 말한 게 좋아요.

부모님은 모두 제가 크는 동안 음주 문제를 겪으셨어요. 아버지는 지금도 그러시고요. 한 번에 몇 주 동안 술을 안 드실 수 있는데, 술을 드시기만 하면 안 좋죠. 어머니는 회복하신 지 지금 10년 됐어요. 하지만 제가 크는 동안엔 늘 술을 끼고 사셨죠. 저는 그걸 몰랐고 어머니가 술에 취한 모습을 본 적도 없었어요. 하지만 두 분은 그렇게 문제를 겪으면서도 제가 두 분한테 마음을 열고 솔직할 수 있을 것 같은 느낌을 주는 데 능숙하셨죠.

두 분은 제가 못된 짓을 하더라도 저를 늘 사랑하고 자랑스러워하셨던 것 같아요. 그렇다고 다 받아주진 않으셨고요. 예를 들어 두 분 다 돈이 있으면서도 제 변호사 비용을 대주지 않으셨어요. 그러면서도 비난은 절대 하지 않으셨죠. 편하고 안전한 공간이 마련되도록 하셨던 것 같아요. 그래서 제가 진실할 수 있었던 것 같아요. 요즘은 술을 거의 안 마셔요. 뭔가를 해도 극단적으로 하는 경향이 있고, 위험을 감수하는 편이라서 정말로 그 길로 갔을 수도 있어요. 하지만 제 인생에서 그 한 번의 결정적인 순간에, 그러니까 DUI로 걸렸을 때 사실대로 말한 게 저를 다른 길로 이끌었던 것 같아요. 오랫동안 솔직하게 지낸 게 저 자신을 더 편하게 받아들이는 데 도움이 됐던 것 같고요. 저한테는 비밀이 없어요."

---

있는 그대로 말하고 심각한 결과를 감내한 행동이 드레이크 인생의 궤적을 바꾸었는지 모른다. 최소한 드레이크 본인은 그렇게 생각하는 것 같다. 어렸을 때 아버지의 영향으로 솔직함을 과할 정도로 존중하게 된 경향은 중독에 관한 강력한 유전적 부하

보다 더 큰 영향력을 행사한 것으로 보인다. 드레이크의 사례처럼 근본적인 솔직함은 중독의 예방책이 될 수 있을까?

근본적인 솔직함이 부패하고 고장 난 시스템 안에서 어떠한 불이익을 가져올지, 미국 사회에서 드레이크의 인종적·계급적 특권이 그가 중대한 과오를 극복하는데 어떤 영향을 미쳤는지, 드레이크의 사례만으로는 설명할 수 없다. 그가 가난한 유색 인종이었다면 결과는 꽤 달랐을 지 모른다.

그럼에도 그의 이야기는 내가 부모로서 자식을 키우는 데 솔직함을 핵심 가치로서 강조할 수 있고, 강조해야 한다는 확신을 심어 주었다.

나는 환자들과 만나면서 솔직함이 의식을 고양하고, 더 만족스러운 관계를 만들며, 더 진심 어린 이야기에 힘쓰도록 하고, 만족 지연 능력을 강화한다는 점을 알게 됐다. 또한 솔직함은 미래에 중독이 커지는 상황을 막아 준다.

그러나 내게 솔직하기란 매일의 도전이다. 내겐 이야기를 살짝 꾸며서 나를 돋보이게 하거나 나의 나쁜 행동을 변명하고 싶어 하는 마음이 늘 있다. 그런 충동을 이겨내려고 지금도 최선을 다하고 있다.

9장

# 수치심의 역설

중독에서 **수치심**shame은 본질적으로 미묘한 개념이다. 중독을 멈추는 원동력인 동시에 중독을 강화하는 수단이 될 수 있기 때문이다. 그렇다면 우리는 어떻게 해야 이러한 역설에서 벗어날 수 있을까?

우선 수치심이 무엇인지 알아 보자.

오늘날 심리학에서는 수치심을 죄책감과 다른 감정으로 본다. 교과서적인 설명은 이런 식이다. 수치심이 우리 자신을 나쁘게 느끼게 하는 감정이라면, 죄책감은 긍정적인 자아를 지키면서도 자신의 그릇된 행동을 인정하는 감정이다. 수치심은 부적응적 감정, 죄책감은 적응적 감정인 셈이다.

수치심-죄책감의 구별이 어려운 이유는 경험상 둘을 구분하기 힘들기 때문이다. 머리로는 자기혐오를 '나는 좋은 사람이지만 이번에는 실수했어(죄책감)'라는 감정과 구분해서 분석할 수 있을 것 같지만, 수치심-죄책감의 감정이 일어나는 그 순간, 이 둘을 구별하기란 쉽지 않다. 왜 그럴까? 이런 감정이 일어나면 처벌에 대한 공포와 함께 후회가 밀려오고, 버림받을까 봐 두려워진다. 무언가 들켰을 때 후회가 찾아오는데, 이때 후회는 행동 자체에 대한 후회를 포함할 수도 있고 아닐 수도 있다. 사회적 처벌의 한 형태인 소외에 대한 두려움은 특히 강력하다. 버려지고 따돌림당하며 앞으로 무리에 끼지 못할지도 모른다는 공포는 내면의 솔직함을 마비시키기 충분하다.

내가 보기에 수치심이냐 죄책감이냐를 결정하는 것은 우리가 그 감정을 어떻게 경험하느냐가 아니라 다른 사람들이 우리의 위반 행위에 어떻게 반응하느냐에 달려 있다.

상대가 우리에게 거부, 비난, 회피의 감정을 드러내면 우리는 파괴적 수치심destructive shame의 사이클로 들어가게 된다. 파괴적 수치심은 수치심의 감정적 경험을 심화시키고, 처음에 수치심을 느끼게 했던 행동을 완전히 고정시켜 버린다.

반면에 상대가 우리를 더 가까이 두고 구원/회복을 위한 손길을 내민다면 우리는 친사회적 수치심prosocial shame의 사이클로 들어간다. 친사회적 수치심은 수치심의 감정적 경험을 누그러뜨리고, 수치스러운 행동을 멈추거나 줄이도록 도와준다. 자존감도 지켜준다.

개념을 이해한 상태에서 수치심이 그릇된 쪽으로 가는 경우(파괴적 수치심)를 먼저 살펴본 후, 수치심이 옳은 방향으로 가는 경우(친사회적 수치심)를 알아보자.

## 나를 파괴하는 수치심

언젠가 내 정신과 동료 중 한 명이 내게 이런 말을 했다. "우리 환자들을 좋아하지 않으면 그 사람들한테 도움이 될 수 없어."

그러나 나는 로리를 처음 만났을 때 그녀가 맘에 들지 않았다.

그녀는 자기 주치의가 보내서 온 것뿐이라고 냉소적으로 말했다. 로리는 중독 증상이나 다른 정신 건강 문제가 전혀 없었고 '진짜 의사'한테 돌아가서 약을 탈 수 있도록 내가 말을 잘 해주기만 바랐다.

"저는 위 우회술을 받았어요." 그녀는 자신이 복용하고 있는 처방약을 받으려면 이 정도면 충분하다는 듯 얘기했다. 그러나 그녀의 복용량은 위험할 정도로 과했다. 그녀는 옛날 여교사마냥 재능 없는 학생에게 강의하듯이 말했다. "한때 몸무게가 90킬로그램이 넘었는데 지금은 안 그래요. 당연히 창자 위치를 바꾼 탓에 흡수 장애 증후군을 앓고 있고, 그래서 평균적인 사람들의 혈액 수준을 만들려면 렉사프로Lexapro 120밀리그램이 필요해요. 의

사시니까 이해하시겠죠."

렉사프로는 신경전달물질인 세로토닌을 조절하는 항우울제다. 1일 평균 복용량은 10~20밀리그램이다. 로리의 복용량은 보통의 6배가 넘었다. 항우울제는 일반적으로 마약처럼 오용되지 않지만, 나는 최근 몇 년 간 그런 경우들을 심심치 않게 보았다. 로리가 체중 감량을 위해 받았던 루앵Y 수술이 음식과 약제를 흡수하는 데 문제를 일으키는 건 사실이지만, 그렇게 다량의 항우울제가 필요한 경우는 정말 드물었다. 분명 다른 일이 벌어지고 있었다.

"혹시 다른 약제나 물질을 쓰고 계신 게 있나요?"

"통증 때문에 가바펜틴과 의료용 마리화나를 쓰고 있어요. 수면 때문에 암비엔도 쓰고 있고요. 모두 저를 위한 약이죠. 치료에 필요하죠. 그게 뭐가 문제인지는 모르겠네요."

"어떤 병을 치료 중이신가요?" 물론 나는 그녀의 차트 기록을 읽어서 어떤 내용인지 알고 있었다. 하지만 나는 언제나 환자가 이해한 자신의 진단과 치료에 대한 이야기를 듣고 싶었다.

"우울증이 있고, 옛날에 다친 다리에 통증이 있어요."

"그렇군요. 이해했습니다. 하지만 복용량이 너무 많아요. 혹시 어떤 물질이나 약제를 계획보다 더 많이 복용한다거나, 고통스러운 감정에 대처하려고 음식이나 마약에 기댄다거나 하는 문제로 고생하신 적은 없는지 궁금하네요."

그러자 그녀는 굳어버렸다. 등을 곧추세우고, 무릎 위의 두 손은 꽉 움켜쥐었으며, 발목은 단단히 꼬았다. 금방이라도 의자에서 튀어 올라 밖으로 도망갈 것처럼 보였다.

"말씀드렸잖아요, 의사 선생님! 그런 문제는 전혀 없다고요." 그녀는 입술을 오므리더니 시선을 피했다.

난 한숨을 쉬었다. "이야기를 바꿔보죠." 나는 우리의 힘겨운 출발을 이겨내길 바라며 말했다. "당신의 인생을 짧은 자서전처럼 얘기해주세요. 어디서 태어났고, 누가 당신을 키웠으며, 어렸을 때 어땠는지, 그리고 인생의 중대한 사건들도 들려주세요. 현재까지 쭉 이야기해 주세요."

환자의 이야기를―그들을 형성해 내 앞에 보이는 사람을 완성한 힘들을―한번 알고 나면, 반감은 따뜻한 공감 속에 사라진다. 누군가를 진심으로 이해하는 일은 그 사람을 좋아하는 일이다. 그래서 나는 항상 의대생들과 레지던트들에게 환자의 이야기에 집중하라고 가르친다. 이야기는 환자의 인간성뿐 아니라 우리 자신의 인간성까지 되찾아 준다.

―

로리는 1970년대에 와이오밍주의 한 농가에서 셋째 중 막내로 자랐다. 그녀는 어렸을 때부터 자신이 다르다는 느낌을 받았다고 한다.

"뭔가 저랑은 맞지 않았어요. 소속감이 안 들었죠. 불편하고 안 맞는다는 느낌이 들었어요. 언어 장애가 있어서 혀짤배기소리를 냈고요. 항상 바보 같았어요." 로리에 대한 내 첫인상은 그녀가 아주 영리해 보인다는 것이었다. 하지만 우리가 어렸을 때 형성한 자아개념은 인생에 큰 영향을 미쳐서 이와 반대되는 증거는 모두 몰아낸다.

그녀는 아버지를 무서워했다. "아빠는 자주 화를 냈어요." 하지만 더 큰 두려움은 처벌을 책임지는 하느님의 망령이었다.

"자라면서 저주의 하느님을 알게 됐어요. 내가 완벽하지 않으면 지옥에 가는 거였죠." 그 결과 자신이 완벽하다고, 혹은 최소한 다른 사람들보다 더 완벽하다고 생각하는 일이 인생 내내 중요한 주제가 되었다.

로리는 학생으로는 평범했고, 운동선수로는 평균 이상이었다. 100미터 허들에서 중학교 신기록을 세우면서 올림픽을 꿈꾸기 시작했다. 하지만 고등학교 1학년 때 허들을 뛰다가 발목 골절을 당했다. 수술을 하면서 달리기 경력은 사실상 막을 내렸다.

"유일하게 잘하던 게 사라진 거예요. 그때부터 먹기 시작했어요. 맥도날드에 들르면 빅맥 두 개는 기본이었죠. 그게 자랑스러웠어요. 대학에 갔을 땐 저의 외모에 더 이상 신경 쓰지 않았어요. 1학년 때 몸무게가 57킬로그램였는데, 졸업하고 의료공학 공부를 시작했을 때 82킬로그램까지 나갔어요. 약물에도 손을 대기 시작했고요. 알코올, 마리화나, 환각제… 비코틴을 주로 했어요. 하지만 저의 중독 대상은 항상 음식이었죠."

이후 15년 동안 로리의 삶은 방황으로 점철되었다. 이 지역에서 저 지역으로, 이 직장에서 저 직장으로, 이 남자친구에서 저 남자친구로. 다행히 의료 기사로서 거의 모든 지역에서 쉽게 직장을 찾을 수 있었다. 그러한 로리의 생활에서 꾸준히 이어진 한 가지는 어디에서 살든 주일마다 교회에 나가는 일이었다.

이 기간에 그녀는 음식, 환각제, 알코올, 대마초 등 자신을 잊게 만드는 건 무엇이든 했다. 보통은 아침 식사로 아이스크림 한 통, 근무 중엔 계속 간식을 먹었고, 집에 돌아와서는 바로 암비엔 한 알을 복용했다. 그리고 저녁 식사로 또 아이스크림 한 통, 빅맥, 슈퍼 사이즈 프렌치프라이, 다이어트 코카콜라를 먹었고, 이어서 암비엔 두 알과 디저트로 "큰 사각형 케이크"까지 곁들였다. 때로는 교대 근무를 마치면서 암비엔을 복용했는데, 그렇게 자극을 주면 집에 도착했을 때까지 환각 상태에 있을 수 있었다.

"그것(암비엔)을 먹고 나서 잠을 참으면 환각 상태에 빠질 수 있어요. 그러고 나서 두 시간이 지나 두 알을 더 먹으면 환각은 더 심해졌죠. 황홀했어요."

그녀는 매일 이 패턴 혹은 이와 비슷한 패턴을 반복했다. 휴가 기간에는 수면제를 기침약과 섞어 사용해 환각에 빠지거나, 알코올을 과하게 마시고 성적으로 위험한 행동을 저질렀다. 30대 중반이 됐을 땐 아이오와주의 연립주택에서 홀로 지냈는데, 여가 시간엔 환각에 빠져 미국의 라디오 진행자이자 음모론자인 글렌 벡Glenn Beck의 프로그램을 들으면서 보냈다.

"세상의 종말이 온다고 확신하게 됐어요. 아마겟돈, 무슬림, 이란 침공. 가스가 든 용기를 한 무더기 구매해서는 빈 방에 쟁여뒀죠. 22구경 소총도 샀는데, 그러고 나니까 제가 폭발 사고를 낼 수도 있겠다 싶었어요. 그래서 가스 용기들이 텅 빌 때까지 차에 가스를 채우기 시작했죠."

로리는 자신이 도움이 필요하다는 사실을 깨달았지만 다른 사람에게 도움을 요청하기를 무서워했다. 자신이 "완벽한 기독교인"이 아님을 인정하면 사람들이 자신을 피할까 봐 두려웠다. 가끔은 자신의 문제를 같은 교회 신도들에게 넌지시 비쳤지만, 특정 문제들은 교인들 사이에 공유해서는 안 된다는 사실을 미묘한 메시지를 통해 받아야 했다. 그 시점에 몸무게는 거의 113킬로그램에 달했고, 우울감은 참담할 정도였으며, 죽는 게 낫지 않을까 생각하게 됐다.

"로리," 난 말했다. "음식이든 대마초든 알코올이든 처방약이든 전체적으로 보면, 꾸준히 이어진 문제는 강박적이고 자기 파괴적인 과용 같아요. 그건 맞는다고 생각하나요?"

그녀는 나를 보면서 아무 말도 하지 않았다. 그러더니 갑자기 울기 시작했다. 힘겹게 말문을 열었을 땐 이렇게 말했다. "그게 사실인 건 알지만 믿고 싶진 않아요. 듣고 싶지도 않고요. 저한텐 번듯한 직업이 있어요. 자동차도 있고요. 매주 일요일에 교회에도 나갑니다. 위 우회술을 받으면 모든 게 고쳐질 거라고 생각했어요. 체중이 줄면 인생도 바뀔 거라고요. 하지만 체중이 줄어도 계속 죽고 싶어요."

나는 AA에 참여하는 것을 포함해 로리가 나아질 수 있는 다양한 방법을 제안했다.

"그런 건 필요 없어요." 그녀는 단호하게 말했다. "교회가 있으니까요."

그로부터 한 달 후, 로리는 다시 나를 찾아왔다.

"교회 어른들을 만났어요."

"무슨 일이 있었나요?"

그녀는 다른 곳으로 시선을 돌렸다. "전에 해본 적이 없었던 방식으로 마음을 열었어요… 물론 당신은 예외고요. 그 사람들한테 모든 걸 … 거의 모든 걸 말했어요. 거기에 모든 걸 쏟아부었죠."

"그랬더니요?"

"이상했어요." 그녀가 말했다. "그 사람들이… 혼란스러워하는 것 같았어요. 불안해하더군요. 어떻게 해야 할지 정말 모르는 듯했어요. 저한테 기도하라고 말했죠. 저를 위해 기도하겠다고 말했고요. 그리고 다른 교인들과는 저의 문제를 논의하지 말라고 당부했어요. 그게 전부였어요."

"당신은 어땠나요?"

"그 순간 저주의, 수치의 하느님을 느꼈어요. 저는 성경은 잘 얘기할 순 있지만, 성경 속에 나오는 사랑의 하느님과는 유대감을 못 느껴요. 그 기대에 부응할 수 없거든요. 그 정도로 좋진 않아요. 그래서 교회를 그만 나갔어요. 그런 지 한 달이 됐네요. 그리고 말이죠, 그걸 눈치챈 사람은 아무도 없는 것 같아요. 아무도 전화가 없어요. 나랑 연락한 사람이 없죠. 단 한 사람도요."

---

로리는 파괴적 수치심의 사이클에 빠져 있었다. 그녀는 동료 교인들에게 자기 인생의 어두운 부분을 공유하기 주저했고, 자신의 갈등을 공개하면 외면당하거나 더 나아가 수치심을 느낄 것임을 걱정했다. 자신이 속한 그 작은 공동체를 잃는 위험은 감수하고 싶지 않았다. 하지만 그녀의 행동을 계속 숨기는 것 역시 그녀의 수치심을 영원히 못 박아 버리고 더 나아가 고립을 낳았으며, 결국엔 중독 대상에 대한 의존을 계속 부추길 뿐이었다.

여러 연구에 따르면, 종교 단체에서 적극적인 활동[1]을 하는 사람들은 평균적으로 약물과 알코올 오용 확률이 낮다. 하지만 신앙에 기반한 단체가 죄인을 외면함으로써 그리고 비밀과 거짓말을 숨기라고 당부함으로써 수치심 문제에서 그릇된 쪽으로 가둬버리면 그 사람을 수치심의 파괴적 사이클로 밀어 넣는 꼴이 된다.

파괴적 수치심은 다음과 같이 작동한다. 과용은 수치심으로 이어지고, 수치심은 집단의 외면 혹은 집단에게 거짓말을 해서 외면을 모면하는 상황으로 이어진다. 이는 결국 고립을 낳고, 사이

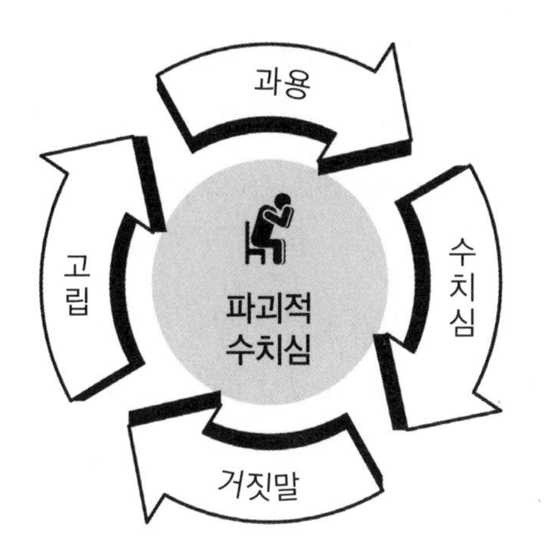


클이 끝없이 이어지면서 중독 대상에 대한 의존도 계속되는 결과를 낳는다.

파괴적 수치심의 해결책은 친사회적 수치심이다. 이것이 어떻게 작동할 수 있는지 살펴보자.

## 나를 살리는 수치심

페도라 모자를 쓴 나의 스승은 자신의 음주 습관을 고친 이야기를 내게 들려준 적이 있다. 내가 그의 이야기를 종종 떠올리는 이유는 그 이야기가 수치심의 양면성을 보여주기 때문이다.

내 스승은 40대 때 매일 밤 아내와 아이들이 잠든 후 몰래 술을 마시곤 했다. 아내에게 술을 끊겠다고 약속한 지 한참 있다가 생긴 습관이었다. 자신의 음주를 감추려고 저지른 그 모든 작은 거짓말들과 술을 마셨다는 사실이 양심에 쌓이고 부담이 되었다. 그 결과 그는 술을 더 마시게 되었다. 수치심 때문에 더욱더 술을 마신 셈이다.

그러던 어느 날, 아내가 음주 사실을 눈치챘다. "아내의 두 눈에 실망과 배신이 가득한 걸 보고 다시는 술을 안 마시겠다고 맹세했지." 그 순간 느꼈던 수치심과 아내로부터 다시 신뢰와 인정을 받겠다는 열망은 그가 처음으로 진지하게 회복을 시도하도록 부추겼다. 그는 AA 모임에 나가기 시작했다. 그가 AA로부터 얻은 중요한 이득은 "수치심 없애기 과정"이었다.

그는 이렇게 설명했다. "나 혼자만 있는 게 아니라는 걸 깨달았어. 거기엔 나 같은 사람들이 있었거든. 알코올 중독으로 어려움을 겪는 다른 의사들도 있었고. 내가 완전히 솔직해지면서 계속 받아들여질 수 있는 곳이 있고, 거기에 갈 수 있음을 알고 있다는 사실은 정말 중요한 전환점이 됐어. 그게 나 자신을 용서하고 변화시킬 수 있는, 내게 필요한 심리적 공간을 만들어냈지. 인생에서 전진할 수 있게 만드는 공간이었어."

친사회적 수치심은 수치심이 공동체 번영에 쓸모 있고 중요하다는 생각에 근거를 둔다. 수치심이 없으면 사회는 혼돈에 빠져버릴 것이다. 따라서 관습에 반하는 행동에 대해 수치심을 느끼는 건 적절하고 좋은 경험이다.

더 나아가 친사회적 수치심은 누구나 결점을 가졌고, 실수할

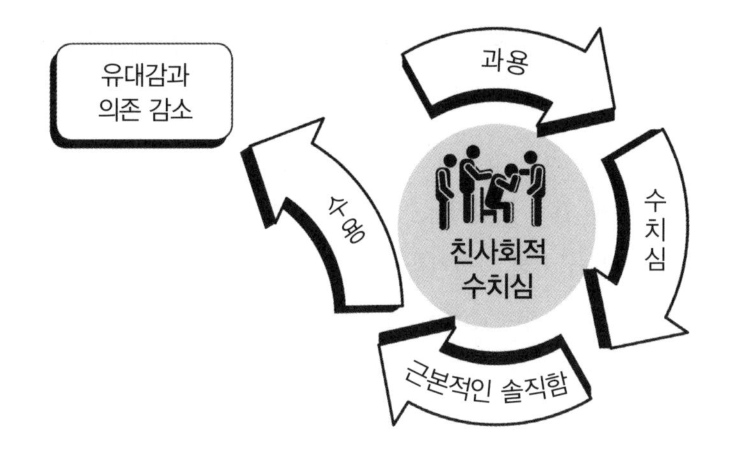


수 있으며, 따라서 용서할 수도 받을 수도 있다는 생각에 근거를 둔다. 옆길로 엇나간 사람을 내치지 않으면서 집단 규범을 고수하도록 하는 열쇠는, 벌충을 위한 구체적인 조치를 명시한 수치심 이후의 '할 일' 목록을 만드는 데 있다.

친사회적 수치심 사이클은 다음과 같이 돌아간다. 과용은 수치심으로 이어지고, 수치심은 근본적인 솔직함을 요구하는데, 솔직함은 우리가 파괴적인 수치심에서 본 것 같은 외면이 아니라 수용과 공감을 낳는다. 그러면서 벌충에 필요한 행동들이 어우러진다. 그 결과 유대감은 커지고 중독 대상에 대한 의존은 줄어든다.

토드라는 내 환자는 알코올 중독에서 회복한 외과 전문의였는데, AA가 어떻게 "연약한 모습을 드러내도 괜찮은 첫 번째 장소"였는지 내게 말해줬다. 그는 첫 번째 AA 모임에서 너무 우는 바람에 자기 이름도 말하지 못했다.

"그러고 나니까 모두 저한테 와서는 전화번호를 알려주고 연락하라고 했어요. 제가 늘 원했지만 속한 적은 없었던 그러한 공동체였죠. 내 암벽 등반 친구들이나 다른 의사들한테도 절대 그렇게 마음을 열진 못했어요."

5년 동안 꾸준히 회복기를 가진 토드는 12단계 중에 자신에게 가장 중요한 단계는 10번째 단계("개인적인 확인 목록을 계속 염두에 두고 잘못했을 땐 바로 인정한다")였다고 말했다.

"매일 저 자신을 확인했어요. 자, 나는 마음이 꼬였나? 뒤틀렸다면 어떻게 바꿀 수 있을까? 벌충할 필요가 있을까? 어떻게 벌충할 수 있을까? 예를 들어서 지난번에 저는 환자에 대한 올바른 정보를 제게 주지 않은 레지던트를 상대해야 했어요. 좌절감이 들었죠. 이게 왜 제대로 되지 않았을까? 그 좌절감을 느낄 때, 이렇게 생각합니다. 그래, 토드, 그만해. 이걸 생각해봐. 이 사람은 너보다 경험이 거의 10년이나 부족해. 겁이 났을 거야. 좌절하는 대신 그가 필요로 하는 걸 얻도록 어떻게 도와줄 거야? 이건 회복에 들어가기 전에는 하지 않았을 일이죠."

"몇년 전에," 토드가 말을 이었다. "회복에 접어든 지 대략 3년 됐을 때, 정말 끔찍한 의대생 한 명을 감독하고 있었어요. 실력이 정말 형편없었죠. 그 친구한테 환자들을 맡길 순 없었어요. 중간고사 피드백을 해줄 때가 됐을 때, 그 친구랑 앉아서 솔직하게 얘기해주기로 마음먹었죠. 이렇게 얘기했어요. '자네 크게 변하지 않으면 이번 시험은 통과하지 못할 거야.' 저의 피드백이 있고 나서, 그 친구는 마음을 다잡고 자신의 능력을 향상시키려고 갖은 노력을 했어요. 그래서 더 나아질 수 있었고, 시험을 통과했죠. 중요한 점은, 내가 술을 마시던 시절이었으면 그 친구를 솔직하게 대하지 않았을 거란 거예요. 그냥 그 친구를 그대로 내버려 두거나, 문제를 다른 사람이 처리하도록 미뤘겠죠."

진심 어린 자기 검사는 자신의 단점을 더 잘 이해하게 할 뿐 아니라 다른 사람의 단점을 객관적으로 살피고 반응할 수 있도록 한다. 우리는 자신을 책임져야만 다른 사람에게도 책임을 물을 수 있다. 그리고 수치스럽게 하지 않으면서도 수치심에 영향을 줄 수 있다.

여기서 열쇠는 동정심이 깃든 책임이다. 이러한 교훈들은 중독 여부에 상관없이 우리 모두에게 적용되고, 우리 일상생활의 모든 관계에서 활용할 수 있다.

## "수치심을 환영합니다"

AA는 친사회적 수치심과 관련해 본보기가 되는 단체다. AA에서 친사회적 수치심은 집단 규범 준수에 영향을 미친다. "AA는 수치심 없는 구역이다"라는 표현처럼, '알코올 중독자'라는 사실에 대한 수치심은 없지만 '맨정신 상태'를 대충 좇는다는 사실에 대한 수치심은 있다. 환자들의 얘기에 따르면, 증상이 재발한 사실을 구성원들에게 알려야 할 때 예상할 수 있는 수치심이 있는데, 그것이 재발을 막는 중요한 방해물 역할을 하고 더 나아가 집단 규범의 준수를 유도한다고 했다.

만약 AA 회원들이 중독에 굴복하게 되면, AA는 이를 고백할 것을 장려하고 이런 행동을 중요한 집단선善으로 여긴다. 이 점이 중요하다. 행동경제학자들은 어떤 집단에 소속되는 보상을 집단선club goods이라고 언급했다. 집단선이 탄탄할수록 그 집단이 현재의 구성원들을 유지하고 새 구성원들을 끌어들일 수 있는 가능성이 크다. 집단선의 개념은 가족, 친목 단체, 종교 모임 등 모든 인간 집단에 적용할 수 있다.

행동경제학자 로런스 야너코니Laurence Iannaccone는 신앙에 기반한 단체의 집단선과 관련하여 이렇게 썼다. "내가 주일 예배에서 얻는 즐거움[2]은 내가 투입한 에너지만이 아니라 다른 사람들의 에너지에 따라서도 좌우된다. 다른 사람들이 얼마나 많이 왔는지, 그들이 나를 얼마나 따뜻하게 맞이하는지, 그들이 노래를 얼마나 잘하는지, 그들이 얼마나 열정적으로 봉독하고 찬양하는지에 따라 달라진다." 집단선은 집단 활동과 모임에 대한 적극적인 참여, 집단 규칙 및 규범의 준수를 통해 강화된다.

AA 단체에 재발을 솔직하게 털어놓는 일은 다른 구성원들에게 공감, 이타심을 경험하는 기회를 만듦으로써 집단선을 증가시킨다. 그리고 그렇게 터놓고 얘기하면 "나한테도 일어날 수 있는 일이었는데 그렇지 않아서 정말 다행이야" 혹은 "신의 은총이 없었다면 나도 저렇게 됐을 걸" 같은 타인의 불행에 대한 쾌감도 어느 정도 경험하는 기회를 만듦으로써 집단선을 증가시킨다.

집단선은 그 공동체에 충분히 끼지 않으면서 이득을 보려고 하는, 구어체로 표현하면 군식구나 떠돌이와 비슷한 무임 승차자로부터 위협을 받을 수 있다. 무임 승차자들이 집단의 규칙 및 규범을 준수하지 못하고, 이에 대해 거짓말을 할 때, 그리고/혹은 자신의 행동을 바꾸려고 노력을 하지 않을 때 집단선에 위협이 된다.

야너코니는 집단선을 만들어내는 집단의 원칙을 각 개인이 얼마나 잘 지키는지 판단하기란(특히 그 요구가 사실대로 말하기 같은 개인 습관과 무형의 주관적 현상을 포함할 때) 아주 불가능하진 않지만 쉬운 일이 아니라고 지적했다.

야너코니의 『희생과 오명의 이론Theory of Sacrifice and Stigma』에 따르면, 다른 상황에 대한 관여를 줄이는 낙인 행동[3]을 명령하거나 개인 자원을 희생하라고 요구하는 등 간접적인 방법으로도 집단 참여도를 '측정'할 수 있다. 이렇게 하면 무임 승차자가 가려진다. 특히 특정한 머리 모양이나 특정한 의복을 갖추거나, 다양한 음식이나 현대 기술 형태를 멀리하거나, 특정한 의학 치료를 거부하는 등, 기존의 종교 단체에서 과하거나 쓸데없거나 비합리적인 것처럼 보이는 행위들은, 어떤 단체에서는 무임승차를 줄이기 위한 댓가로 받아들여지며 정당화되기도 한다.

일반적으로 종교 단체나 사회적 집단이 여러모로 관대하고 규칙과 제한이 적을수록 더 많은 추종자를 끌어들일 것이라고 여겨진다. 하지만 그렇지 않다. '더 엄격한 교회들'이 무임 승차자를 걸러내고 더 탄탄한 집단선을 제공할 수 있기 때문에 자유분방한 단체들보다 더 많은 추종자를 거느릴 뿐 아니라 성공적으로 안착할 확률도 더 높다.

제이콥은 회복 초기에 12단계를 내세운 또 다른 단체인 SA에 참여했고, 증상이 재발할 때마다 거기에 발을 들였다. 열의는 엄청났다. 그는 매일 집단 모임에 직접 혹은 전화로 참여했다. 또한 동료 구성원에게 날마다 8회 이상 전화를 하곤 했다.

AA를 비롯한 12단계 단체들은 미국에서 '사이비 종교 집단' 혹은 사람들이 자신의 알코올, 마약 중독을 집단 중독으로 바꾸는 단체라고 비난받아 왔다. 이러한 비난은 단체의 엄격성을, 그리고 그 추종성이 효력의 원천일 수 있음을 간과한 평가이다.

12단계 단체의 무임 승차자들은 다양한 모습을 띤다. 하지만 가장 위험한 경우는 증상 재발을 인정하지 않는 구성원, 자신을 신입으로 다시 신고하지 않는 구성원, 실천 단계를 다시 실천하지 않는 구성원이다. 이들은 회복에 중요한 절주인들의 사회적 관계망을 비롯해 친사회적 수치심의 집단선을 빼앗아간다. 집단선을 지키려면 AA는 이런 식의 무임승차에 대해 강력하고 때로는 비이성적으로 보이는 조처를 해야 한다.

조앤은 AA 참여로 술을 끊을 수 있었다. 그녀 역시 정기 모임에 참여했고, 후원자를 두었으며, 본인이 다른 사람을 후원하기도 했다. 그녀가 AA에서 4년, 내 환자로 10년 동안 술을 끊었기 때문에, 나는 AA가 그녀의 인생에 만든 긍정적인 변화를 관찰하고 파악할 수 있었다.

2000년대 초반, 조앤은 자신도 모르게 알코올을 섭취하고 말았다. 이탈리아어를 못하는 상황에서 이탈리아를 여행하다가 알코올이 아주 조금 들어간 음료를 주문해 마시고 말았던 것이다. 그 음료는 미국 시장에서 팔리던 무알코올 맥주와 동일한 제품이었다. 그녀는 라벨을 읽고 나서야 무슨 일이 일어났는지 깨달았다.

귀국 후 그녀는 이 사실을 AA의 후원자에게 알렸고, 후원자는 그녀가 다시 알코올에 손을 댔다고 주장하면서 모임에 사실을 알리고 금주 날짜를 다시 세길 권했다. 나는 조앤의 후원자가 그렇게 엄격한 태도를 보인 사실에 놀랄 수밖에 없었다. 그녀가 섭취한 그 하찮은 알코올 양은 대다수의 미국인이 '알코올이 든' 음료라고 쳐주지도 않는 수준이었다. 하지만 조앤은 후원자의 의견을 받아들이며 슬프지만 그렇게 했다. 이후 지금까지 그녀의 회복기와 AA 참여는 계속되고 있다.

조앤의 후원자가 조앤의 금주 날짜를 다시 세라고 주장한 일은 당시 내겐 과해 보였다. 하지만 지금은 소량의 알코올이 대량의 알코올로 변하는—미끄러운 경사길—상황으로부터의 보호, 그리고 더 큰 집단선을 위한 '효용 극대화'로 이해한다. 조앤은 재발에 대한 아주 엄격한 해석을 기꺼이 따르면서 집단과의 유대를 강화했고, 이는 그녀에게 긍정적인 효과를 가져왔다.

조앤 본인도 이렇게 지적했다. "음료에 알코올이 있다는 사실을 알고 외국에 있었다는 점을 핑계로 삼고 싶은 마음이 저한테도 있었을 거예요." 그러한 면에서 집단은 확장된 양심으로도 기능한다.

물론 집단 사고 전략은 사악한 목적으로 이용될 수 있다. 예를 들어 소속에 따르는 희생이 집단선과 구성원들에게 해가 되는 경우를 들 수 있다. 넥시움NXIVM은 경영 성공 프로그램을 표방한 단체였는데, 2018년 이곳의 리더들은 성매매와 공갈 협의로 체포·기소되었다. 마찬가지로 한 집단의 구성원들이 이익을 취하는 동시에 집단 외부의 구성원들에게는 해를 끼치는 상황도 어렵지 않게 접할 수 있다. 소셜 미디어를 활용해 허위 사실을 퍼뜨리는 오늘날의 다양한 단체들처럼 말이다.

---

교회에 나가지 않은 지 몇 달 후, 로리는 처음으로 AA 모임에 나갔다. AA는 로리가 그토록 바랐지만 교회에서는 찾을 수 없었던 든든한 유대감을 주었다. 현재 로리는 모든 약물을 끊고 회복 상태를 유지하고 있다.

"어떤 일이 생겼는지 혹은 언제 그랬는지 정확히 말하긴 힘들어요." 나중에 로리는 자신의 회복기를 돌아보며 이렇게 말했다.

그녀는 AA에 참여한 덕에 회복할 수 있었다고 믿는다. "저는 사람들의 이야기를 듣고, 저의 내밀하고 어두운 비밀을 드러내면서 안도감을 느끼고, 새로 들어온 사람들의 눈에서 희망을 봤어요. 그전에는 정말 고립되어 있었죠. 그냥 죽고 싶었어요. 밤에 깬 상태로 누워서 제가 한 모든 일을 자책했죠. 하지만 AA에서는 저 자신과 다른 사람들을 있는 그대로 받아들이는 법을 배웠어요. 지금은 사람들과 진정한 관계를 맺고 있어요. 그 안에 속해 있죠. 그 사람들은 진짜 저를 알아요."

## 수치심과 양육

도파민이 넘치는 세상에서 자녀의 행복을 걱정하는 부모로서, 나는 친사회적 수치심의 원칙을 우리 가정에 도입하려고 노력했다.

먼저 우리는 근본적인 솔직함을 가족의 핵심 가치로 정했다. 나는 내 행동을 통해 근본적인 솔직함을 보여주려고 애를 썼다. 물론 늘 성공하진 못했다. 때로 부모로서 내 실수나 미숙한 면을 감추고 최고의 모습만 보여야 자녀에게 올바른 것을 가르칠 수 있다고 믿었다. 하지만 이는 아이들이 자신이 사랑받으려면 완벽해야 한다고 느끼게 만들 수 있다.

부모가 자녀에게 마음을 열고 자신이 고민하고 노력하는 바를 솔직하게 표현하면, 아이도 스스로 마음을 열고 솔직하게 행동한다. 이처럼 자녀를 비롯한 다른 사람들과 소통을 하다가 잘못했을 때라도, 마음의 준비를 하고 잘못을 기꺼이 인정해야 한다. 창피함을 받아들이고 기꺼이 개선해 나가야 한다.

대략 5년 전, 내 아이들이 아직 초등학교와 중학교를 다니고 있을 때였다. 나는 부활절을 맞아 아이들에게 토끼 모양 초콜릿을 하나씩 줬다. 초콜릿 장인이 만든 부드러운 밀크 초콜릿이었다. 아이들은 토끼 초콜릿을 조금 먹고 나머지를 냉장고에 넣어두었다.

이어진 2주 동안 나는 아이들 몰래 토끼 초콜릿 여기저기를 조금씩 먹었다. 이 정도면 눈치채지 못하겠지. 하지만 아이들 머릿속에 토끼 초콜릿이 떠올랐을 즈음, 그 초콜릿은 나 때문에 거의 다 없어진 상태였다. 내가 초콜릿을 좋아한다는 사실을 알고 있던 아이들은 나를 추궁했다.

"나 아니야." 내가 말했다. 거짓말은 자연스럽게 나왔다. 그렇게 3일 동안 거짓말이 이어졌다. 아이들은 내 말을 계속 의심하다가 결국 서로를 추궁하기 시작했다. 나는 사실을 바로 잡아야 한다는 것을 알고 있었다. 내가 솔직하지 못한데 내 아이들한테 어떻게 솔직함을 가르쳐? 그리고 거짓말을 하다니 참 어리석고 바보 같잖아! 아이들에게 사실대로 말할 용기를 내기까지 꼬박 3일이 걸렸다. 정말 창피했다.

아이들은 내 고백을 듣고는 자신들이 처음에 했던 예상이 맞았다는 사실로부터 명예를 지켰고, 엄마가 자식들한테 거짓말을 할 수 있다는 사실에 기겁했다. 여러모로 나와 아이들한테 유익한 사건이었다.

나는 내게 큰 결함이 있다는 사실을 스스로 되새기는 동시에 이를 아이들에게 넌지시 전했다. 아이들은 나를 용서했고, 지금까지도 내가 자기들의 초콜릿을 어떻게 "뺏어" 먹고 "거짓말했는지" 말하기를 좋아한다. 아이들이 놀리면 난 괴로우면서도 그걸 반긴다. 우리 집에서는 누구나 실수를 해도 영원히 비난받거나 버림받지는 않을 것임을 우리는 가족으로서 함께 확인했다.

창피를 주지 않는 방식의 근본적 솔직함은 아이들에게 강점과 약점을 알려줄 때도 힘을 발휘한다. 딸 아이는 다섯 살 때 피아노를 배우기 시작했다. 나는 음악을 좋아하는 가족과 함께 자랐고, 내 아이들과도 음악을 함께하길 기대했다. 하지만 딸은 리듬감이 없었고 확실한 음치는 아니어도 거기에 가까웠다. 하지만 우리 부부는 딸이 매일 연습하도록 독려했다. 나는 아이가 소질이 전혀 없다는 사실에 실망하는 모습을 애써 감추며 옆에 앉아서 힘이 되어주려고 노력했다. 우리 중 아무도 그걸 즐기지 않았는데도 말이다.

피아노 레슨이 시작되고 약 1년이 지난 어느 날, 우리는 영화 《해피 피트Happy Feet》를 보러 갔다. 여기에 나오는 멈블이라는 펭귄은 큰 문제를 갖고 있었다. 이성에게 구애를 하려면 '하트송'을 할 줄 알아야 하는데 음표 하나 노래하지 못하는 것이다. 영화 중간에 딸이 나를 보더니 "엄마, 내가 멈블이랑 비슷해?" 하고 물었다.

그 순간 나는 부모로서의 자기 회의에 사로잡혔다. 뭐라고 말하지? 사실대로 말하고 자존심을 상하게 하는 위험을 감수해야 할까, 아니면 거짓말을 하고 속임수를 써서 음악에 대한 애정을 계속 갖고 있게 할까?

나는 위험을 감수했다. "응," 난 말했다. "멈블이랑 정말 비슷해."

그러자 딸의 얼굴에 큰 미소가 퍼졌다. 나는 이를 확인을 의미하는 미소로 받아들였다. 그때 난 내가 옳은 일을 했음을 깨달았다.

나는 딸이 이미 알고 있는 부분을 사실로 인정함으로써 딸의 정확한 자기 평가 능력을 격려했다. 또한 우리가 모든 방면에 뛰어날 수 없고, 자신이 무엇을 잘하고 못하는지 아는 일이 중요하며, 그래야 현명한 판단을 내릴 수 있다는 메시지를 전했다.

딸은 1년 후에 피아노 수업을 관뒀지만 지금도 음악을 즐긴다. 라디오를 따라서 음정은 전혀 안 맞게 노래하지만 조금도 쑥스러워하지 않는다.

상호 간의 솔직함은 수치심을 없애는 동시에 친밀감을 길러준다. 우리가 결점을 갖고 있음에도 다른 사람들에게 받아들여질 때, 그들과 나누는 깊은 유대감에서 이러한 따뜻한 감정이 커진다. 우리가 그토록 바라는 친밀감을 만드는 방법은 완벽함이 아니다. 실수를 바로잡는 데 다 같이 노력하고자 하는 우리의 의지가 친밀감을 높인다.

친밀감 폭발은 우리 뇌의 내인성 도파민 분비를 자극한다. 하지만 값싼 쾌락으로 급증하는 도파민과 달리 진실한 친밀감을 통해 급증하는 도파민은 적응성이 뛰어나고, 활기를 되찾아 주며, 건강을 증진한다.

---

남편과 나는 희생과 낙인을 무릅쓰며 우리 가족의 집단선을 강화하려고 노력하고 있다.

우리 아이들은 고등학교 입학 전까지 휴대폰이 없었다. 그래서 중학교 때 친구들 사이에서 괴짜 취급을 받았다. 처음에 아이들은 휴대폰을 사달라고 애걸하고 우릴 꼬드겼다. 하지만 얼마 후 이러한 차이를 자기 정체성의 핵심으로 삼았다. 여기엔 가능하면 언제든 자동차 대신 자전거를 타고, 가족으로서 함께 시간을 보내려는 우리의 고집도 한몫했다.

내가 보기에 우리 아이들의 수영 코치는 행동경제학에 관한 비밀 박사 학위를 소지하고 있는 게 분명하다. 희생과 낙인을 주기적으로 조절하면서 집단선을 강화하기 때문이다.

코치는 고등학생의 경우 하루 최대 4시간씩 수영 연습을 해야 한다는 유별난 계획을 밀어부쳤다. 아이들이 연습에 빠졌을 때면 은근히 창피를 줬다. 그리고 높은 출석률에 대한 인정과 보상을 주었는데, 여기엔 여행 모임에 참여할 수 있는 기회가 포함된다. 수영장 내의 옷차림에도 엄격한 가이드라인이 있다. 금요일에는 빨간 수영 티셔츠, 토요일에는 회색 수영 티셔츠를 입어야 하고, 팀 로고가 박힌 의류(모자, 수영복, 고글)만 입어야 한다. 이로써 이 팀의 아이들은 평상복 차림의 다른 팀 아이들과 확실히 구별된다.

이러한 규칙들 중 다수는 과하고 불필요해 보인다. 하지만 참여를 강화하고, 무임승차를 줄이며, 집단선을 늘리는 효용 극대화의 관점에서 보면 이해가 가능하다. 그리고 무엇보다 이 팀의 아이들은 그러한 엄격함을 불평하면서도 좋아하는 듯하다.

점점 디지털화되고 있는 세상 속에서 소셜미디어상의 비하, 그리고 이와 관련된 '취소 문화cancel culture'*는 수치심의 새로운 형태로 떠오르고 있다. 수치심의 가장 파괴적인 측면을 반영한 디지털 변형인 셈이다.

디지털 세상에서는 아무도 우리에게 손가락질하지 않아도, 우리는 모두 자신에게 손가락질할 준비가 되어 있다. 소셜 미디어는 부당한 구분짓기를 너무 많이 일으켜 우리의 자기 비하 경향을 부추긴다. 이제 우리는 자신을 반 친구, 이웃, 직장 동료와 비

---

* 공인, 기업이 잘못을 저질렀을 때, 그들에 대한 지원을 철회하는 것으로 불매운동의 한 형태를 말한다.

교하는 게 아니라 세상 전체와 비교한다. 그래서 우리가 더 해야 했다고, 더 얻어야 했다고, 그저 다르게 살아야 했다고 너무 쉽게 확신하게 됐다.

현재의 우리는 자신의 인생을 '성공적'이라고 받아들이려면 스티브 잡스와 마크 저커버그처럼 신화적인 위치에 도달하거나 현대판 이카로스가 돼버린 엘리자베스 홈스Elizabeth Holmes**처럼 추락하기 위해 노력해야 한다고 느낀다.

하지만 내 환자들의 실제 경험에 따르면, 친사회적 수치심은 자기애의 거친 면을 부드럽게 만들고, 우리를 지탱하는 사회적 연결망에 더 가까워지도록 하며, 우리의 중독 경향을 억제함으로써 긍정적이고 건강한 효과를 낳는다.

---

** 미국의 메디컬 기업 테라노스(Theranos)의 CEO(1984~ ). 피 한 방울로 200여 가지의 질병을 진단할 수 있는 기술을 갖고 있다고 알려지면서 전 세계로부터 엄청난 기대를 모았지만, 이것이 거짓으로 밝혀지면서 희대의 사기꾼으로 전락하고 말았다.

dopamine
nation

맺음말

# 저울의 교훈

누구나 얼마쯤은 세상에서 잠시 벗어나 쉬고 싶어 한다. 우리가 자신과 다른 사람에게 종종 적용하는 불가능한 기준으로부터 나와 있길 바란다. '내가 왜 그랬지? 이걸 왜 못하지? 그 사람들이 나한테 한 짓을 봐. 내가 그걸 그 사람들한테 어떻게 하겠어?'

그래서 우리는 지금 당장 기댈 수 있는 기분 좋은 도피라면 무엇에든 마음이 간다.

트렌디한 칵테일, 소셜 미디어의 반향실 효과, 리얼리티 쇼 몰아 보기, 밤에 인터넷으로 포르노 보기, 포테이토 칩과 패스트푸드, 몰입형 비디오 게임, 이류 뱀파이어 소설… 목록은 정말 끝이 없다. 중독성 있는 대상과 행동은 우리에게 잠시 휴식이 되지만 길게 보면 우리의 문제를 키운다.

그런데 세상으로부터 도피해 망각의 길을 찾는 대신 세상 쪽으로 방향을 틀면 어떨까? 세상에서 도망가는 대신 세상에 몰입하면 어떨까?

기억하겠지만 무하마드라는 내 환자는 대마초를 끊으려고 다양한 자기 구속을 시도했다. 하지만 늘 제자리로 돌아왔고, 오히려 적당량에서 과량으로, 그리고 중독으로 의존성이 더 빠르게 악화했다.

그는 샌프란시스코 북쪽에 위치한 포인트 레예스로 하이킹을 떠났다. 과거에 즐겁게 했던 활동에서 도피처를 찾길 바라며 자신의 대마초 사용에 다시 한번 제동을 걸고자 했다.

하지만 굽이굽이 돌 때마다 대마초를 피운 기억이 오롯이 떠올랐다. 과거에 도보 여행은 거의 항상 반 취한 상태에서 이루어졌다. 그래서 하이킹은 도피가 아니라 갈망의 여정이 되고 실패를 떠올리게 하는 고통이 되었다. 그는 자신의 대마초 문제를 이겨낼 수 있다는 생각을 접었다.

그러다가 깨달음의 순간이 찾아왔다. 친구와 함께 마리화나를 피우던 기억이 선명하게 남은 어떤 장소 앞이었다. 그곳에서 그는 카메라를 눈 한쪽에 갖다 대고 근처의 식물 하나를 포착했다. 이파리 위에 한 마리의 벌레가 있는 걸 보고 카메라의 초점을 맞춰서 줌인했더니 딱정벌레의 선홍색 갑피, 줄무늬 더듬이, 사납게 털이 난 다리가 보였다. 그는 매료되고 말았다.

그의 관심은 십자선 초점 안의 생명체에 쏠렸다. 그는 연속해서 사진을 찍은 후 각도를 바꿔서 더 찍었다. 남은 도보 여행 동안 그는 딱정벌레를 극단적으로 클로즈업한 사진들을 찍기 바빴다. 그러자 곧 대마초에 대한 욕구는 줄었다.

"저 자신을 아주 가만히 있게 만들어야 했어요." 2017년에 있었던 상담 치료 시간에 그가 말했다. "초점이 또렷한 괜찮은 사진을 찍으려면 완벽히 정적인 상태가 되어야 합니다. 그 과정이 저를 말 그대로 꼼짝 못 하게 하고 집중시켰어요. 제가 마약과 함께 도망쳐 간 세상에 필적할 만한, 이상하고 초현실적이며 강렬한 세상을 카메라 끝에서 발견했죠. 하지만 마약이 필요 없으니 이게 더 나았어요."

몇 달 후, 나는 무하마드의 회복 과정이 나의 경우와 비슷함을 깨달았다.

나는 내 일에서 보람을 느끼는 측면에 초점을 맞춰서 환자를 돌보는 데 다시 집중하기로 마음을 먹었다. 오랫동안 환자들과 관계를 유지하고, 세상에 질서를 가져오는 방법으로서 이야기에 몰입했다. 그렇게 함으로써 로맨스 소설에서 빠져나와 더 보람 있고 의미 있는 경력을 쌓을 수 있었다. 일에서도 더 좋은 성과를 올렸는데, 이러한 성공은 기대하지 않은 부산물이었지 내가 갈망하는 바는 아니었다.

여러분도 주어진 삶에 완전히 몰입할 수 있는 방법을 찾길 바란다. 피하려고 하는 대상으로부터 도망치지 말고, 그 자리에 멈춰서 방향을 바꾸어 그것을 마주하길 바란다.

거기에 다가가길 권한다. 이렇게 하면 세상은 굳이 도망갈 필요 없는 아주 멋지고 경외심을 불러일으키는 무언가로 당신 앞에 나타날 것이다. 세상은 관심을 기울일 가치가 있는 무언가가 될 것이다.

균형을 찾아 유지함으로써 얻어지는 보상은 즉각적이지도 않고 영원하지도 않다. 보상을 얻으려면 인내와 노력이 필요하다. 앞에 무엇이 있을지 불확실한 상황에서도 기꺼이 앞으로 나아가야 한다. 당장 영양가 없어 보이는 지금의 행동들이 실제로는 긍정적인 방향으로 축적되고, 이것이 미래의 언젠가 나타날 거라는 믿음을 가져야 한다.

내 환자인 마리아는 내게 이렇게 말했다. "회복은 《해리포터Harry Potter》에서 덤블도어가 가로등 기둥을 밝히면서 어두운 골목을 걸어 내려갈 때의 장면과 비슷해요. 그가 골목 끝에서 발길을 멈추고 뒤를 돌아봐야 골목 전체에 불이 들어온 광경이 보이죠. 그가 지나온 길의 빛을요."

이제 이야기를 마무리할 시간이다. 하지만 이것이 약물에 찌들고, 너무 자극적이며, 쾌락으로 포화를 이룬 지금의 세상에 대한 새로운 접근법의 출발점이 되길 바란다. 저울의 교훈을 실천해서 자신이 지나온 길의 빛을 돌아볼 수 있길 바란다.

## 저울의 교훈

1. 끊임없는 쾌락 추구(그리고 고통 회피)는 고통을 낳는다.
2. 회복은 절제로부터 시작된다.
3. 절제는 뇌의 보상 경로를 다시 제자리에 맞추고, 이를 통해 더 단순한 쾌락에도 기뻐할 수 있도록 한다.
4. 자기 구속은 욕구와 소비 사이에 말 그대로 초인지적 공간을 만드는데, 이 공간은 도파민으로 과부하를 이룬 지금 세상에 꼭 필요한 것이다.
5. 약물 치료는 항상성을 회복시킬 수 있다. 하지만 약물 치료로 고통을 해소함으로써 잃는 것은 무엇인지 생각해 보라.
6. 고통 쪽을 자극하면 우리의 평형 상태는 쾌락 쪽으로 다시 맞춰진다.
7. 그러나 고통에 중독되지 않도록 주의하라.
8. 근본적인 솔직함은 의식을 고취하고, 친밀감을 높이며, 마음가짐을 여유 있게 만든다.
9. 친사회적 수치심은 우리가 인간의 무리에 속해 있음을 확인시킨다.
10. 우리는 세상으로부터 도망치는 대신 세상에 몰입함으로써 탈출구를 찾을 수 있다.

# 미주

## 머리말

1 Kent Dunnington, *Addiction and Virtue: Beyond the Models of Disease and Choice* (Downers Grove, IL: InterVarsity Press Academic, 2011). 중독과 신앙을 다룬 훌륭한 신학적·철학적 논문이다.

## 1장

1 Anna Lembke, Drug Dealer, *MD: How Doctors Were Duped, Patients Got Hooked, and Why It's So Hard to Stop*, 1st ed. (Baltimore: Johns Hopkins University Press, 2016). 이 주제에 관해선 좋은 책이 많다. 다음 책들도 마찬가지다. *Pain Killer: An Empire of Deceit and the Origin of America's Opioid Epidemic*, by Barry Meier; *Dreamland: The True Tale of America's Opiate Epidemic, by Sam Quinones; and Dopesick: Dealers, Doctors and the Drug Company That Addicted America*, by Beth Macy. 내 저서를 포함한 이 책들은 서로 약간 다른 시선으로 오피오이드 확산의 기원을 살핀다.

2 ASPPH Task Force on Public Health Initiatives to Address the Opioid Crisis, *Bringing Science to Bear on Opioids: Report and Recommendations*, November 2019.

3 ASPPH Task Force on Public Health Initiatives to Address the Opioid Crisis, *Bringing Science to Bear on Opioids: Report and Recommendations*, November 2019.

4 Wayne Hall, "What Are the Policy Lessons of National Alcohol Prohibition in the United States, 1920–1933?," *Addiction* 105, no. 7 (2010): 1164–73, https://doi.org/10.1111/j.1360-0443.2010.02926.x.

5 Robert MacCoun, "Drugs and the Law: A Psychological Analysis of Drug

Prohibition," Psychological Bulletin 113 (June 1, 1993): 497–512, https://doi.org/10.1037//0033-2909.113.3.497. 향정신성 약물에 대한 금지, 비범죄화, 법률화의 영향을 두고 상당한 논란과 논의가 진행되고 있다. 이 주제에 대한 롭 매카운의 연구는 경제학, 심리학, 정치 철학을 깊이 있게 아우른다.

**6** Bridget F. Grant, S. Patricia Chou, Tulshi D. Saha, Roger P. Pickering, Bradley T. Kerridge, W. June Ruan, Boji Huang, et al., "Prevalence of 12-Month Alcohol Use, High-Risk Drinking, and DSM-IV Alcohol Use Disorder in the United States, 2001–2002 to 2012–2013: Results from the National Epidemiologic Survey on Alcohol and Related Conditions," *JAMA Psychiatry* 74, no. 9 (September 1, 2017): 911–23, https://doi.org/10.1001/jamapsychiatry.2017.2161.

**7** Anna Lembke, "Time to Abandon the Self-Medication Hypothesis in Patients with Psychiatric Disorders," *American Journal of Drug and Alcohol Abuse* 38, no. 6 (2012): 524–29, https://doi.org/10.3109/00952990.2012.694532.

**8** David T. Courtwright, *The Age of Addiction: How Bad Habits Became Big Business* (Cambridge, MA: Belknap Press, 2019), https://doi.org/10.4159/9780674239241. 중독성 있는 물질과 행동에 대한 접근성이 시간과 문화를 초월하여 높아짐에 따라 소비 역시 증가하게 된 과정을 저자는 탁월하고 해박한 지식과 함께 살핀다.

**9** Matthew Kohrman, Gan Quan, Liu Wennan, and Robert N. Proctor, eds., *Poisonous Pandas: Chinese Cigarette Manufacturing in Critical Historical Perspectives* (Stanford, CA: Stanford University Press, 2018).

**10** David T. Courtwright, "Addiction to Opium and Morphine," in *Dark Paradise: A History of Opiate Addiction in America* (Cambridge, MA: Harvard University Press, 2009), https://doi.org/10.2307/j.ctvk12rb0.7. 역사학자 데이비드 코트라이트가 쓴 또 한 권의 명저다. 의사들이 특히 빅토리아 여왕 시대의 주부들에게 일상적으로 모르핀을 처방하던 1800년대 후반을 포함해, 역사를 따라 오피오이드 확산의 기원을 톺아본다.

**11** National Potato Council, *Potato Statistical Yearbook 2016*, accessed April 18, 2020, https://www.nationalpotatocouncil.org/files/7014/6919/7938/NPCyearbook2016_-_FINAL.pdf.

**12** Annie Gasparro and Jessie Newman, "The New Science of Taste: 1,000

Banana Flavors," *Wall Street Journal*, October 31, 2014. 또한 식품 산업의 변화에 대한 훌륭하고 확대된 논의가 담긴 David T. Courtwright의 The Age of Addiction: How Bad Habits Became Big Business도 참고하라.

**13** Shanthi Mendis, Tim Armstrong, Douglas Bettcher, Francesco Branca, Jeremy Lauer, Cecile Mace, Vladimir Poznyak, Leanne Riley, Vera da Costa e Silva, and Gretchen Stevens, *Global Status Report on Noncommunicable Diseases 2014* (World Health Organization, 2014), https://apps.who.int/iris/bitstream/handle/10665/148114/9789241564854_eng.pdf.

**14** Marie Ng, Tom Fleming, Margaret Robinson, Blake Thomson, Nicholas Graetz, Christopher Margono, Erin C Mullany, et al., "Global, Regional, and National Prevalence of Overweight and Obesity in Children and Adults during 1980–2013: A Systematic Analysis for the Global Burden of Disease Study 2013," *Lancet* 384, no. 9945 (August 2014): 766–81, https://doi.org/10.1016/S0140-6736(14)60460-8.

**15** Hannah Ritchie and Max Roser, "Drug Use," Our World in Data, December 2019, https://ourworldindata.org/drug-use.

**16** Anne Case and Angus Deaton, *Deaths of Despair and the Future of Capitalism* (Princeton, NJ: Princeton University Press, 2020), https://doi.org/10.2307/j.ctvpr7rb2.

**17** "Capital Pains," *Economist*, July 18, 2020. For original sources see https://www.unenvironment.org/resources/report/inclusive-wealth-report-2018, and https://www.sciencedirect.com/science/article/pii/S0306261919305215.

## 2장

**1** Philip Rieff, *The Triumph of the Therapeutic: Uses of Faith after Freud* (New York: Harper and Row, 1966).

**2** Ross Douthat, *Bad Religion: How We Became a Nation of Heretics* (New York: Free Press, 2013).

**3** Maricia L. Meldrum, "A Capsule History of Pain Management," *JAMA* 290, no. 18 (2003): 2470–75, https://doi.org/10.1001/jama.290.18.2470

**4** Victoria K. Shanmugam, Kara S. Couch, Sean McNish, and Richard L. Amdur,

"Relationship between Opioid Treatment and Rate of Healing in Chronic Wounds," *Wound Repair and Regeneration* 25, no. 1 (2017): 120–30, https://doi.org/10.1111/wrr.12496.

**5** Thomas Sydenham, "A Treatise of the Gout and Dropsy," in *The Works of Thomas Sydenham, M.D., on Acute and Chronic Diseases* (London, 1783), 254, https://books.google.com/books?id=iSxsAAAAMAAJ&printsec=frontcover&source=gbs_ge_summary_r&cad=0#v=onepage&q&f=false.

**6** Substance Abuse and Mental Health Services Administration, U.S. Department of Health and Human Services, "Behavioral Health, United States, 2012," HHS Publication No. (SMA) 13-4797, 2013, http://www.samhsa.gov/data/sites/default/files/2012-BHUS.pdf

**7** Bruce S. Jonas, Qiuping Gu, and Juan R. Albertorio-Diaz, "Psychotropic Medication Use among Adolescents: United States, 2005–2010," NCHS Data Brief, no. 135 (December 2013): 1–8

**8** OECD, "OECD Health Statistics," July 2020, http://www.oecd.org/els/health-systems/health-data.htm. Laura A. Pratt, Debra J. Brody, Quiping Gu, "Antidepressant Use in Persons Aged 12 and Over: United States, 2005-2008," *NCHS Data Brief No. 76*, October 2011, https://www.cdc.gov/nchs/products/databriefs/db76.htm.

**9** Brian J. Piper, Christy L. Ogden, Olapeju M. Simoyan, Daniel Y. Chung, James F. Caggiano, Stephanie D. Nichols, and Kenneth L. McCall, "Trends in Use of Prescription Stimulants in the United States and Territories, 2006 to 2016," *PLOS ONE* 13, no. 11 (2018), https://doi.org/10.1371/journal.pone.0206100.

**10** Marcus A. Bachhuber, Sean Hennessy, Chinazo O. Cunningham, and Joanna L. Starrels, "Increasing Benzodiazepine Prescriptions and Overdose Mortality in the United States, 1996–2013," *American Journal of Public Health* 106, no. 4 (2016): 686–88, https://doi.org/10.2105/AJPH.2016.303061.

**11** Aldous Huxley, *Brave New World Revisited* (New York: HarperCollins, 2004).

**12** Neil Postman, *Amusing Ourselves to Death: Public Discourse in the Age of Show Business* (New York: Penguin Books, 1986).

**13** John F. Helliwell, Haifang Huang, and Shun Wang, "Chapter 2—Changing

World Happiness," *World Happiness Report 2019*, March 20, 2019, 10–46.

**14** Ayelet Meron Ruscio, Lauren S. Hallion, Carmen C. W. Lim, Sergio Aguilar-Gaxiola, Ali Al-Hamzawi, Jordi Alonso, Laura Helena Andrade, et al., "Cross-Sectional Comparison of the Epidemiology of DSM-5 Generalized Anxiety Disorder across the Globe," *JAMA Psychiatry* 74, no. 5 (2017): 465–75, https://doi.org/10.1001/jamapsychiatry.2017.0056.

**15** Qingqing Liu, Hairong He, Jin Yang, Xiaojie Feng, Fanfan Zhao, and Jun Lyu, "Changes in the Global Burden of Depression from 1990 to 2017: Findings from the Global Burden of Disease Study," *Journal of Psychiatric Research* 126 (June 2019): 134–40, https://doi.org/10.1016/j.jpsychires.2019.08.002.

**16** David G. Blanchflower and Andrew J. Oswald, "Unhappiness and Pain in Modern America: A Review Essay, and Further Evidence, on Carol Graham's Happiness for All?" IZA Institute of Labor Economics discussion paper, November 2017.

**17** 전에 없던 부: Robert William Fogel, *The Fourth Great Awakening and the Future of Egalitarianism* (Chicago: University of Chicago Press, 2000).

## 3장

**1** Kathleen A. Montagu, "Catechol Compounds in Rat Tissues and in Brains of Different Animals," *Nature* 180 (1957): 244–45, https://doi.org/10.1038/180244a0.

**2** Bryon Adinoff, "Neurobiologic Processes in Drug Reward and Addiction," *Harvard Review of Psychiatry* 12, no. 6 (2004): 305–20, https://doi.org/10.1080/10673220490910844.

**3** Qun Yong Zhou and Richard D. Palmiter, "Dopamine-Deficient Mice Are Severely Hypoactive, Adipsic, and Aphagic," *Cell* 83, no. 7 (1995): 1197–1209, https://doi.org/10.1016/0092-8674(95)90145-0.

**4** Valentina Bassareo and Gaetano Di Chiara, "Modulation of Feeding-Induced Activation of Mesolimbic Dopamine Transmission by Appetitive Stimuli and Its Relation to Motivational State," *European Journal of Neuroscience* 11, no. 12 (1999): 4389–97, https://doi.org/10.1046/j.1460-9568.1999.00843.x.

5 Dennis F. Fiorino, Ariane Coury, and Anthony G. Phillips, "Dynamic Changes in Nucleus Accumbens Dopamine Efflux during the Coolidge Effect in Male Rats," *Journal of Neuroscience* 17, no. 12 (1997): 4849–55, https://doi.org/10.1523/jneurosci.17-12-04849.1997.

6 Gaetano Di Chiara and Assunta Imperato, "Drugs Abused by Humans Preferentially Increase Synaptic Dopamine Concentrations in the Mesolimbic System of Freely Moving Rats," *Proceedings of the National Academy of Sciences of the United States of America* 85, no. 14 (1988): 5274–78, https://doi.org/10.1073/pnas.85.14.5274.

7 Siri Leknes and Irene Tracey, "A Common Neurobiology for Pain and Pleasure," *Nature Reviews Neuroscience* 9, no. 4 (2008): 314–20, https://doi.org/10.1038/nrn2333.

8 Richard L. Solomon and John D. Corbit, "An Opponent-Process Theory of Motivation," *American Economic Review* 68, no. 6 (1978): 12–24.

9 Yinghui Low, Collin F. Clarke, and Billy K. Huh, "Opioid-Induced Hyperalgesia: A Review of Epidemiology, Mechanisms and Management," *Singapore Medical Journal* 53, no. 5 (2012): 357–60.

10 Joseph W. Frank, Travis I. Lovejoy, William C. Becker, Benjamin J. Morasco, Christopher J. Koenig, Lilian Hoffecker, Hannah R. Dischinger, et al., "Patient Outcomes in Dose Reduction or Discontinuation of Long-Term Opioid Therapy: A Systematic Review," *Annals of Internal Medicine* 167, no. 3 (2017): 181–91, https://doi.org/10.7326/M170598.

11 Nora D. Volkow, Joanna S. Fowler, and Gene-Jack Wang, "Role of Dopamine in Drug Reinforcement and Addiction in Humans: Results from Imaging Studies," *Behavioural Pharmacology* 13, no. 5 (2002): 355–66, https://doi.org/10.1097/00008877-200209000-00008.

12 George F. Koob, "Hedonic Homeostatic Dysregulation as a Driver of Drug-Seeking Behavior," *Drug Discovery Today: Disease Models* 5, no. 4 (2008): 207–15, https://doi.org/10.1016/j.ddmod.2009.04.002.

13 Jakob Linnet, Ericka Peterson, Doris J. Doudet, Albert Gjedde, and Arne Møller, "Dopamine Release in Ventral Striatum of Pathological Gamblers Losing Money," *Acta Psychiatrica Scandinavica* 122, no. 4 (2010): 326–33,

https://doi.org/10.1111/j.1600-0447.2010.01591.x.
**14** Terry E. Robinson and Bryan Kolb, "Structural Plasticity Associated with Exposure to Drugs of Abuse," *Neuropharmacology* 47, Suppl. 1 (2004): 33–46, https://doi.org/10.1016/j.neuropharm.2004.06.025.
**15** Brian Kolb, Grazyna Gorny, Yilin Li, Anne-Noël Samaha, and Terry E. Robinson, "Amphetamine or Cocaine Limits the Ability of Later Experience to Promote Structural Plasticity in the Neocortex and Nucleus Accumbens," *Proceedings of the National Academy of Sciences of the United States of America* 100, no. 18 (2003): 10523–28, https://doi.org/10.1073/pnas.1834271100.
**16** Sandra Chanraud, Anne-Lise Pitel, Eva M. Muller-Oehring, Adolf Pfefferbaum, and Edith V. Sullivan, "Remapping the Brain to Compensate for Impairment in Recovering Alcoholics," *Cerebral Cortex* 23 (2013): 97–104, doi:10.1093/cercor/bhr38; Changhai Cui, Antonio Noronha, Kenneth R. Warren, George F. Koob, Rajita Sinha, Mahesh Thakkar, John Matochik, et al., "Brain Pathways to Recovery from Alcohol Dependence," *Alcohol* 49, no. 5 (2015): 435–52. https://doi.org/10.1016/j.alcohol.2015.04.006.
**17** Vincent Pascoli, Marc Turiault, and Christian Lüscher, "Reversal of Cocaine-Evoked Synaptic Potentiation Resets Dopamine-Induced Adaptive Behaviour," *Nature* 481 (2012): 71–75, https://doi.org/10.1038/nature10709.
**18** Henry Beecher, "Pain in Men Wounded in Battle," *Anesthesia & Analgesia*, 1947, https://doi.org/10.1213/00000539-194701000 -00005.
**19** J. P. Fisher, D. T. Hassan, and N. O'Connor, "Case Report on Pain," *British Medical Journal* 310, no. 6971 (1995): 70, https://www.ncbi.nlm.nih.gov/pmc/articles/PMC2548478/pdf/bmj00574-0074.pdf.
**20** 톰 피누케인 박사는 볼티모어의 존스 홉킨스 대학에서 의대 교수로 있다. 나는 그곳에서 교환 교수로 강의를 하다가 그의 연구를 확인했다. 그의 제자들과 저녁 식사 중에 이 문구를 처음 듣고는 이 책에 실을 방법을 찾아야 한다고 느꼈다.

## 4장

**1** Nora D. Volkow, Joanna S. Fowler, Gene-Jack Wang, and James M.

Swanson, "Dopamine in Drug Abuse and Addiction: Results from Imaging Studies and Treatment Implications," *Molecular Psychiatry* 9, no. 6 (June 2004): 557–69, https://doi.org/10.1038/sj.mp.4001507.

**2** Sandra A. Brown and Marc A. Schuckit, "Changes in Depression among Abstinent Alcoholics," *Journal on Studies of Alcohol* 49, no. 5 (1988): 412–17, https://pubmed.ncbi.nlm.nih.gov/3216643/.

**3** Kenneth B. Wells, Roland Sturm, Cathy D. Sherbourne, and Lisa S. Meredith, *Caring for Depression* (Cambridge, MA: Harvard University Press, 1996).

**4** Mark B. Sobell and Linda C. Sobell, "Controlled Drinking after 25 Years: How Important Was the Great Debate?," *Addiction* 90, no. 9 (1995): 1149–53. Linda C. Sobell, John A. Cunningham, and Mark B. Sobell, "Recovery from Alcohol Problems with and without Treatment: Prevalence in Two Population Surveys," *American Journal of Public Health* 86, no. 7 (1996): 966–72.

**5** Roelof Eikelboom and Randelle Hewitt, "Intermittent Access to a Sucrose Solution for Rats Causes Long-Term Increases in Consumption," *Physiology and Behavior* 165 (2016): 77–85, https://doi.org/10.1016/j.physbeh.2016.07.002.

**6** Valentina Vengeliene, Ainhoa Bilbao, and Rainer Spanagel, "The Alcohol Deprivation Effect Model for Studying Relapse Behavior: A Comparison between Rats and Mice," *Alcohol* 48, no. 3 (2014): 313–20, https://doi.org/10.1016/j.alcohol.2014.03.002.

## 5장

**1** 나는 샐리 사텔과 스콧 O. 릴렌펠트의 다음 논문에서 자기 구속이라는 용어를 처음 접했다. Sally Satel and Scott O. Lilienfeld, "Addiction and the Brain-Disease Fallacy," *Frontiers in Psychiatry* 4 (March 2014): 1–11, https://doi.org/10.3389/fpsyt.2013.00141. 난 한동안 사텔의 연구를 좋아했고, 여기서 그녀는 자기 구속을 활용해 "사용과 재발의 사이클을 영속화하는 데 큰 역할을 하는 개인적 기능"을 부각했다. 하지만 나는 이 논문의 기본 전제에 동의하지 않는다. 이 논문에 따르면 우리의 자기 구속 능력은 중독 질환 모델을 반박한다. 내

가 보기에 우리에게 자기 구속이 필요하다는 사실은 중독의 강한 영향력과 거기에 따르는 뇌의 변화를 대변하고, 이는 질환 모델과 일치한다. 경제학자 토머스 셸링 또한 자기 구속의 개념을 논하는데, 대신에 이를 "자기 관리"와 "자기 통제"라고 표현한다. "Self-Command in Practice, in Policy, and in a Theory of Rational Choice," *American Economic Review* 74, no. 2 (1984): 1–11, https://econpapers.repec.org/article/aeaaecrev/v_3a74_3ay_3a1984_3ai_3a2_3ap_3a1-11.htm. https://doi.org/10.2307/1816322.

2 J. D. Sinclair, "Evidence about the Use of Naltrexone and for Different Ways of Using It in the Treatment of Alcoholism," *Alcohol and Alcoholism* 36, no. 1 (2001): 2–10, https://doi.org/10.1093/alcalc/36.1.2.

3 Anna Lembke and Niushen Zhang, "A Qualitative Study of Treatment-Seeking Heroin Users in Contemporary China," *Addiction Science & Clinical Practice* 10, no. 23 (2015), https://doi.org/10.1186/s13722-015-0044-3.

4 Jeffrey S. Chang, Jenn Ren Hsiao, and Che Hong Chen, "ALDH2 Polymorphism and Alcohol-Related Cancers in Asians: A Public Health Perspective," *Journal of Biomedical Science* 24, no. 19 (2017): 1–10, https://doi.org/10.1186/s12929-017-0327-y.

5 Magdalena Plecka Östlund, Olof Backman, Richard Marsk, Dag Stockeld, Jesper Lagergren, Finn Rasmussen, and Erik Näslund, "Increased Admission for Alcohol Dependence after Gastric Bypass Surgery Compared with Restrictive Bariatric Surgery," *JAMA Surgery* 148, no. 4 (2013): 374–77, https://doi.org/10.1001/jamasurg.2013.700.

6 Jason L. Rogers, Silvia De Santis, and Ronald E. See, "Extended Methamphetamine Self-Administration Enhances Reinstatement of Drug Seeking and Impairs Novel Object Recognition in Rats," *Psychopharmacology* 199, no. 4 (2008): 615–24, https://doi.org/10.1007/s00213-008-1187-7.

7 Laura E. O'Dell, Scott A. Chen, Ron T. Smith, Sheila E. Specio, Robert L. Balster, Neil E. Paterson, Athina Markou, et al., "Extended Access to Nicotine Self-Administration Leads to Dependence: Circadian Measures, Withdrawal Measures, and Extinction Behavior in Rats," *Journal of Pharmacology*

*and Experimental Therapeutics* 320, no. 1 (2007): 180–93, https://doi.org/10.1124/jpet.106.105270.

**8** Scott A. Chen, Laura E. O'Dell, Michael E. Hoefer, Thomas N. Greenwell, Eric P. Zorrilla, and George F. Koob, "Unlimited Access to Heroin Self-Administration: Independent Motivational Markers of Opiate Dependence," *Neuropsychopharmacology* 31, no. 12 (2006): 2692–707, https://doi.org/10.1038/sj.npp.1301008.

**9** Marcia Spoelder, Peter Hesseling, Annemarie M. Baars, José G. Lozeman-van't Klooster, Marthe D. Rotte, Louk J. M. J. Vanderschuren, and Heidi M. B. Lesscher, "Individual Variation in Alcohol Intake Predicts Reinforcement, Motivation, and Compulsive Alcohol Use in Rats," *Alcoholism: Clinical and Experimental Research* 39, no. 12 (2015): 2427–37, https://doi.org/10.1111/acer.12891.

**10** Serge H. Ahmed and George F. Koob, "Transition from Moderate to Excessive Drug Intake: Change in Hedonic Set Point," *Science* 282, no. 5387 (1998): 298–300, https://doi.org/10.1126/science.282.5387.298.

**11**. Anne L. Bretteville-Jensen, "Addiction and Discounting," *Journal of Health Economics* 18, no. 4 (1999): 393–407, https://doi.org/10.1016/S0167-6296(98)00057-5.

**12** Warren K. Bickel, Benjamin P. Kowal, and Kirstin M. Gatchalian, "Understanding Addiction as a Pathology of Temporal Horizon," *Behavior Analyst Today* 7, no. 1 (2006): 32–47, https://doi.org/10.1037/h0100148.

**13** Nancy M. Petry, Warren K. Bickel, and Martha Arnett, "Shortened Time Horizons and Insensitivity to Future Consequences in Heroin Addicts," *Addiction* 93, no. 5 (1998): 729–38, https://doi.org/10.1046/j.1360-0443.1998.9357298.x.

**14** Samuel M. McClure, David I. Laibson, George Loewenstein, and Jonathan D. Cohen, "Separate Neural Systems Value Immediate and Delayed Monetary Rewards," *Science* 306, no. 5695 (2004): 503–7, https://doi.org/10.1126/science.1100907.

**15** Dandara Ramos, Tânia Victor, Maria L. Seidl-de-Moura, and Martin Daly, "Future Discounting by Slum-Dwelling Youth versus University Students in Rio de Janeiro," *Journal of Research on Adolescence* 23, no. 1 (2013): 95–102, https://doi.org/10.1111/j.1532-7795.2012.00796.x.

**16** Robert William Fogel, *The Fourth Great Awakening and the Future of Egalitarianism* (Chicago: University of Chicago Press, 2000). 미국의 여가와 일에 관련된 이 데이터는 포겔의 책을 참고했다. 이 책에 실린 지난 400년 동안 미국에서 있었던 경제적, 사회적, 종교적 변화에 대한 분석은 경외심을 불러일으킨다.

**17** OECD, "Special Focus: Measuring Leisure in OECD Countries," in *Society at a Glance 2009: OECD Social Indicators* (Paris: OECD Publishing, 2009), https://doi.org/10.1787/soc_glance-2008-en.

**18** David R. Francis, "Why High Earners Work Longer Hours," National Bureau of Economic Research digest, September 2020, http://www.nber.org/digest/jul06/w11895.html.

**19** Mark Aguiar, Mark Bils, Kerwin K. Charles, and Erik Hurst, "Leisure Luxuries and the Labor Supply of Young Men," National Bureau of Economic Research working paper, June 2017, https://doi.org/10.3386/w23552.

**20** Eric J. Iannelli, "Species of Madness," *Times Literary Supplement*, September 22, 2017.

**21** "Qur'an: Verse 24:31," accessed July 2, 2020, http://corpus.quran.com/translation.jsp?chapter=24&verse=31.

**22** The Church of Jesus Christ of Latter-day Saints, "Dress and Appearance," accessed July 2, 2020, https://www.churchofjesuschrist.org/study/manual/for-the-strength-of-youth/dress-and-appearance?lang=eng.

**23** M. Shahbandeh, "Gluten-Free Food Market Value in the United States from 2014 to 2025," Statista, November 20, 2019, accessed July 2, 2020, https://www.statista.com/statistics/884086/us-gluten-free-food-market-value/.

**24** Yuichi Shoda, Walter Mischel, and Philip K. Peake, "Predicting Adolescent Cognitive and Self-Regulatory Competencies from Preschool Delay of Gratification: Identifying Diagnostic Conditions," *Developmental Psychology* 26, no. 6 (1990): 978–86, https://doi.org/10.1037/0012-1649.26.6.978.

**25** Roy F. Baumeister, "Where Has Your Willpower Gone?," *New Scientist* 213, no. 2849 (2012): 30–31, https://doi.org/10.1016/s0262-4079(12)60232-2.

**26** Immanuel Kant, "Groundwork of the Metaphysic of Morals (1785),"

*Cambridge Texts in the History of Philosophy* (Cambridge: Cambridge University Press, 1998).

## 6장

1 John Strang, Thomas Babor, Jonathan Caulkins, Benedikt Fischer, David Foxcroft, and Keith Humphreys, "Drug Policy and the Public Good: Evidence for Effective Interventions," *Lancet* 379 (2012): 71-83.
2 Centers for Disease Control and Prevention, "U.S. Opioid Prescribing Rate Maps," accessed July 2, 2020, https://www.cdc.gov/drugoverdose/maps/rxrate-maps.html.
3 Robert Whitaker, *Anatomy of an Epidemic: Magic Bullets, Psychiatric Drugs, and the Astonishing Rise of Mental Illness in America* (New York: Crown, 2010).
4 Anthony F. Jorm, Scott B. Patten, Traolach S. Brugha, and Ramin Mojtabai, "Has Increased Provision of Treatment Reduced the Prevalence of Common Mental Disorders? Review of the Evidence from Four Countries," *World Psychiatry* 16, no. 1 (2017): 90-99, https://doi.org/10.1002/wps.20388.
5 Larry F. Chu, David J. Clark, and Martin S. Angst, "Opioid Tolerance and Hyperalgesia in Chronic Pain Patients after One Month of Oral Morphine Therapy: A Preliminary Prospective Study," *Journal of Pain* 7, no. 1 (2006): 43-48, https://doi.org/10.1016/j.jpain.2005.08.001.
6 Gretchen LeFever Watson, Andrea Powell Arcona, and David O. Antonuccio, "The ADHD Drug Abuse Crisis on American College Campuses," *Ethical Human Psychology and Psychiatry* 17, no. 1 (2015), https://doi.org/10.1891/1559-4343.17.1.5.
7 Rif S. El-Mallakh, Yonglin Gao, and R. Jeannie Roberts, "Tardive Dysphoria: The Role of Long Term Antidepressant Use in-Inducing Chronic Depression," *Medical Hypotheses* 76, no. 6 (2011): 769-73, https://doi.org/10.1016/j.mehy.2011.01.020.
8 Peter D. Kramer, *Listening to Prozac* (New York: Viking Press, 1993).
9 Lajeana D. Howie, Patricia N. Pastor, and Susan L. Lukacs, "Use of Medication Prescribed for Emotional or Behavioral Difficulties among

Children Aged 6 – 17 Years in the United States, 2011 – 2012," *Health Care in the United States: Developments and Considerations* 5, no. 148 (2015): 25 – 35.

**10** Alan Schwarz, "Thousands of Toddlers Are Medicated for A.D.H.D., Report Finds, Raising Worries," *New York Times*, May 16, 2014.

**11** Casey Crump, Kristina Sundquist, Jan Sundquist, and Marilyn A. Winkleby, "Neighborhood Deprivation and Psychiatric Medication Prescription: A Swedish National Multilevel Study," *Annals of Epidemiology* 21, no. 4 (2011): 231 – 37, https://doi.org/10.1016/j.annepidem.2011.01.005.

**12** Robin Ghertner and Lincoln Groves, "The Opioid Crisis and Economic Opportunity: Geographic and Economic Trends," ASPE Research Brief from the U.S. Department of Health and Human Services, 2018, https://aspe.hhs.gov/system/files/pdf/259261/ASPEEconomicOpportunityOpioidCrisis.pdf

**13** Mark J. Sharp and Thomas A. Melnik, "Poisoning Deaths Involving Opioid Analgesics—New York State, 2003 – 2012," *Morbidity and Mortality Weekly* Report 64, no. 14 (2015): 377 – 80; P. Coolen, S. Best, A. Lima, J. Sabel, and L. J. Paulozzi, "Overdose Deaths Involving Prescription Opioids among Medicaid Enrollees—Washington, 2004 – 2007," *Morbidity and Mortality Weekly* Report 58, no. 42 (2009): 1171 – 75.

**14** Alexandrea E. Hatcher, Sonia Mendoza, and Helena Hansen, "At the Expense of a Life: Race, Class, and the Meaning of Buprenorphine in Pharmaceuticalized 'Care,'" *Substance Use and Misuse* 53, no. 2 (2018): 301 – 10, https://doi.org/10.1080/10826084.2017.1385633.

## 7장

**1** Petr Šrámek, Marie Šimečková, Ladislav Janský, Jarmila Šavlíková, and Stanislav Vybíral, "Human Physiological Responses to Immersion into Water of Different Temperatures," *European Journal of Applied Physiology* 81 (2000): 436 – 42, https://doi.org/10.1007/s004210050065.

**2** Christina G. von der Ohe, Corinna DarianSmith, Craig C. Garner, and H. Craig Heller, "Ubiquitous and Temperature-Dependent Neural Plasticity in Hibernators," *Journal of Neuroscience* 26, no. 41 (2006): 10590 – 98, https://

doi.org/10.1523/JNEUROSCI.2874-06.2006.

3 Russell M. Church, Vincent LoLordo, J. Bruce Overmier, Richard L. Solomon, and Lucille H. Turner, "Cardiac Responses to Shock in Curarized Dogs: Effects of Shock Intensity and Duration, Warning Signal, and Prior Experience with Shock," *Journal of Comparative and Physiological Psychology* 62, no. 1 (1966): 1-7, https://doi.org/10.1037/h0023476; Aaron H. Katcher, Richard L. Solomon, Lucille H. Turner, Vincent LoLordo, J. Bruce Overmier, and Robert A. Rescorla, "Heart Rate and Blood Pressure Responses to Signaled and Unsignaled Shocks: Effects of Cardiac Sympathectomy," *Journal of Comparative and Physiological Psychology* 68, no. 2 (1969): 163-74; Richard L. Solomon and John D. Corbit, "An Opponent-Process Theory of Motivation," *American Economic Review* 68, no. 6 (1978): 12-24.

4 R. S. Bluck, *Plato's* Phaedo: A Translation of Plato's Phaedo (London: Routledge, 2014), https://www.google.com/books/edition/Plato_s_Phaedo/7FzXAwAAQBAJ?hl=en&gbpv=1&dq=%22how+strange+would+appear+to+be+this+thing+that+men+call+pleasure%22&pg=PA41&printsec=frontcover.

5 Helen B. Taussig, "'Death' from Lightning and the Possibility of Living Again," *American Scientist* 57, no. 3 (1969): 306-16.

6 Edward J. Calabrese and Mark P. Mattson, "How Does Hormesis Impact Biology, Toxicology, and Medicine?," *npj Aging and Mechanisms of Disease* 3, no. 13 (2017), https://doi.org/10.1038/s41514-017-0013-z.

7 James R. Cypser, Pat Tedesco, and Thomas E. Johnson, "Hormesis and Aging in Caenorhabditis Elegans," *Experimental Gerontology* 41, no. 10 (2006): 935-39, https://doi.org/10.1016/j.exger.2006.09.004.

8 Nadège Minois, "The Hormetic Effects of Hypergravity on Longevity and Aging," *Dose-Response* 4, no. 2 (2006), https://doi.org/10.2203/dose-response.05-008.minois. 그래비트론은 거대한 수직 기둥 모양의 통으로 분당 33회를 돌아 바닥이 떨어지기 전에 거의 3g(중력가속도)에 해당하는 원심 효과를 낳는다. 난 이 논문을 읽고 근처 놀이공원에 있는 그래비트론에서 2~4주 동안 시간을 보낸다는 상상을 했다. 이 기간은 초파리의 평균수명이 50일임을 고려할 때 인간이 그래비트론에서 50년 이상 보내는 것과 같다. 불쌍한 파리들!

9 Shizuyo Sutou, "Low-Dose Radiation from A-Bombs Elongated Lifespan and Reduced Cancer Mortality Relative to Un-Irradiated Individuals," *Genes and Environment* 40, no. 26 (2018), https://doi.org/10.1186/s41021-018-0114-3.

10 John B. Cologne and Dale L. Preston, "Longevity of Atomic-Bomb Survivors," *Lancet* 356, no. 9226 (July 22, 2000): 303–7, https://doi.org/10.1016/S0140-6736(00)02506-X.

11 Mark P. Mattson and Ruiqian Wan, "Beneficial Effects of Intermittent Fasting and Caloric Restriction on the Cardiovascular and Cerebrovascular Systems," *Journal of Nutritional Biochemistry* 16, no. 3 (2005): 129–37, https://doi.org/10.1016/j.jnutbio.2004.12.007.

12 Aly Weisman and Kristen Griffin, "Jimmy Kimmel Lost a Ton of Weight on This Radical Diet," *Business Insider*, January 9, 2016.

13 Anna Lembke and Amer Raheemullah, "Addiction and Exercise," in *Lifestyle Psychiatry: Using Exercise, Diet and Mindfulness to Manage Psychiatric Disorders*, ed. Doug Noordsy (Washington, DC: American Psychiatric Publishing, 2019).

14 Daniel T. Omura, Damon A. Clark, Aravinthan D. T. Samuel, and H. Robert Horvitz, "Dopamine Signaling Is Essential for Precise Rates of Locomotion by C. Elegans," *PLOS ONE* 7, no. 6 (2012), https://doi.org/10.1371/journal.pone.0038649.

15 Shu W. Ng and Barry M. Popkin, "Time Use and Physical Activity: A Shift Away from Movement across the Globe," *Obesity Reviews* 13, no. 8 (August 2012): 659–80, https://doi.org/10.1111/j.1467-789X.2011.00982.x.

16 Mark P. Mattson, "Energy Intake and Exercise as Determinants of Brain Health and Vulnerability to Injury and Disease," *Cell Metabolism* 16, no. 6 (2012): 706–22, https://doi.org/10.1016/j.cmet.2012.08.012.

17 B. K. Pedersen and B. Saltin, "Exercise as Medicine—Evidence for Prescribing Exercise as Therapy in 26 Different Chronic Diseases," Dopamine_9781524746728_all_5p_r1.indd 252 4/16/21 5:31 AMNOTES 253 *Scandinavian Journal of Medicine and Science in Sports* 25, no. S3 (2015): 1–72.

**18** Tim Wu, "The Tyranny of Convenience," *New York Times*, February 6, 2018.

**19** Hippocrates, *Aphorisms*, accessed July 8, 2020, http://classics.mit.edu/Hippocrates/aphorisms.1.i.html.

**20** Christian Sprenger, Ulrike Bingel, and Christian Büchel, "Treating Pain with Pain: Supraspinal Mechanisms of Endogenous Analgesia Elicited by Heterotopic Noxious Conditioning Stimulation," *Pain* 152, no. 2 (2011): 428–39, https://doi.org/10.1016/j.pain.2010.11.018.

**21** Liu Xiang, "Inhibiting Pain with Pain—A Basic Neuromechanism of Acupuncture Analgesia," *Chinese Science Bulletin* 46, no. 17 (2001): 1485–94, https://doi.org/10.1007/BF03187038.

**22** Jarred Younger, Noorulain Noor, Rebecca McCue, and Sean Mackey, "Low-Dose Naltrexone for the Treatment of Fibromyalgia: Findings of a Small, Randomized, Double-Blind, Placebo-Controlled, Counterbalanced, Crossover Trial Assessing Daily Pain Levels," *Arthritis and Rheumatism* 65, no. 2 (2013): 529–38, https://doi.org/10.1002/art.37734.

**23** Ugo Cerletti, "Old and New Information about Electroshock," *American Journal of Psychiatry* 107, no. 2 (1950): 87–94, https://doi.org/10.1176/ajp.107.2.87.

**24** Amit Singh and Sujita Kumar Kar, "How Electroconvulsive Therapy Works?: Understanding the Neurobiological Mechanisms," *Clinical Psychopharmacology and Neuroscience* 15, no. 3 (2017): 210–21, https://doi.org/10.9758/cpn.2017.15.3.210.

**25** Mark Synnott, *The Impossible Climb: Alex Honnold, El Capitan, and the Climbing Life* (New York: Dutton, 2018).

**26** Chris M. Sherwin, "Voluntary Wheel Running: A Review and Novel Interpretation," *Animal Behaviour* 56, no. 1 (1998): 11–27, https://doi.org/10.1006/anbe.1998.0836.

**27** Johanna H. Meijer and Yuri Robbers, "Wheel Running in the Wild," *Proceedings of the Royal Society B: Biological Sciences*, July 7, 2014, https://doi.org/10.1098/rspb.2014.0210.

**28** Daniel Saal, Yan Dong, Antonello Bonci, and Robert C. Malenka, "Drugs of Abuse and Stress Trigger a Common Synaptic Adaptation in Dopamine

Neurons," *Neuron* 37, no. 4 (2003): 577–82, https://doi.org/10.1016/S0896-6273(03)00021-7.

**29** Ingmar H. A. Franken, Corien Zijlstra, and Peter Muris, "Are Nonpharmacological Induced Rewards Related to Anhedonia? A Study among Skydivers," *Progress in Neuro-Psychopharmacology and Biological Psychiatry* 30, no. 2 (2006): 297–300, https://doi.org/10.1016/j.pnpbp.2005.10.011.

**30** Kate Knibbs, "All the Gear an Ultramarathoner Legend Brings with Him on the Trail," Gizmodo, October 29, 2015, https://gizmodo.com/all-the-gear-an-ultramarathon-legend-brings-with-him-on-1736088954.

**31** Mark Synnott, "How Alex Honnold Made the Ultimate Climb without a Rope," National Geographic online, accessed July 8, 2020, https://www.nationalgeographic.com/magazine/2019/02/alexhonnold-made-ultimate-climb-el-capitan-without-rope.

**32** Jeffrey B. Kreher and Jennifer B. Schwartz, "Overtraining Syndrome: A Practical Guide," *Sports Health* 4, no. 2 (2012), https://doi.org/10.1177/1941738111434406.

**33** David R. Francis, "Why High Earners Work Longer Hours," National Bureau of Economic Research digest, accessed February 5, 2021, https://www.nber.org/digest/jul06/w11895.html.

## 8장

**1** Silvio José Lemos Vasconcellos, Matheus Rizzatti, Thamires Pereira Barbosa, Bruna Sangoi Schmitz, Vanessa Cristina Nascimento Coelho, and Andrea Machado, "Understanding Lies Based on Evolutionary Psychology: A Critical Review," *Trends in Psychology* 27, no. 1 (2019): 141–53, https://doi.org/10.9788/TP2019.1-11.

**2** Michel André Maréchal, Alain Cohn, Giuseppe Ugazio, and Christian C. Ruff, "Increasing Honesty in Humans with Noninvasive Brain Stimulation," *Proceedings of the National Academy of Sciences of the United States of America* 114, no. 17 (2017): 4360–64, https://doi.org/10.1073/

pnas.1614912114.

3 옥시토신은 주요 도파민 타겟에서—측좌핵에서—세로토닌(5HT)을 분비시키기도 한다. 그리고 '친사회적' 행동 촉진의 측면에서 측좌핵에서의 세로토닌 분비는 도파민 분비보다 더 중요하다. 하지만 도파민의 동시 발생적 분비는 친사회적 행동을 중독성 있게 만들지도 모른다. Lin W. Hung, Sophie Neuner, Jai S. Polepalli, Kevin T. Beier, Matthew Wright, Jessica J. Walsh, Eastman M. Lewis, et al., "Gating of Social Reward by Oxytocin in the Ventral Tegmental Area," Science 357, no. 6358 (2017): 1406–11, https://doi.org/10.1126/science.aan4994.

4 Seven E. Tomek, Gabriela M. Stegmann, and M. Foster Olive, "Effects of Heroin on Rat Prosocial Behavior," *Addiction Biology* 24, no. 4 (2019): 676–84, https://doi.org/10.1111/adb.12633.

5 *Twelve Steps and Twelve Traditions* (New York: Alcoholics Anonymous World Services).

6 Donald W. Winnicott, "Ego Distortion in Terms of True and False Self," in *The Maturational Process and the Facilitating Environment: Studies in the Theory of Emotional Development* (New York: International Universities Press, 1960), 140–57.

7 Mark Epstein, *Going on Being: Life at the Crossroads of Buddhism and Psychotherapy* (Boston: Wisdom Publications, 2009).

8 Celeste Kidd, Holly Palmeri, and Richard N. Aslin, "Rational Snacking: Young Children's Decision-Making on the Marshmallow Task Is Moderated by Beliefs about Environmental Reliability," *Cognition* 126, no. 1 (2013): 109–14, https://doi.org/10.1016/j.cognition.2012.08.004.

9 Warren K. Bickel, A. George Wilson, Chen Chen, Mikhail N. Koffarnus, and Christopher T. Franck, "Stuck in Time: Negative Income Shock Constricts the Temporal Window of Valuation Spanning the Future and the Past," *PLOS ONE* 11, no. 9 (2016): 1–12, https://doi.org/10.1371/journal.pone.0163051

## 9장

1 Mark J. Edlund, Katherine M. Harris, Harold G. Koenig, Xiaotong Han, Greer

Sullivan, Rhonda Mattox, and Lingqi Tang, "Religiosity and Decreased Risk of Substance Use Disorders: Is the Effect Mediated by Social Support or Mental Health Status?," *Social Psychiatry and Psychiatric Epidemiology* 45 (2010): 827–36, https://doi.org/10.1007/s00127-009-0124-3.

**2** Laurence R. Iannaccone, "Sacrifice and Stigma: Reducing FreeRiding in Cults, Communes, and Other Collectives," *Journal of Political Economy* 100, no. 2 (1992): 271–91.

**3** Laurence R. Iannaccone, "Why Strict Churches Are Strong," *American Journal of Sociology* 99, no. 5 (1994): 1180–1211, https://doi.org/10.2307/2781147.

## 참고 문헌

Adinoff, Bryon. "Neurobiologic Processes in Drug Reward and Addiction." *Harvard Review of Psychiatry* 12, no. 6 (2004): 305–20. https://doi.org/10.1080/10673220490910844.

Aguiar, Mark, Mark Bils, Kerwin Kofi Charles, and Erik Hurst. "Leisure Luxuries and the Labor Supply of Young Men." National Bureau of Economic Research working paper, June 2017. https://doi.org/10.3386/w23552.

Ahmed, S. H., and G. F. Koob. "Transition from Moderate to Excessive Drug Intake: Change in Hedonic Set Point." *Science* 282, no. 5387 (1998): 298–300. https://doi.org/10.1126/science.282.5387.298.

ASPPH Task Force on Public Health Initiatives to Address the Opioid Crisis. *Bringing Science to Bear on Opioids: Report and Recommendations*, November 2019.

Bachhuber, Marcus A., Sean Hennessy, Chinazo O. Cunningham, and Joanna L. Starrels. "Increasing Benzodiazepine Prescriptions and Overdose Mortality in the United States, 1996–2013." *American Journal of Public Health* 106, no. 4 (2016): 686–88. https://doi.org/10.2105/AJPH.2016.303061.

Bassareo, Valentina, and Gaetano Di Chiara. "Modulation of Feeding-Induced Activation of Mesolimbic Dopamine Transmission by Appetitive Stimuli and Its Relation to Motivational State." *European Journal of Neuroscience* 11, no. 12 (1999): 4389–97. https://doi.org/10.1046/j.1460-9568.1999.00843.x.

Baumeister, Roy F. "Where Has Your Willpower Gone?" *New Scientist* 213, no. 2849 (2012): 30–31. https://doi.org/10.1016/s0262-4079(12)60232-2.

Beecher, Henry. "Pain in Men Wounded in Battle." *Anesthesia & Analgesia* 26, no. 1 (1947): 21. https://doi.org/10.1213/00000539-194701000-00005.

Bickel, Warren K., A. George Wilson, Chen Chen, Mikhail N. Koffarnus, and Christopher T. Franck. "Stuck in Time: Negative Income Shock Constricts the Temporal Window of Valuation Spanning the Future and the Past." *PLOS ONE* 11, no. 9 (2016): 1–12. https://doi.org/10.1371/journal.pone.0163051.

Bickel, Warren K., Benjamin P. Kowal, and Kirstin M. Gatchalian. "Understanding Addiction as a Pathology of Temporal Horizon." *Behavior Analyst Today* 7, no. 1 (2006): 32–47. https://doi.org/10.1037/h0100148.

Blanchflower, David G., and Andrew J. Oswald. "Unhappiness and Pain in Modern America: A Review Essay, and Further Evidence, on Carol Graham's Happiness for All?" IZA Institute of Labor Economics discussion paper, November 2017.

Bluck, R. S. Plato's Phaedo: *A Translation of Plato's* Phaedo. London: Routledge, 2014. https://www.google.com/books/edition/Plato_s_Phaedo/7FzXAwAAQBAJ?hl=en&gbpv=1&dq=%22how+strange+would+appear+to+be+this+thing+that+men+call+pleasure%22&pg=PA41&printsec=frontcover.

BrettevilleJensen, A. L. "Addiction and Discounting." *Journal of Health Economics* 18, no. 4 (1999): 393–407. https://doi.org/10.1016/S0167-6296(98)00057-5.

Brown, S. A., and M. A. Schuckit. "Changes in Depression among Abstinent Alcoholics." *Journal on Studies of Alcohol* 49, no. 5 (1988): 412–17. http://www.ncbi.nlm.nih.gov/entrez/query.fcgi?cmd=Retrieve&db=PubMed&dopt=Citation&list_uids=3216643.

Calabrese, Edward J., and Mark P. Mattson. "How Does Hormesis Impact Biology, Toxicology, and Medicine?" *npj Aging and Mechanisms of Disease* 3, no. 13 (2017). https://doi.org/10.1038/s41514-017-0013-z.

"Capital Pains." *Economist*, July 18, 2020.

Case, Anne, and Angus Deaton. *Deaths of Despair and the Future of Capitalism*. Princeton, NJ: Princeton University Press, 2020. https://doi.org/10.2307/j.ctvpr7rb2.

Centers for Disease Control and Prevention. "U.S. Opioid Prescribing Rate Maps." Accessed July 2, 2020. https://www.cdc.gov/drugoverdose/maps/rxratemaps.html.

Cerletti, Ugo. "Old and New Information about Electroshock." *American Journal of Psychiatry* 107, no. 2 (1950): 87–94. https://doi.org/10.1176/ajp.107.2.87.

Chang, Jeffrey S., Jenn Ren Hsiao, and Che Hong Chen. "ALDH2 Polymorphism and Alcohol-Related Cancers in Asians: A Public Health Perspective." *Journal of Biomedical Science* 24, no. 1 (2017): 1–10. https://doi.org/10.1186/s12929-017-0327-y.

Chanraud, Sandra, Anne-Lise Pitel, Eva M. Muller-Oehring, Adolf Pfefferbaum, and Edith V. Sullivan. "Remapping the Brain to Compensate for Impairment in Recovering Alcoholics," *Cerebral Cortex* 23 (2013): 97–104. http://doi:10.1093/cercor/bhr38.

Chen, Scott A., Laura E. O'Dell, Michael E. Hoefer, Thomas N. Greenwell, Eric P. Zorrilla, and George F. Koob. "Unlimited Access to Heroin Self-Administration: Independent Motivational Markers of Opiate Dependence." *Neuropsychopharmacology* 31, no. 12 (2006): 2692–707. https://doi.org/10.1038/sj.npp.1301008.

Chiara, G. Di, and A. Imperato. "Drugs Abused by Humans Preferentially Increase Synaptic Dopamine Concentrations in the Mesolimbic System of Freely Moving Rats." *Proceedings of the National Academy of Sciences of the United States of America* 85, no. 14 (1988): 5274–78. https://doi.org/10.1073/pnas.85.14.5274.

Chu, Larry F., David J. Clark, and Martin S. Angst. "Opioid Tolerance and Hyperalgesia in Chronic Pain Patients after One Month of Oral Morphine Therapy: A Preliminary Prospective Study." *Journal of Pain* 7, no. 1 (2006): 43–48. https://doi.org/10.1016/j.jpain.2005.08.001.

Church of Jesus Christ of Latter-day Saints. "Dress and Appearance." Accessed July 2, 2020. https://www.churchofjesuschrist.org/study/manual/for-the-strength-of-youth/dress-and-appearance?lang=eng.

Church, Russell M., Vincent LoLordo, J. Bruce Overmier, Richard L. Solomon, and Lucille H. Turner. "Cardiac Responses to Shock in Curarized Dogs: Effects of Shock Intensity and Duration, Warning Signal, and Prior Experience with Shock." *Journal of Comparative and Physiological Psychology* 62, no. 1 (1966): 1–7. https://doi.org/10.1037/h0023476.

Cologne, John B., and Dale L. Preston. "Longevity of Atomic-Bomb Survivors." *Lancet* 356, no. 9226 (2000): 303–7. https://doi.org/10.1016/S0140-6736(00)02506-X.

Coolen, P., S. Best, A. Lima, J. Sabel, and L. Paulozzi. "Overdose Deaths Involving Prescription Opioids among Medicaid Enrollees—Washington, 2004–2007." *Morbidity and Mortality Weekly Report* 58, no. 42 (2009): 1171–75.

Courtwright, David T. "Addiction to Opium and Morphine." In *Dark Paradise: A History of Opiate Addiction in America*, 35–60. Cambridge, MA: Harvard University Press, 2009. https://doi.org/10.2307/j.ctvk12rb0.7.

Courtwright, David T. *The Age of Addiction: How Bad Habits Became Big Business*. Cambridge, MA: Belknap Press, 2019. https://doi.org/10.4159/9780674239241.

Crump, Casey, Kristina Sundquist, Jan Sundquist, and Marilyn A. Winkleby. "Neighborhood Deprivation and Psychiatric Medication Prescription: A Swedish National Multilevel Study." *Annals of Epidemiology* 21, no. 4 (2011): 231–37. https://doi.org/10.1016/j.annepidem.2011.01.005.

Cui, Changhai, Antonio Noronha, Kenneth R. Warren, George F. Koob, Rajita Sinha, Mahesh Thakkar, John Matochik, et al. "Brain Pathways to Recovery from Alcohol Dependence." *Alcohol* 49, no. 5 (2015): 435–52. https://doi.org/10.1016/j.alcohol.2015.04.006.

Cypser, James R., Pat Tedesco, and Thomas E. Johnson. "Hormesis and Aging in *Caenorhabditis Elegans*." *Experimental Gerontology* 41, no. 10 (2006): 935–39. https://doi.org/10.1016/j.exger.2006.09.004.

Douthat, Ross. *Bad Religion: How We Became a Nation of Heretics*. New York: Free Press, 2013.

Dunnington, Kent. *Addiction and Virtue: Beyond the Models of Disease and Choice*. Downers Grove, IL: InterVarsity Press Academic, 2011.

Edlund, Mark J., Katherine M. Harris, Harold G. Koenig, Xiaotong Han, Greer Sullivan, Rhonda Mattox, and Lingqi Tang. "Religiosity and Decreased Risk of Substance Use Disorders: Is the Effect Mediated by Social Support or Mental Health Status?" *Social Psychiatry and Psychiatric Epidemiology* 45 (2010): 827–36. https://doi.org/10.1007/s00127-009-0124-3.

Eikelboom, Roelof, and Randelle Hewitt. "Intermittent Access to a Sucrose Solution for Rats Causes Long-Term Increases in Consumption." *Physiology and Behavior* 165 (2016): 77–85. https://doi.org/10.1016/

j.physbeh.2016.07.002.

El-Mallakh, Rif S., Yonglin Gao, and R. Jeannie Roberts. "Tardive Dysphoria: The Role of Long Term Antidepressant Use in-Inducing Chronic Depression." *Medical Hypotheses* 76, no. 6 (2011): 769–73. https://doi.org/10.1016/j.mehy.2011.01.020.

Epstein, Mark. *Going on Being: Life at the Crossroads of Buddhism and Psychotherapy*. Boston: Wisdom Publications, 2009.

Fava, Giovanni A., and Fiammetta Cosci. "Understanding and Managing Withdrawal Syndromes after Discontinuation of Antide-pressant Drugs." *Journal of Clinical Psychiatry* 80, no. 6 (2019). https://doi.org/10.4088/JCP.19com12794.

Fiorino, Dennis F., Ariane Coury, and Anthony G. Phillips. "Dynamic Changes in Nucleus Accumbens Dopamine Efflux during the Coolidge Effect in Male Rats." *Journal of Neuroscience* 17, no. 12 (1997): 4849–55. https://doi.org/10.1523/jneurosci.17-12-04849.1997.

Fisher, J. P., D. T. Hassan, and N. O'Connor. "Case Report on Pain." *British Medical Journal* 310, no. 6971 (1995): 70. https://www.ncbi.nlm.nih.gov/pmc/articles/PMC2548478/pdf/bmj00574-0074.pdf.

Fogel, Robert William. *The Fourth Great Awakening and the Future of Egalitarianism*. Chicago: University of Chicago Press, 2000.

Francis, David R. "Why High Earners Work Longer Hours." National Bureau of Economic Research digest, 2020. http://www.nber.org/digest/jul06/w11895.html.

Frank, Joseph W., Travis I. Lovejoy, William C. Becker, Benjamin J. Morasco, Christopher J. Koenig, Lilian Hoffecker, Hannah R. Dischinger, et al. "Patient Outcomes in Dose Reduction or Discontinuation of Long-Term Opioid Therapy: A Systematic Review." *Annals of Internal Medicine* 167, no. 3 (2017): 181–91. https://doi.org/10.7326/M17-0598.

Franken, Ingmar H. A., Corien Zijlstra, and Peter Muris. "Are Nonpharmacological Induced Rewards Related to Anhedonia? A Study among Skydivers." *Progress in Neuro-Psychopharmacology and Biological Psychiatry* 30, no. 2 (2006): 297–300. https://doi.org/10.1016/j.pnpbp.2005.10.011.

Gasparro, Annie, and Jessie Newman. "The New Science of Taste: 1,000 Banana Flavors." *Wall Street Journal*, October 31, 2014.

Ghertner, Robin, and Lincoln Groves. "The Opioid Crisis and Economic Opportunity: Geographic and Economic Trends." ASPE Research Brief from the U.S. Department of Health and Human Services, 2018. https://aspe.hhs.gov/system/files/pdf/259261/ASPEEconomicOpportunityOpioidCrisis.pdf.

Grant, Bridget F., S. Patricia Chou, Tulshi D. Saha, Roger P. Pickering, Bradley T. Kerridge, W. June Ruan, Boji Huang, et al. "Prevalence of 12-Month Alcohol Use, High-Risk Drinking, and DSM-IV Alcohol Use Disorder in the United States, 2001–2002 to 2012–2013: Results from the National Epidemiologic Survey on Alcohol and Related Conditions." *JAMA Psychiatry* 74, no. 9 (September 1, 2017): 911–23. https://doi.org/10.1001/jamapsychiatry.2017.2161.

Hall, Wayne. "What Are the Policy Lessons of National Alcohol Prohibition in the United States, 1920–1933?" *Addiction* 105, no. 7 (2010): 1164–73. https://doi.org/10.1111/j.1360-0443.2010.02926.x.

Hatcher, Alexandrea E., Sonia Mendoza, and Helena Hansen. "At the Expense of a Life: Race, Class, and the Meaning of Buprenorphine in Pharmaceuticalized 'Care.'" *Substance Use and Misuse* 53, no. 2 (2018): 301–10. https://doi.org/10.1080/10826084.2017.1385633.

Helliwell, John F., Haifang Huang, and Shun Wang. "Chapter 2: Changing World Happiness." *World Happiness Report* 2019, March 20, 2019.

Hippocrates. *Aphorisms*. Accessed July 8, 2020. http://classics.mit.edu/Hippocrates/aphorisms.1.i.html.

Howie, Lajeana D., Patricia N. Pastor, and Susan L. Lukacs. "Use of Medication Prescribed for Emotional or Behavioral Difficulties Among Children Aged 6–17 Years in the United States, 2011–2012." *Health Care in the United States: Developments and Considerations* 5, no. 148 (2015): 25–35.

Hung, Lin W., Sophie Neuner, Jai S. Polepalli, Kevin T. Beier, Matthew Wright, Jessica J. Walsh, Eastman M. Lewis, et al. "Gating of Social Reward by Oxytocin in the Ventral Tegmental Area." *Science* 357, no. 6358 (2017): 1406–11. https://doi.org/10.1126/science.aan4994.

Huxley, Aldous. *Brave New World Revisited*. New York: HarperCollins, 2004.

Iannaccone, Laurence R. "Sacrifice and Stigma: Reducing Free-Riding in Cults, Communes, and Other Collectives." *Journal of Political Economy* 100, no. 2 (1992): 271 – 91.

Iannaccone, Laurence R. "Why Strict Churches Are Strong." *American Journal of Sociology* 99, no. 5 (1994): 1180 – 1211. https://doi.org/10.2307/2781147.

Iannelli, Eric J. "Species of Madness." *Times Literary Supplement*, September 22, 2017.

Jonas, Bruce S., Qiuping Gu, and Juan R. Albertorio-Diaz. "Psychotropic Medication Use among Adolescents: United States, 2005 – 2010." *NCHS Data Brief*, no. 135 (December 2013): 1 – 8.

Jorm, Anthony F., Scott B. Patten, Traolach S. Brugha, and Ramin Mojtabai. "Has Increased Provision of Treatment Reduced the Prevalence of Common Mental Disorders? Review of the Evidence from Four Countries." *World Psychiatry* 16, no. 1 (2017): 90 – 99. https://doi.org/10.1002/wps.20388.

Kant, Immanuel. "Groundwork of the Metaphysic of Morals (1785)," *Cambridge Texts in the History of Philosophy*. Cambridge: Cambridge University Press, 1998.

Katcher, Aaron H., Richard L. Solomon, Lucille H. Turner, and Vincent Lolordo. "Heart Rate and Blood Pressure Responses to Signaled and Unsignaled Shocks: Effects of Cardiac Sympathectomy." *Journal of Comparative and Physiological Psychology* 68, no. 2 (1969): 163 – 74.

Kidd, Celeste, Holly Palmeri, and Richard N. Aslin. "Rational Snacking: Young Children's Decision-Making on the Marshmallow Task Is Moderated by Beliefs about Environmental Reliability." *Cognition* 126, no. 1 (2013): 109 – 14. https://doi.org/10.1016/j.cognition.2012.08.004.

Knibbs, Kate. "All the Gear an Ultramarathoner Legend Brings with Him on the Trail." Gizmodo, October 29, 2015. https://gizmodo.com/all-the-gear-an-ultramarathon-legend-brings-with-him-on-1736088954.

Kohrman, Matthew, Quan Gan, Liu Wennan, and Robert N. Proctor, eds. *Poisonous Pandas: Chinese Cigarette Manufacturing in Critical Historical Perspectives*. Stanford, CA: Stanford University Press, 2018.

Kolb, Brian, Grazyna Gorny, Yilin Li, Anne-Noël Samaha, and Terry E. Robinson. "Amphetamine or Cocaine Limits the Ability of Later Experience to Promote Structural Plasticity in the Neocortex and Nucleus Accumbens." *Proceedings of the National Academy of Sciences of the United States of America* 100, no. 18 (2003): 10523-28. https://doi.org/10.1073/pnas.1834271100.

Koob, George F. "Hedonic Homeostatic Dysregulation as a Driver of Drug-Seeking Behavior." *Drug Discovery Today: Disease Models* 5, no. 4 (2008): 207-15. https://doi.org/10.1016/j.ddmod.2009.04.002.

Kramer, Peter D. *Listening to Prozac*. New York: Viking Press, 1993.

Kreher, Jeffrey B., and Jennifer B. Schwartz. "Overtraining Syndrome: A Practical Guide." *Sports Health* 4, no. 2 (2012). https://doi.org/10.1177/1941738111434406.

Leknes, Siri, and Irene Tracey. "A Common Neurobiology for Pain and Pleasure." *Nature Reviews Neuroscience* 9, no. 4 (2008): 314-20. https://doi.org/10.1038/nrn2333.

Lembke, Anna. *Drug Dealer, MD: How Doctors Were Duped, Patients Got Hooked, and Why It's So Hard to Stop*. 1st ed. Baltimore: Johns Hopkins University Press, 2016.

Lembke, Anna. "Time to Abandon the Self-Medication Hypothesis in Patients with Psychiatric Disorders." *American Journal of Drug and Alcohol Abuse* 38, no. 6 (2012): 524-29. https://doi.org/10.3109/00952990.2012.694532.

Lembke, Anna, and Amer Raheemullah. "Addiction and Exercise." In *Lifestyle Psychiatry: Using Exercise, Diet and Mindfulness to Manage Psychiatric Disorders*, edited by Doug Noordsy. Washington, DC: American Psychiatric Publishing, 2019.

Lembke, Anna, and Niushen Zhang. "A Qualitative Study of Treatment-Seeking Heroin Users in Contemporary China." *Addiction Science & Clinical Practice* 10, no. 23 (2015). https://doi.org/10.1186/s13722-015-0044-3.

Levin, Edmund C. "The Challenges of Treating Developmental Trauma Disorder in a Residential Agency for Youth." *Journal of the American Academy of Psychoanalysis and Dynamic Psychiatry* 37, no. 3 (2009): 519-38. https://doi.org/10.1521/jaap.2009.37.3.519.

Linnet, J., E. Peterson, D. J. Doudet, A. Gjedde, and A. Møller. "Dopamine Release in Ventral Striatum of Pathological Gamblers Losing Money." *Acta Psychiatrica Scandinavica* 122, no. 4 (2010): 326–33. https://doi.org/10.1111/j.1600-0447.2010.01591.x.

Liu, Qingqing, Hairong He, Jin Yang, Xiaojie Feng, Fanfan Zhao, and Jun Lyu. "Changes in the Global Burden of Depression from 1990 to 2017: Findings from the Global Burden of Disease Study." *Journal of Psychiatric Research* 126 (June 2020): 134–40. https://doi.org/10.1016/j.jpsychires.2019.08.002.

Liu, Xiang. "Inhibiting Pain with Pain—A Basic Neuromechanism of Acupuncture Analgesia." *Chinese Science Bulletin* 46, no. 17 (2001): 1485–94. https://doi.org/10.1007/BF03187038.

Low, Yinghui, Collin F. Clarke, and Billy K. Huh. "Opioid-Induced Hyperalgesia: A Review of Epidemiology, Mechanisms and Management." *Singapore Medical Journal* 53, no. 5 (2012): 357–60.

MacCoun, Robert. "Drugs and the Law: A Psychological Analysis of Drug Prohibition." *Psychological Bulletin* 113 (June 1, 1993): 497–512. https://doi.org/10.1037//0033-2909.113.3.497.

Maréchal, Michel André, Alain Cohn, Giuseppe Ugazio, and Christian C. Ruff. "Increasing Honesty in Humans with Noninvasive Brain Stimulation." *Proceedings of the National Academy of Sciences of the United States of America* 114, no. 17 (2017): 4360–64. https://doi.org/10.1073/pnas.1614912114.

Mattson, Mark P. "Energy Intake and Exercise as Determinants of Brain Health and Vulnerability to Injury and Disease." *Cell Metabolism* 16, no. 6 (2012): 706–22. https://doi.org/10.1016/j.cmet.2012.08.012.

Mattson, Mark P., and Ruiqian Wan. "Beneficial Effects of Intermittent Fasting and Caloric Restriction on the Cardiovascular and Cerebrovascular Systems." *Journal of Nutritional Biochemistry* 16, no. 3 (2005): 129–37. https://doi.org/10.1016/j.jnutbio.2004.12.007.

McClure, Samuel M., David I. Laibson, George Loewenstein, and Jonathan D. Cohen. "Separate Neural Systems Value Immediate and Delayed Monetary Rewards." *Science* 306, no. 5695 (2004): 503–7. https://doi.org/10.1126/

science.1100907.

Meijer, Johanna H., and Yuri Robbers. "Wheel Running in the Wild." *Proceedings of the Royal Society B: Biological Sciences*, July 7, 2014. https://doi.org/10.1098/rspb.2014.0210.

Meldrum, M. L. "A Capsule History of Pain Management." *JAMA* 290, no. 18 (2003): 2470–75. https://doi.org/10.1001/jama.290.18.2470.

Mendis, Shanthi, Tim Armstrong, Douglas Bettcher, Francesco Branca, Jeremy Lauer, Cecile Mace, Shanthi Mendis, et al. *Global Status Report on Noncommunicable Diseases 2014*. World Health Organization, 2014. https://apps.who.int/iris/bitstream/handle/10665/148114/9789241564854_eng.pdf.

Minois, Nadège. "The Hormetic Effects of Hypergravity on Longevity and Aging." *Dose-Response* 4, no. 2 (2006). https://doi.org/10.2203/dose-response.05-008.minois.

Montagu, Kathleen A. "Catechol Compounds in Rat Tissues and in Brains of Different Animals." *Nature* 180 (1957): 244–45. https://doi.org/10.1038/180244a0.

National Potato Council. *Potato Statistical Yearbook 2016*. Accessed April 18, 2020. https://www.nationalpotatocouncil.org/files/7014/6919/7938/NPCyearbook2016_-_FINAL.pdf.

Ng, Marie, Tom Fleming, Margaret Robinson, Blake Thomson, Nicholas Graetz, Christopher Margono, Erin C. Mullany, et al. "Global, Regional, and National Prevalence of Overweight and Obesity in Children and Adults during 1980–2013: A Systematic Analysis for the Global Burden of Disease Study 2013." *Lancet* 384, no. 9945 (August 2014): 766–81. https://doi.org/10.1016/S0140-6736(14)60460-8.

Ng, S. W., and B. M. Popkin. "Time Use and Physical Activity: A Shift Away from Movement across the Globe," *Obesity Reviews* 13, no. 8 (August 2012): 659–80. https://doi.org/10.1111/j.1467-789X.2011.00982.x.

O'Dell, Laura E., Scott A. Chen, Ron T. Smith, Sheila E. Specio, Robert L. Balster, Neil E. Paterson, Athina Markou, et al. "Extended Access to Nicotine Self-Administration Leads to Dependence: Circadian Measures, Withdrawal Measures, and Extinction Behavior in Rats." *Journal of Pharmacology and Experimental Therapeutics* 320, no. 1 (2007): 180–93. https://doi.org/10.1124/jpet.106.105270.

OECD. "OECD Health Statistics 2020," July 2020. http://www.oecd.org/els/health-systems/health-data.htm.

OECD. "Special Focus: Measuring Leisure in OECD Countries." In *Society at a Glance 2009: OECD Social Indicators*. Paris: OECD Publishing, 2009. https://doi.org/10.1787/soc_glance-2008-en.

Ohe, Christina G. von der, Corinna Darian-Smith, Craig C. Garner, and H. Craig Heller. "Ubiquitous and Temperature-Dependent Neural Plasticity in Hibernators." *Journal of Neuroscience* 26, no. 41 (2006): 10590–98. https://doi.org/10.1523/JNEUROSCI.2874-06.2006.

Omura, Daniel T., Damon A. Clark, Aravinthan D. T. Samuel, and H. Robert Horvitz. "Dopamine Signaling Is Essential for Precise Rates of Locomotion by C. Elegans." *PLOS ONE* 7, no. 6 (2012). https://doi.org/10.1371/journal.pone.0038649.

Östlund, Magdalena Plecka, Olof Backman, Richard Marsk, Dag Stockeld, Jesper Lagergren, Finn Rasmussen, and Erik Näslund. "Increased Admission for Alcohol Dependence after Gastric Bypass Surgery Compared with Restrictive Bariatric Surgery." *JAMA Surgery* 148, no. 4 (2013): 374–77. https://doi.org/10.1001/jamasurg.2013.700.

Pascoli, Vincent, Marc Turiault, and Christian Lüscher. "Reversal of Cocaine-Evoked Synaptic Potentiation Resets Drug-Induced Adaptive Behaviour." *Nature* 481 (2012): 71–75. https://doi.org/10.1038/nature10709.

Pedersen, B. K., and B. Saltin. "Exercise as Medicine—Evidence for Prescribing Exercise as Therapy in 26 Different Chronic Diseases." *Scandinavian Journal of Medicine and Science in Sports* 25, no. S3 (2015): 1–72.

Petry, Nancy M., Warren K. Bickel, and Martha Arnett. "Shortened Time Horizons and Insensitivity to Future Consequences in Heroin Addicts." *Addiction* 93, no. 5 (1998): 729–38. https://doi.org/10.1046/j.1360-0443.1998.9357298.x.

Piper, Brian J., Christy L. Ogden, Olapeju M. Simoyan, Daniel Y. Chung, James F. Caggiano, Stephanie D. Nichols, and Kenneth L. McCall. "Trends in Use of Prescription Stimulants in the United States and Territories, 2006 to 2016."

*PLOS ONE* 13, no. 11 (2018). https://doi.org/10.1371/journal.pone.0206100.

Postman, Neil. *Amusing Ourselves to Death: Public Discourse in the Age of Show Business*. New York: Penguin Books, 1986.

Pratt, Laura A., Debra J. Brody, and Quiping Gu. "Antidepressant Use in Persons Aged 12 and Over: United States, 2005 – 2008." *NCHS Data Brief No. 76*, October 2011. https://www.cdc.gov/nchs/products/databriefs/db76.htm.

"Qur'an: Verse 24:31." Accessed July 2, 2020. http://corpus.quran.com/translation.jsp?chapter=24&verse=31.

Ramos, Dandara, Tânia Victor, Maria Lucia Seidl-de-Moura, and Martin Daly. "Future Discounting by Slum-Dwelling Youth versus University Students in Rio de Janeiro." *Journal of Research on Adolescence* 23, no. 1 (2013): 95 – 102. https://doi.org/10.1111/j.1532-7795.2012.00796.x.

Rieff, Philip. *The Triumph of the Therapeutic: Uses of Faith after Freud*. New York: Harper and Row, 1966.

Ritchie, Hannah, and Max Roser. "Drug Use." Our World in Data. Retrieved 2019. https://ourworldindata.org/druguse.

Robinson, Terry E., and Bryan Kolb. "Structural Plasticity Associated with Exposure to Drugs of Abuse." *Neuropharmacology* 47, Suppl. 1 (2004): 33 – 46. https://doi.org/10.1016/j.neuropharm.2004.06.025.

Rogers, J. L., S. De Santis, and R. E. See. "Extended Methamphetamine Self-Administration Enhances Reinstatement of Drug Seeking and Impairs Novel Object Recognition in Rats." *Psychopharmacology* 199, no. 4 (2008): 615 – 24. https://doi.org/10.1007/s002130081187-7.

Ruscio, Ayelet Meron, Lauren S. Hallion, Carmen C. W. Lim, Sergio Aguilar-Gaxiola, Ali Al-Hamzawi, Jordi Alonso, Laura Helena Andrade, et al. "Cross-Sectional Comparison of the Epidemiology of *DSM-5* Generalized Anxiety Disorder across the Globe." *JAMA Psychiatry* 74, no. 5 (2017): 465 – 75. https://doi.org/10.1001/jamapsychiatry.2017.0056.

Saal, Daniel, Yan Dong, Antonello Bonci, and Robert C. Malenka. "Drugs of Abuse and Stress Trigger a Common Synaptic Adaptation in Dopamine Neurons." *Neuron* 37, no. 4 (2003): 577 – 82. https://doi.org/10.1016/S0896-6273(03)00021-7.

Satel, Sally, and Scott O. Lilienfeld. "Addiction and the Brain-Disease Fallacy." *Frontiers in Psychiatry* 4 (March 2014): 1-11. https://doi.org/10.3389/fpsyt.2013.00141.

Schelling, Thomas. "Self-Command in Practice, in Policy, and in a Theory of Rational Choice." *American Economic Review* 74, no. 2 (1984): 1-11. https://econpapers.repec.org/article/aeaaecrev/v_3a74_3ay_3a1984_3ai_3a2_3ap_3a1-11.htm. https://doi.org/10.2307/1816322.

Schwarz, Alan. "Thousands of Toddlers Are Medicated for A.D.H.D., Report Finds, Raising Worries." *New York Times*, May 16, 2014.

Shanmugam, Victoria K., Kara S. Couch, Sean McNish, and Richard L. Amdur. "Relationship between Opioid Treatment and Rate of Healing in Chronic Wounds." *Wound Repair and Regeneration* 25, no. 1 (2017): 120-30. https://doi.org/10.1111/wrr.12496.

Sharp, Mark J., and Thomas A. Melnik. "Poisoning Deaths Involving Opioid Analgesics—New York State, 2003-2012." *Morbidity and Mortality Weekly Report* 64, no. 14 (2015): 377-80.

Shahbandeh, M. "Gluten-Free Food Market Value in the United States from 2014 to 2025." Statista, November 20, 2019. Accessed July 2, 2020. https://www.statista.com/statistics/884086/us-gluten-free-food-market-value/.

Sherwin, C. M. "Voluntary Wheel Running: A Review and Novel Interpretation." Animal Behaviour 56, no. 1 (1998): 11-27. https://doi.org/10.1006/anbe.1998.0836.

Shoda, Yuichi, Walter Mischel, and Philip K. Peake. "Predicting Adolescent Cognitive and Self-Regulatory Competencies from Preschool Delay of Gratification: Identifying Diagnostic Conditions." *Developmental Psychology* 26, no. 6 (1990): 978-86. https://doi.org/10.1037/0012-1649.26.6.978.

Sinclair, J. D. "Evidence about the Use of Naltrexone and for Different Ways of Using It in the Treatment of Alcoholism." *Alcohol and Alcoholism* 36, no. 1 (2001): 2-10. https://doi.org/10.1093/alcalc/36.1.2.

Singh, Amit, and Sujita Kumar Kar. "How Electroconvulsive Therapy Works?: Understanding the Neurobiological Mechanisms." *Clinical Psychopharmacology and Neuroscience* 15, no. 3 (2017): 210-21. https://

doi.org/10.9758/cpn.2017.15.3.210.

Sobell, L. C., J. A. Cunningham, and M. B. Sobell. "Recovery from Alcohol Problems with and without Treatment: Prevalence in Two Population Surveys." *American Journal of Public Health* 86, no. 7 (1996): 966–72.

Sobell, Mark B., and Linda C. Sobell. "Controlled Drinking after 25 Years: How Important Was the Great Debate?" *Addiction* 90, no. 9 (1995): 1149–53.

Solomon, Richard L., and John D. Corbit. "An Opponent-Process Theory of Motivation." *American Economic Review* 68, no. 6 (1978): 12–24.

Spoelder, Marcia, Peter Hesseling, Annemarie M. Baars, José G. Lozeman-van't Klooster, Marthe D. Rotte, Louk J. M. J. Vanderschuren, and Heidi M. B. Lesscher. "Individual Variation in Alcohol Intake Predicts Reinforcement, Motivation, and Compulsive Alcohol Use in Rats." *Alcoholism: Clinical and Experimental Research* 39, no. 12 (2015): 2427–37. https://doi.org/10.1111/acer.12891.

Sprenger, Christian, Ulrike Bingel, and Christian Büchel. "Treating Pain with Pain: Supraspinal Mechanisms of Endogenous Analgesia Elicited by Heterotopic Noxious Conditioning Stimulation." *Pain* 152, no. 2 (2011): 428–39. https://doi.org/10.1016/j.pain.2010.11.018.

Šrámek, P., M. Šimečková, L. Janský, J. Šavlíková, and S. Vybíral. "Human Physiological Responses to Immersion into Water of Different Temperatures." *European Journal of Applied Physiology* 81 (2000): 436–42. https://doi.org/10.1007/s004210050065.

Strang, John, Thomas Babor, Jonathan Caulkins, Benedikt Fischer, David Foxcroft, and Keith Humphreys. "Drug Policy and the Public Good: Evidence for Effective Interventions." *Lancet* 379 (2012): 71–83.

Substance Abuse and Mental Health Services Administration, U.S. Department of Health and Human Services. *Behavioral Health*, United States, 2012. HHS Publication No. (SMA) 13-4797, 2013. http://www.samhsa.gov/data/sites/default/files/2012-BHUS.pdf.

Sutou, Shizuyo. "LowDose Radiation from A-Bombs Elongated Lifespan and Reduced Cancer Mortality Relative to Un-Irradiated Individuals." *Genes and Environment* 40, no. 26 (2018). https://doi.org/10.1186/s41021-018-0114-3.

Sydenham, Thomas. "A Treatise of the Gout and Dropsy." In *The Works of Thomas Sydenham, M.D., on Acute and Chronic Diseases*, 254. London, 1783. https://books.google.com/books?id=iSxsAAAA-MAAJ&printsec=frontcover&source=gbs_ge_summary_r&cad=0#v=onepage&q&f=false 2.

Synnott, Mark. "How Alex Honnold Made the Ultimate Climb without a Rope." *National Geographic* online. Accessed July 8, 2020. https://www.nationalgeographic.com/magazine/2019/02/alex-honnold-made-ultimate-climb-el-capitan-without-rope.

Synnott, Mark. *The Impossible Climb: Alex Honnold, El Capitan, and the Climbing Life*. New York: Dutton, 2018.

Taussig, Helen B. "'Death' from Lightning and the Possibility of Living Again." *American Scientist* 57, no. 3 (1969): 306–16.

Tomek, Seven E., Gabriela M. Stegmann, and M. Foster Olive. "Effects of Heroin on Rat Prosocial Behavior." *Addiction Biology* 24, no. 4 (2019): 676–84. https://doi.org/10.1111/adb.12633.

*Twelve Steps and Twelve Traditions*. New York: Alcoholics Anonymous World Services, n.d.

Vasconcellos, Silvio José Lemos, Matheus Rizzatti, Thamires Pereira Barbosa, Bruna Sangoi Schmitz, Vanessa Cristina Nascimento Coelho, and Andrea Machado. "Understanding Lies Based on Evolutionary Psychology: A Critical Review." *Trends in Psychology* 27, no. 1 (2019): 141–53. https://doi.org/10.9788/TP2019.1-11.

Vengeliene, Valentina, Ainhoa Bilbao, and Rainer Spanagel. "The Alcohol Deprivation Effect Model for Studying Relapse Behavior: A Comparison between Rats and Mice." *Alcohol* 48, no. 3 (2014): 313–20. https://doi.org/10.1016/j.alcohol.2014.03.002.

Volkow, N. D., J. S. Fowler, and G. J. Wang. "Role of Dopamine in Drug Reinforcement and Addiction in Humans: Results from Imaging Studies." *Behavioural Pharmacology* 13, no. 5 (2002): 355–66. https://doi.org/10.1097/00008877-200209000-00008.

Volkow, N. D., J. S. Fowler, G-J. Wang, and J. M. Swanson. "Dopamine in Drug Abuse and Addiction: Results from Imaging Studies and Treatment

Implications." *Molecular Psychiatry* 9, no. 6 (June 2004): 557–69. https://doi.org/10.1038/sj.mp.4001507.

Watson, Gretchen LeFever, Andrea Powell Arcona, and David O. Antonuccio. "The ADHD Drug Abuse Crisis on American College Campuses." *Ethical Human Psychology and Psychiatry* 17, no. 1 (2015). https://doi.org/10.1891/1559-4343.17.1.5.

Weisman, Aly, and Kristen Griffin. "Jimmy Kimmel Lost a Ton of Weight on This Radical Diet." *Business Insider*, January 9, 2016.

Wells, K. B., R. Sturm, C. D. Sherbourne, and L. S. Meredith. *Caring for Depression*. Cambridge, MA: Harvard University Press, 1996.

Whitaker, Robert. *Anatomy of an Epidemic: Magic Bullets, Psychiatric Drugs, and the Astonishing Rise of Mental Illness in America*. New York: Crown, 2010.

Winnicott, Donald W. "Ego Distortion in Terms of True and False Self." In *The Maturational Process and the Facilitating Environment: Studies in the Theory of Emotional Development*, 140–57. New York: International Universities Press, 1960.

Wu, Tim. "The Tyranny of Convenience." *New York Times*, February 6, 2018.

Younger, Jarred, Noorulain Noor, Rebecca McCue, and Sean Mackey. "Low-Dose Naltrexone for the Treatment of Fibromyalgia: Findings of a Small, Randomized, Double-Blind, Placebo-Controlled, Counter-balanced, Crossover Trial Assessing Daily Pain Levels." *Arthritis and Rheumatism* 65, no. 2 (2013): 529–38. https://doi.org/10.1002/art.37734.

Zhou, Qun Yong, and Richard D. Palmiter. "Dopamine-Deficient Mice Are Severely Hypoactive, Adipsic, and Aphagic." *Cell* 83, no. 7 (1995): 1197–1209. https://doi.org/10.1016/0092-8674(95)90145-0.

## 감사의 말

내가 이 책을 쓰는 동안 자신의 경험과 생각을 공유해 준 나의 환자들에게 감사의 말을 전한다. 나뿐 아니라 보지도 알지도 못하는 독자들에게 자신의 이야기를 흔쾌히 전한 일은 용기와 아량이 빛나는 행위다. 이 책은 우리의 책이다.

또한 내 환자는 아니지만 이 책을 위해 인터뷰에 응해 준 이들에게도 감사의 말을 전한다. 중독과 회복에 관한 그들의 통찰력은 나의 지식에 큰 보탬이 되었다.

우리의 대화를 통해 이 책에 자신의 생각을 전한 이들, 그러한 사려 깊고 기발한 많은 이들과 함께한다는 사실은 내겐 행운이다. 그들 모두를 언급하기란 불가능하겠지만 켄트 더닝턴, 키스 험프리스, E. J. 이어넬리, 롭 말렌카, 매슈 프리쿠펙, 존 루아크, 대니얼 살에게는 특별히 감사의 말을 전하고 싶다.

나를 다시 글 쓰게 만든 로빈 콜먼, 이 프로젝트를 믿어준 보니 솔로, 삽화를 제공해준 뎁 매캐롤, 이 책이 결실을 보게 해준 스티븐 모로, 해나 피니에게도 감사의 말을 전한다.

마지막으로 나의 사랑하는 남편 앤드루의 지지가 없었다면 모든 게 불가능했을 것이다.

**옮긴이** 김두완

고려대학교 불어불문학과를 졸업하고 연세대학교 커뮤니케이션대학원에서 문화연구로 석사학위를 받았다. 대중음악 전문 컨트리뷰터로 오랫동안 활동하며 번역 일을 병행하고 있다. 번역한 책으로 『타인을 읽는 말』, 『폴 매카트니: 비틀즈 이후, 홀로 써내려간 신화』, 『모타운: 젊은 미국의 사운드』, 『나는 무슬림 래퍼다』 등이 있고, 함께 쓴 책으로 『기타 100』과 『한국대중음악명반 100』이 있다. 현재 한국대중음악상 선정위원이다.

# 도파민네이션

**초판 1쇄 발행** 2022년 3월 21일
**초판 20쇄 발행** 2024년 12월 20일

**지은이** 애나 렘키
**옮긴이** 김두완
**펴낸이** 유정연

**이사** 김귀분
**책임편집** 신성식 **기획편집** 조현주 유리슬아 서옥수 황서연 정유진 **디자인** 안수진 기경란
**마케팅** 반지영 박중혁 하유정 **제작** 임정호 **경영지원** 박소영

**펴낸곳** 흐름출판(주) **출판등록** 제313-2003-199호(2003년 5월 28일)
**주소** 서울시 마포구 월드컵북로5길 48-9(서교동)
**전화** (02)325-4944 **팩스** (02)325-4945 **이메일** book@hbooks.co.kr
**홈페이지** http://www.hbooks.co.kr **블로그** blog.naver.com/nextwave7
**출력 · 인쇄 · 제본** (주)상지사 **용지** 월드페이퍼(주) **후가공** (주)이지앤비(특허 제10-1081185호)

ISBN 978-89-6596-504-6 03180